세계를 누비는 춤예술가들

세계에서 활동 중인 한국의 춤예술가,
29인의 생생한 꿈과 삶이야기!

세계를 누비는 춤예술가들

Dance

Artists

from

Around

the World

이찬주

글누림

차례

2부 고국의 품으로 돌아와 다시 꿈 꽃피우기

저자의 말

2013년 12월 초 LEE발레단 예술감독 이상만을 만나러 서울 서초동에 있는 그의 자택으로 찾아갔던 기억이 지금도 또렷이 남아 있다. 그는 12월 26일에 올릴 <무상(無常)>이라는 작품을 준비하고 있었고 인터뷰 요청을 기꺼이 수락했다. 그는 자신의 일생을 차근차근 사진들과 함께 설명해주었고 그가 그린 발레 스케치와 직접 만든 청동 발레리나 인형, 그리고 손수 만든 의상들을 보여주었다. 그가 가진 발레에 대한 남다른 애정을 고스란히 느낄 수 있다.

2014년 1월 8일 해가 바뀐 지 며칠 안 되어 그의 부음 소식을 들었다. 그가 건넨 사진자료들을 받은 저자는 같은 해 봄부터 해외에서 활동하는 무용인을 취재해야겠다고 마음먹었다. 기록을 남겨야겠다는 생각이 든 것이다. 그 당시 춤 자료 수집 차 외국을 다녀오던 때였고 ≪몸≫, ≪춤과 사람들≫에 해외에서 활동 중인 무용인들에 관한 글을 기고하게 되었다.

2014년 여름, 파리에서 박화경, 김판선, 권령은을 만난 것을 시작으로, 2015년에는 이선아, 박세은, 2016년에는 최유희, 허성임, 전준혁, 김영순, 이은원, 오영훈 등 유럽과 미국을 오가며 취재하였다. 몇 명의 춤꾼들은 미국, 영국, 그리고 벨기에에서 일정상 못 만나고 돌아온 경우도 있었다. 해외에서 활동하고 있는 무용인들을 주목하고 그들의 삶과 예술적 자료를 모으면서 써나갔다. 하지만 그들은 2, 3년 사이로 급성장했고 공연 기록은 매해 추가되었다. 인터뷰는 살아 있는 글이다. 두 잡지에 기고했던 글을 바탕으로 2017년 29인의 '세계를 누비는 춤예술가들'을 선정하고 지난 2년간 인터뷰했던 11인의 춤 예술가들은 새롭게 다시 인터뷰를 해서 원고를 수정하였으며 18인의 춤 예술가들을 추가했다.

현재 해외로 진출한 무용인들은 200명가량으로, 그중 다수가 저마다 훌륭한 활동을 보여주고 있다. '이찬주가 만난 사람'이라는 범위에 한정해서 쓰기 시작한 이 글은 전문성을 띠기보다는 한 예술가의 춤 인생을 간략하게 스케치하는 방향으로 가닥이 모아졌다. 물론 기록의 중요성을 바탕에 두고 시작된 작업임은 말할 나위 없다.

이 책이 나오기까지 고마운 분들이 많다. 바쁜 일정 속에서도 흔쾌히 인터뷰에 응해준 29인의 춤 예술가들에게 고마움을 전한다. 그리고 부족한 원고를 맡아준 글누림 편집부와 추천사를 써주신 김태원 선생님, 인터뷰 선정에 도움을 주신 이종호·장광렬·장승헌 선생님께 감사드린다. 그리고 사진 게재를 허락해주신 국립현대무용단, 유니버설 발레단, 국립발레단, LG아트센터, 각 해외 발레단·무용단, 박귀섭, e-ballet Shop 성미화, 김경식, 김윤식, 김두영, 목진우, 황승택, 옥상훈, 김윤관, 최시내, 한용훈, 최영모 등에 감사의 말을 전하고 싶다. 무엇보다 나의 든든한 지원군인 남편과 딸, 시부모님과 부모님 그리고 멀리서 묵묵히 지켜봐주시는 고(故) 조승미, 김윤미, 박경숙 교수님께 감사 인사를 드린다.

그들의 도움으로 이 책을 완성할 수 있었다. 다만 작품 제목에 관하여 한 가지 밝혀둘 것이 있다. 요즘 우리나라 춤 작품에 영문으로만 쓴 제목이 많아지는 추세다. 그것들을 일일이 번역하기에는 오역의 소지가 있어 일부는 그대로 두었다. 외국의 안무작 경우도 마찬가지다. 작품을 이해하는 데 오해가 없기를 바라는 마음에서 비롯된 것임을 밝힌다.

　작은 춤자료관을 운영하면서 그 일환으로 춤과 관련된 자료를 수집하는 과정에서 무용인들의 존재와 그들의 활동상에 대한 의식이 자라나기 시작했다고 느낀다. 미흡한 점이 많이 있으리라 여겨진다. 이를 계기로 해외에서 선전하고 있는 무용인들을 기억하는 데 이 글이 조금이나마 기여했기를 바란다.

이찬주춤자료관에서

저자 이 찬 주

이찬주의 '현장감 있는' 춤 인터뷰 작업

김태원(춤비평 · 『공연과 리뷰』 편집인)

이 책의 발간 동기를 제공한 충북 출신의 발레리노 고(故) 이상만, 그리고 뉴욕에서 억척스럽게 페스티벌 기획·제작자의 길을 걷고 있는 현대무용가 김영순은 내가 1980년대 뉴욕 거주 시 여러 번의 만남을 가졌고, 책의 2부에서 언급되고 있는 제임스전·김성한·김용걸은 이젠 우리 춤계의 지도자급 중견으로 부상하고 있어서인지 꽤 친근감을 준다. 그러나 그 외 다수는 사실상 내게 낯설다. 이것은 이들이 우리 예술춤 운동의 제일선(第一線)에서 활동하고 있는 이들이어서 그런지 모르겠다.

1980년대 초에 발레리나 강수진 등이 해외로 진출하기 시작하여 2000년대 들어 그 수가 부쩍 증가한 해외진출 무용인들에 대한 조사·연구작업도 그간 없었다. 단지 특별한 춤기획전을 통해 그들의 활약상과 존재가 단편적으로 국내 춤계에 전해졌을 뿐이다. 그런 점에서 근래 한 사람의 춤 비평가로 분주한 활동을 보여주고 있는 저자(이찬주)의 그들에 대한 보다 자세한 조사와 그 관련한 책의 발간은 그 첫 조사보고서와 다름없는 것으로, 그들의 전체적인 면모를 살피는 데 있어서 매우 의미 있는 일이라 하겠다.

실제 4년가량이 소요되었다고 하는 이 작업은 국내는 물론 외국(주로 유럽과 미국)을 저자가 직접 방문하면서 행해졌다. 그런 까닭에 현장감이 묻어나 생생하고, 저자 스스로 한 사람의 발레리나로 활동했던 탓에 우리춤 예술가들이 부딪히고 있는 현장에서의 여러 고민들, 문화적 차이에 따른 적응의 문제, 그리고 그것을 극복하기 위한 예술가로서의 삶의 의지 등을 세밀히 집어내어 책에서 얘기해준다.

저자가 이 책에서 일관되게 시도하고 있는 인터뷰는 각기 다른 동기와 꿈을 가진 춤 예술가들에 대해 편견 없는 호기심과 따스한 인간적 감성을 갖고 행해지고 있다. 그래서인지 인터뷰 대상이 된 춤예술가 한 사람 한 사람이 살갑게 부각된다. 그런 가운데 저자의 춤에 대한 지식이 더해져서 명성 있는 외국의 춤 단체들이 어떤 눈으로 무용수들을 선택·채용하는지, 특히 문화적 전통을 깊게 간직하고 있는 파리 오페라 발레단과 같은 곳에서는 어떤 등급에 의해 한 발레리나 혹은 발레리노가 승급하게 되는지에 대해 명쾌한 설명을 덧붙이고 있다.

그러므로 이 책은 세계의 유수한 춤단체에 들어가 자신의 재능과 기량을 한껏 펼치고 싶어 하는 우리 젊은 춤 예술가들의 도전에 대한 기록이면서, 동시에 현재 세계의 예술춤을 리드하고 있는 춤단체들—파리 오페라 발레단, 로열 발레단, 트리샤 브라운 무용단, 얀 파브르 무용단, 피핑톰 무용단, 아크람 칸 무용단 등이 어떤 예술관과 훈련관을 갖고, 그들 고유의 춤 레퍼토리를 또한 어떻게 운용(運用)하고 있는지를 흥미롭게 엿보게 해주는 부가적 기능을 갖는다.

인터뷰 속에 언급되고 있는 장르를 달리하는 많은 인명과 우리에게 소개되고 있지 않은 많은 작품명 등을 충실히 번역하여 글 속에 담고 있는 저자의 성실함은 높게 평가할 만하다.

1부

우리춤 예술가들
세계를 누비다

한반도에 살고 있는, 또는 해외에서 터전을 꾸리고 있는 대한민국 국민은 종종 스포츠 스타들의 금빛 소식을 듣고 자국의 위상을 느낀다. 피겨 여왕 김연아와 골프 여제 박세리, 은퇴한 선배의 뒤를 따라 한국 스포츠의 역사를 이어 가고 있는 후배 선수로부터도 기쁜 소식을 전해 받는다. 이는 단지 스포츠에만 국한된 일은 아니다. 이들만큼이나 해외 무대에서 굵은 땀방울을 흘리며 지금도 한국의 위상을 드높이고 있는 '한국의 춤꾼들'이 있다.

세계적 발레단인 영국 로열 발레단, 파리 오페라 발레단, 마린스키 발레단을 포함하여 각국을 대표하는 발레단의 주역으로 한국인이 있다. 앞서 언급한 발레단들은 대중적인 스포츠에 비해 춤 예술에 대한 인식이 아직은 부족한 우리나라에서는 낯설고 생소한 단체들이다. 하지만 각기 백 년이 훌쩍 넘는 긴 역사를 지닌 '발레의 종가'로, 끈기와 노력의 민족이라 불리는 우리 한국인들이 대거 활약하고 있다. 발레단뿐만 아니라 최고로 꼽히는 여러 현대무용 단체에서도 이들의 활약은 실로 놀라울 정도이다.

2016년 브라질에서 개최한 리우데자네이루 올림픽에서 골프의 종주국들을 제치고 한국이 금메달을 쟁취했을 때처럼, 비록 서양의 춤이지만 탄탄한 실력으로 무대를 장악하는 한국 춤꾼들에게 찬사를 보내지 않을 수 없다. 사실 한국 춤꾼들의 위상은 우리의 생각 그 이상이다. 각 분야의 전문가가 매기는 이들의 가치는 매우 높다. 이미 세계적인 콩쿠르와 각종 무대에서 오래전부터 그 기량과 잠재력을 인정받아왔고, 메이저 무용대회의 담당자들이 앞다투어 참석을 요청하는 공문 요청을 매해 보내오고 있다. 해외 무용단에 먼저 입단한 뒤 군무 역할부터 시작해 주역으로 성장하는 수직적 이동을 넘어, 국내 무용단 입단 후 주역으로 발돋움하고 나서, 해외 무용단의 주역으로도 수평적 이동이 가능할 정도로 국내 무용단의 실력은 공공연하게 세계적인 수준 그 이상을 유지하고 있다.

　필자는 한국의 춤꾼들이 해외로 진출하게 된 동기와 그 배경을 만나보려 한다. 한국의 발레단에서 외국 발레단으로 수직 이동하게 된 계기와 머나먼 이국땅에서의 외로운 싸움을 하며 주역 자리에 오르기까지의 시간, 그리고 시련과 고난의 순간을 넘어 세계 정상에 올라 화려한 데뷔를 하기까지의 과정을 다룬다. 무엇보다 이들을 움직이게 한 뜨거운 원동력을 만나보고자 한다. 해외 각지에서 자신의 분야에 독보적인 존재감을 보여주고 있는 춤꾼들을 대중에게 소개하고, 이들의 예술적 성장을 격려하고 주시하려 한다. 이를 통해 춤추는 한국인, 그 세계적인 인재들의 수준을 가늠하고 널리 알리려고 한다.

1장
홀트아동복지회의
입양아를 안고 떠나다

한국 발레사의 한 전설　　　　　　　　　　이상만
누욕 덤보의 춤 문화를 꽃 피우다　　　　　김영순

일리노이예술학교 1977년 4월

이상만

한국 발레사의 한 전설

    대한민국을 대표하는 국립발레단 1세대 발레리노 이상만 (1948~2014) 씨가 2014년 1월 8일 오후 지병으로 별세했다는 소식이 전해졌다. 고인은 국립발레단의 창단 단원이자, 한국 남성 춤꾼으로서는 최초로 일리노이 발레단(National Ballet Illinois)에 입단한 프로 발레리노이다.

    이상만은 충북 괴산군 청안면 부흥리에서 태어나 백봉초등학교와 주성중, 세광고를 거쳐 서라벌예대 작곡과에 입학하였다. 그러나 대학에 입학한 지 한 달 만에 무용과로 전과한다. 우연히 무용과 수업을 보고서 중학교 재학 당시 보았던 영화 속 〈카르멘(Carmen)〉의 발레 동작을 기억해내고 새로운 도전을 하게 된 것이다. 그 후 이상만은 배움에 대한 열정을 키워 한양대에 학사 편입하고 발레리노로서는 최초로 석사학위를 받게 된다. 또한, 1970년 임성남 발레단에 입단하여 〈피아노 콘체르토 2번〉(1970), 〈카르멘(Carmen)〉(1976) 등의 주역을 맡아 두각을 나타내었다. 그는 국립발레단의 초기 단장을 맡은 스승 임성남과의 인연을 이어 나가, 1974년부터 1977년까지 국립발레단 〈지귀의 꿈〉(1974), 〈지젤(Giselle)〉(1975), 〈코펠리아(Coppélia)〉(1976) 등의 주역 발레리

〈카르멘(Carmen)〉(1976, 이상만·진수인) ⓒ 국립발레단

노로 무대에 서게 되고 세상의 주목을 받게 된다.

그러나 이상만은 당시의 성공에 안주하지 않고 영국, 독일, 미국 등 5개국에
자신이 주역을 한 〈지젤(Giselle)〉(1975)의 동영상을 보낸다. 결과는 성공적이었
고 미국 일리노이 주 예술학교(The National Academy of Arts)에서 3년 장학금에
기숙사까지 제공받게 된다. 하지만 불행히도 비행기 표를 살 돈이 없어 꿈이
좌절되는 듯싶었으나, 입양아를 미국으로 데려가는 홀트아동복지회의 일을 잠
시 맡게 되어 1977년 2월 미국행 비행기에 몸을 실을 수 있었다고 한다.

미국의 일리노이 주 예술학교 생활을 하던 이상만의 행보는 여기서 멈추지
않는다. 수업 참관을 온 일리노이 발레단의 예술감독의 눈에 띄어 학교생활 4
개월 만에 직업 춤꾼으로서의 길을 걷는 행운을 얻게 되었다고 훗날 그는 인
터뷰에서 밝혔다. 그 후 이상만은 뉴욕다운타운 발레단(N.Y. Downtown Ballet)
과 사우젠랜드 발레단(Thousend Island Ballet)에서 발레리노로 일하게 되었고,
그간 모은 자비를 털어 1985년에는 자신의 성을 딴 'LEE발레단'을 창단한다.

세계를 누비는 춤예술가들

〈지젤(Giselle)〉(1975, 이상만 · 김학자) ⓒ 국립발레단

창단해인 1985년 'LEE발레단'은 김명순, 이득효, 김선희, 민병수, 강준하 등 발레계의 수많은 이들이 참여해 발판을 다졌으며, 그 후에는 박경희, 임지영, 정미라, 지다영 등 7~13년 이상 활동하고 있는 단원들이 발레단의 역사를 이 어갔다. 이는 마치 개인 발레단으로 오랫동안 명맥을 이어 가고 있는 피나 바 우쉬의 '부퍼탈 탄츠테아터'를 떠올리게 한다. 이상만의 'LEE발레단' 역시 개인 발레단으로 열다섯 명 안팎의 춤꾼만으로도 오랜 기간 유지되고 있는데, 그 원 동력은 단원들을 통해 확인할 수 있었다. 바로 'LEE발레단'이 오랜 기간 유지 될 수 있었던 힘은 이상만이 지닌 발레 교수법(Teaching method)에서 찾을 수 있는데, '한국적인 것이 가장 세계적이다'라는 말처럼 발레에 한국적인 요소를 가미한 그의 교수법이 지금의 'LEE발레단'을 있게 만든 힘이라고 할 수 있을 것이다.

미국에서 잠시 귀국한 이상만은 〈집시의 노래〉(1985), 〈그리그피스〉(1985) 등 을 무대에 올린 뒤, 다시 뉴욕으로 돌아가 10여 년간 〈신방〉, 〈논두렁〉(1987)

〈코펠리아(Coppélia)〉(1976, 이상만 · 지경자) ⓒ 국립발레단

등 한국적인 발레를 미국에서 선보이게 된다. 그 후 이상만은 1990년 미국에서 김영희 씨와 결혼을 하고 자녀들을 두게 되면서 발레단 일과 레스토랑 웨이터 일을 병행하여, 남몰래 발레 창작을 위한 자금 마련에도 애썼다. 그리고 5년 뒤인 1995년 이상만은 자녀가 어느 정도 성장하자 홀로 영구 귀국하였다. 그리고 자신이 이끄는 'LEE발레단'을 통해 한국적 소재의 발레 창작에 혼신을 기울이게 된다. 그는 이효석의 단편소설 〈메밀꽃 필 무렵〉, 김동리의 단편 〈무녀도〉, 이문열의 중편 〈금시조〉, 한하운의 시 〈가도 가도 황톳길〉 등 소설과 시 등 문학 작품을 소재로 여러 작품을 창작했으며 다른 예술 장르에서도 창작 아이디어를 얻곤 했다. 대표적인 작품으로는 〈메밀꽃 필 무렵〉(1997), 〈무녀

세계를 누비는 춤예술가들

도〉(1999), 〈금시조〉(2004), 〈아리랑〉(2001), 〈황톳길〉(2007)과 〈춘향〉(2008), 〈바람의 화원〉(2010)과 〈김삿갓〉(2011) 등이 있다. 더불어 그의 남다른 아이디어가 그대로 녹아 있는 작품도 몇 가지 소개해 보자면, 오랜 기간 가족을 꾸리고 머물렀던 미국적 스타일이 담겨 있는 작품으로, 지폐를 뿌리며 추락하는 경제를 표현한 〈IMF〉(1998), 멋진 노신사가 아가씨들과 즐기는 작품 〈팬시 레이디(Fancy Lady)〉(1998), 자유여신상이 등장하는 〈아메리칸(American)〉(2000), 코믹성이 풍부한 헌터들의 사냥 이야기 〈백조사냥〉(2005), 한국의 고전인 『춘향전』에서 변 사또와 춘향의 이야기에다 재즈와 탭댄스의 스텝을 함께 녹여낸 〈춘향 어디로 갈 거나〉(2005) 등을 꼽을 수 있다. 또한, 2013년 12월 이틀에 걸쳐 무대에 올린 〈무상(無常)〉은 서양적 색채가 가미된 작품인 동시에 그가 남긴

이상만 환송회 (진수인·김학자·이상만·김종훈 등)

마지막 작품이다. 〈무상(無常)〉은 『삼국유사』에 나오는 조신의 꿈을 소재로 인간의 번뇌를 다루고 있는데, 제2장에서는 카지노에서 배팅하는 장면과 바에서 춤추는 장면이 이색적으로 담겨 있다.

이렇듯 이상만이 이끄는 'LEE발레단'은 한국적 창작발레 레퍼토리를 가장 많이 보유하고 있는 역사의 보고(寶庫)라 부른다 해도 무리가 없을 것이다. 2003년 이상만은 이러한 노고를 인정받아 한국발레협회에서 '공로상'을, 2007년에는 '무용가상'을 받았으며, 미국과 영국에서 초청받아 〈아리랑〉(2001), 〈금시조〉(2004), 〈춘향〉(2008)을 선보이기도 했다. 서양의 발레에 한국적 요소를 꾸준히 담아온 이상만은 보다 넓은 곳에서 발레를 배우면서도 자신의 정체성을 잊지 않았고 자신이 가고자 하는 길을 뚝심 있게 걸어왔다. 그의 창작발레는 발레가 가진 우아함과 기교를 잃지 않는 동시에 한국의 미를 품고 있다. 서양 발레에 한국의 정서가 자연스럽게 스며들 수 있도록 한국적 움직임을 창조해내기 위해 쉼 없이 노력한 예술가의 혼(魂)이 그러한 결과를 만들어낸 것이 아닐까.

2013년 12월 7일 필자는 인터뷰를 위해 이상만을 만났다. 그는 필자가 이상만의 고향인 충청도에서 왔다고 하니 반가워하며 자신의 사진들을 선뜻 내어주었다. 건네받은 사진 뒷면에는 특이하게도 '이번 작품 내 스타일 100%, 완전한 내 스타일 300%'라는 문구가 적혀 있었다. 손수 적은 글귀는 늘 자신이 추구했던 움직임을 무대에서 온전히 표현하고자 한 그의 열정이 담겨 있는 말이었다. 그는 "무대에 설 때가 가장 행복하다."는 말도 들려주었다.

누구보다 열정이 강했던 그는 6년 전 림프암을 진단받고 투병 중이었다. 입술에 피멍이 들고 앙상해진 몸이 되어 걷기조차 힘들어 하던 모습이 지금도 눈에 선하다.

세계를 누비는 춤예술가들

〈집시의 노래〉(1985, 제1회 이상만 공연) 국립극장 분장실

〈레이몬다 중 파드뒤〉
(1978)
국립 일리노이 발레단

부축을 받으면서도 끝내 분장을 마치고 무대로 나서는 마지막 모습까지 온 힘을 다해 불꽃을 태운 예술가의 뒷모습은 위대했다. 발레를 처음 시작하던 날 아라베스크(Arabesque : 외발 서기 자세의 하나)에 취해, 그 동작이 일생 동안 계속될 것 같은 예감에 몸을 떨었다는 이상만이다. 1970년 무대에 처음 오른 이후 쉬지 않고 해마다 무대에 올랐고, 병마와 싸우면서도 그는 결코 무대를 등진 적이 없었다. 그는 무대에서 마지막 불씨를 태우기를 간절히 소망했고, 결국 그리 되었다. 한국의 자랑스러운 발레리노로, 도전을 두려워하지 않는 예술가로, 무대를 사랑하는 창작인의 삶은 이제 막을 내렸다. 무대에 설 때 가장 빛이 난다는 고인의 삶은 다했지만, 그의 예술혼은 꺼지지 않는 불꽃이 되어 많은 예술가의 마음을 영원히 밝히리라 믿는다.

지금은 고인이 된 이상만은 그저 순수하게 발레를 사랑했던 열정적인 한 사람이었다. 1985년부터 2013년까지 그의 작품에 등장했던 무용수들은 그의 손을 빌려 만들어진 의상을 입고 무대에 섰다. 신이 내린 춤꾼이라 불리는 이매방 선생이 한복 의상을 만들어 제자들에게 입혔다는 이야기처럼 말이다. 그리고 그가 한국에 첫선을 보였던 〈파키타(Paquita)〉(1986)에 등장하는 의상인 튀튀(tutu) 역시 그가 미국에서 옷감을 공수해 발레리나에게 손수 입힌 것으로 유명하다.

당시 〈백조의 호수(Swan Lake)〉, 〈지젤(Giselle)〉과 같은 고전발레에만 익숙했던 우리에게 이상만의 〈파키타(Paquita)〉(1988)는 황홀함 그 자체였다. 프랑스 궁중발레의 우아함과 화려함을 빼닮은 튀튀도 우리의 눈과 마음을 사로잡았다. 고(故) 조승미 교수도 〈파키타(Paquita)〉에 매료되어 1988년에 이 작품을 무대에 올렸고, 당시 한양대 3학년에 재학 중이었던 필자도 출연했던 기억이 떠오른다. 춤 실력뿐만 아니라 의상을 만들던 손재주도 남달랐던 이상

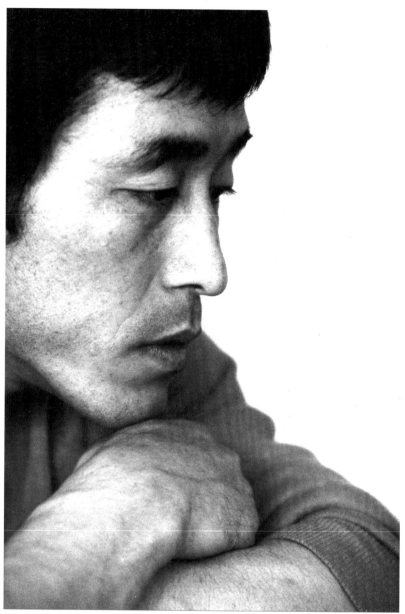

이상만(1988) ⓒ 최영모

세계를 누비는 춤예술가들

만이다. 그가 남긴 발레 스케치와 직접 만든 청동 발레리나 인형을 보고 있노라면, 발레에 대해 남달랐던 그의 애정을 고스란히 느낄 수 있다.

찬바람이 불던 2013년 12월, 투병 중에도 이틀에 걸쳐 무대에 올리는 〈무상(無常)〉이라는 작품을 준비하고 있는 그를 만났던 기억이 떠올랐다. 사실 그와의 만남은 처음이 아니었다. 필자가 그를 처음 만난 것은 1987년 조승미 발레단 일원으로 뉴욕공연을 위해 연습할 때 후배들을 격려하기 위해 이상만이 무용실에 들렀을 때였다. 훤칠한 키에 세련된 말투를 가지고 있던 그는, 유난히 선후배를 대하는 태도가 예의 바른 그런 사람이었다.

그는 발레의 우아함에 한국의 미를 더한 한국적 움직임을 창조해내기 위해 쉼 없이 노력해왔다. 그의 마지막 무대가 된 〈무상(無常)〉(2013)을 위해 부축을 받으면서도 끝내 분장을 마치고 무대로 나섰던 모습은, 필자의 가슴속에서 마지막 불꽃을 태운 예술가의 혼(魂)으로 남아 여전히 숨 쉬고 있다.①

〈全(SSOOT)〉ⓒYi-Chun Wu

김영순

뉴욕 덤보의 춤 문화를 꽃 피우다

한국인 무용가 김영순, 그녀는 뉴욕 덤보(DUMBO) 지역에서 춤 문화를 꽃 피우고 있다. 요즘 뉴욕에서 가장 핫한 지역이 브루클린의 '덤보'다. 이는 'Down Under the Manhattan Bridge Overpass'의 줄임말로 맨해튼 다리 아래 지역이라는 뜻이다. 뉴욕 맨해튼 브리지와 브루클린 브리지 사이에 있는, 다리 아래 쪽 공장지대를 가리킨다. 폐공장이나 창고를 개조한 갤러리 또는 미술관이 다수 생겨나면서 뉴요커들 사이에서는 '제2의 소호(SoHo)'라고 불리기도 한다. 2000년대 초 그곳에서 아무도 생각지 않았던 댄스페스티벌을 기획한 사람이 있었다. 바로 김영순이다.

1977년 3월 20대 초반의 김영순은 해외로 입양되는 젖먹이 둘을 안고 뉴욕행 비행기에 올랐다. 아기에게 우유를 먹이고 우는 아기를 달래며 재우며 "난 꼭 춤을 출 거야. 더 넓은 세계에서 춤을 출 수 있을 거야." 그로부터 약 40년이 지나 그녀는 세계 현대무용의 중심지인 뉴욕에서 자신의 이름을 건 무용단 예술감독으로, 또 덤보 댄스페스티벌 등의 댄스페스티벌 프로듀서로서 당당히 이름을 떨치고 있다.

〈숯(SSOOT)〉 김영순 · 파스칼베네슈 ⓒ Prederic Porter

　　현대무용가이자 안무가인 김영순. 그녀는 이화여대 무용학과를 졸업한 뒤
1977년 미국으로 건너가 마사 그레이엄 학교에서 수학한다. 제니퍼 뮬러 / 더
웍스(The Works), 펄 랭, 조이스 트리슬러 무용단에서 활동했으며 1988년 자
신의 이름을 딴 무용단 '화이트 웨이브 김영순 무용단(White Wave Young Soon
Kim's Dance Company)'을 창단하고 지금까지 줄곧 무용단을 이끌고 있다. 〈삶
앞에서〉(1983), 〈무녀도〉(Moo Nyah Do, 1985), 〈달과의 이인무(Duet with the
Moon)〉(1988), 〈하얀 파도의 용솟음(White Wave Rising)〉(1988), 〈단 하나의 하

　　　　　　　　　　　　　　　　　세계를 누비는 춤예술가들

늘(Only One Sky)〉(1993-1995), 〈망월동(Mangwall Dong)〉(1996), 〈숯(SSOOT)〉 시리즈(2007~2010), 〈So Long for NOW〉(2010), 〈Here Now〉(2011)를 발표했고 2014년 〈Eternal Now(영원한 지금)〉을 브루클린 종합예술공연장(BAM)에서 초연했다. 세계적으로 유명한 재즈 피아니스트 데이브 브루벡(Dave Brubeck)과 공연(1985~1987)한 바 있는 그녀는 이탈리아 출신 클래식 기타리스트 마르코 카펠리(Marco Cappelli)와 협연을 해오고 있다.

2001년 덤보 댄스페스티벌을 시작으로 쿨 뉴욕 댄스페스티벌(2004~2014), 웨이브 라이징 시리즈(2006~)를 개최하는 등 뉴욕 브루클린의 춤 문화 활성화에 크게 기여하고 있다.

그녀를 만나러 2016년 10월 22일 맨해튼 조이스 극장으로 향했다. 그녀는 제16회 덤보 댄스페스티벌(9월 25일~10월 2일)을 마치고 마무리 작업을 하던 중 한국에 계신 어머니의 부음 소식을 들었다. 타국에 있어도 자신

김영순과 어머니

의 정신적 지주였던 어머니를 잃은 슬픔으로 거의 보름 동안 아무 일도 할 수 없었다고 했다. 상심한 그녀에게 선뜻 말을 건네기 어려웠으나 그녀는 고국에서 온 필자를 반갑게 맞아주었다.

언제부터 춤을 추었냐는 질문에 그녀가 대답하며 미소 지었다.

"난 항상 엄마 뱃속부터 추었다고 대답해요. 왜냐하면, 엄마의 꿈이 무용가였으니까요."

어머니는 외할아버지의 반대로 춤을 출 수 없었고 그 당시에는 춤을 춘다는 것 자체가 어려운 상황이었다고 한다. 아홉 남매 중 셋째로 태어난 그녀는 앞서 말한 대로 어려서부터 춤을 추었고 중·고등학교 때 엄영자·박금자 선생 그리고 이화여대에서 박외선·육완순 교수로부터 체계적으로 춤을 배웠다고 했다.

더 넓은 세계에서 춤을 추고 싶었던 그녀는 대학 졸업 후 선일여고에서 무용 교사로 재직하면서 급여의 3분의 2를 유학자금으로 모으는 한편 종로의 한 영어학원에서 어학을 공부한다. 미국대사관에 비자를 신청하고 인터뷰를 했지만 거절당했다. 많은 사람의 생각처럼 미혼인 여성은 미국 가면 그곳에 눌러 살고 안 올지도 모른다는 이유 때문이었다.

"미국 대사관 앞에서 내가 발을 동동 구르며 얼마나 울었던지, 모든 꿈이 박살난 거예요. 정말 하늘이 무너져 내리는 것 같았어요."

오래된 기억은 그녀의 가슴속에 현재 일처럼 생생했다. 그만큼 절실했기 때문이다. 필자도 그 비슷한 경우를 겪었다. 1987년 뉴욕에서 발레 공연을 앞두고 공항에 나갔다가 단체 비자가 안 나와서 그다음 날 다시 공항에 모여 겨우 출국할 수 있었다. 그보다 10년 전에는 더더욱 힘들었으리라. 그러나 꿈을 포기할 그녀가 아니었다.

안타까운 사정을 옆에서 지켜보던 박외선·임성남 선생이 개인발표회를 하면 춤에 대한 열정을 인정받게 되니 비자 받기가 수월할 것이라는 조언을 해주었다. 당시 국립발레단 단장 임성남이 있던 예고에서 발레를 배운 인연이 있었다. 1976년 12월, 장충동 국립극장 소극장에서 이틀에 걸쳐 발표회를 열

세계를 누비는 춤예술가들

With red top ⓒ Martin Seymore

었는데 당시 현대무용 최연소 개인발표회였다. 다행히 미국 비자가 바로 나
왔지만 이번에는 경비가 문제였다. 유학 자금을 발표회에 다 쏟아 부은 뒤여
서 비행기 표 살 돈조차 없었다. 그래도 살 길이 있었던지 홀트아동복지회를
통해 해외 입양아를 데리고 가는 조건으로 뉴욕행 비행기에 오를 수 있었다.

"1977년 3월 2일 뉴욕으로 건너왔어요!" 그녀는 날짜까지 또렷하게 기억했다.

대학 2학년 말부터 굳게 결심했으며 그 결심이 실현되기까지 우여곡절을 겪었음을 누구보다도 잘 알고 있는 그녀다.

마사 그레이엄 학교에서 춤을 배우면서 그녀는 마사 그레이엄 댄스컴퍼니의 유리코 기무라, 다카코 등 동양 여성들이 솔리스트로서 주역을 맡는 것을 보고 "아! 나도 마사 그레이엄의

김영순 ⓒ Martin Seymore

무용단에서 솔리스트가 되어야겠다."고 꿈을 키웠다. 입학 4개월 뒤 '루돌프 누레예프' 장학생 오디션에서 선발되었다. 150명 중 네 명 선발에 그녀가 뽑힌 것이다. 그 무렵 그녀는 눈을 뜨는 순간부터 잠들 때까지 모든 것이 춤이었다고 말한다. "정말 내가 미국에서 이들과 어깨를 나란히 하는 프로 무용수가 될 수 있을까? 뼈가 바스러질 정도로 춤을 추면서도 내가 될 수 있을까, 될 수 있을까?" 스스로에게 거듭 질문했다고 한다.

거의 2년 동안 마사 그레이엄 학교에 적을 두면서 그녀는 조이스 트리슬러, 펄 랭 등 작고 큰 무용단에서 활동했다. 말하자면 뉴욕에서 진정한 춤꾼으로서 삶을 시작한 것이다. 그들 컴퍼니의 수업도 맡아 가르치고 수많은 공연을 해왔고 잘하고 인정도 받았다. 그러나 정작 마사 그레이엄 컴퍼니 단원이 되지는 못했다. 비자가 문제였다. 그 당시 김영순은 너무 답답한 나머지

　　　　　　　세계를 누비는 춤예술가들

스쿨 디렉터 린다 호즈에게 내가 지금 이 순간에 무엇을 어떻게 더해야 하느냐고 물었단다. 마사 그레이엄도 너를 좋아하지만 비자 문제로 미국 이민국과 마찰이 있으므로 일본인 등 외국인 단원들은 당분간 비자를 얻기 어렵다는 말을 들었다. 그녀는 인생의 골목골목마다 비자라는 그림자를 맞닥뜨렸던 것이다.

그때 호세 리몽 컴퍼니에 있던 제니퍼 뮬러가 자신의 무용단을 만들었다 (1980년). 제니퍼 뮬러 / 더 웍스는 역동적인 춤 공연과 연극 공연으로 잘 알려졌으며 현재 뉴욕 10대 명문 무용단으로 손꼽힌다. 제니퍼 뮬러 무용단의 오디션은 300대1이었다. 한 달 반 동안 치러진 오디션에서 10회쯤 되었을 때 그녀를 눈여겨보던 제니퍼 뮬러가 미국 비자에 관해 물었다. 해외 공연도 많

〈숯(SSOOT)〉 ⓒ Prederic Porter

앉던 터라 학생 비자로는 뽑히기 어려운 상황이었다. 그럼에도 불구하고 그녀는 뽑혔다. 이후 솔리스트로서 미국 전역은 물론 유럽의 메이저 페스티벌에서 거의 해마다 공연을 했고 멕시코를 시작으로 남미 전역을 도는 순회공연도 하였다.

이후 1988년 김영순은 자기 이름을 딴 무용단을 설립한다. 이제는 그녀만의 작업을 할 수 있으리라는 자신감이 생긴 것이다.

"김영순은 기가 막힌 춤꾼이다. (중략) 그녀의 안무는 대단히 열정적이며 열망으로 가득 찬 다리의 움직임, 수줍은 듯하면서도 흥미를 유발하는 전율적인 움직임, 그녀의 작품 〈무녀도〉는 시각적인 아름다움을 보여준다. (중략) 분명한 것은 김영순의 열정적인 춤이다."라는 찬사를 ≪댄스 매거진≫의 엘리자베스 지머로부터 받은 바 있는 그녀다.

2001년, 그녀는 기존에 있던 지역의 월세를 견디지 못하던 상황에서 누군가 덤보 지역을 추천해주는 말을 받아들이고 그녀는 그곳으로 무용단 주거지를 옮긴다. 그때 기업인 존 라이언이 후원해주어 스튜디오를 리모델링해 존 라이언 극장(White Wave John Ryan Theater)을 만들었다. 현재 그녀의 무용단은 열한 명의 다국적 춤꾼들로 이루어져 있다. 무용단 로고를 눈여겨볼 만하다. 원 안에 사람 인(人) 자 같은 선이 그려져 있다. 그녀의 말에 따르면, 원은 우주를 상징하며 하얀 파도는 백의민족인 한국인을 상징하는데 하얀 파도가 세계로 용솟음친다는 의미가 있다.

그녀에게 한국에서 보낸 시절 가운데 기억나는 일화가 있는지 물었다.

"대학 시절, 새문안교회를 다녔는데 그 당시 학생운동에 가담한 대학생들이 많이 다녔어요. 김수영 시인과도 교류했는데 서울대 문리대 학생들의 연극 연출을 지도하셨지요. 그분의 연출작 〈혈맥〉을 제가 기획했지요. 이화여

세계를 누비는 춤예술가들

〈What is〉(1984, 김영순·파스칼베네슈 덤보페스티벌) ⓒ Prederic Porter

대 체육대학 25주년 기념공연이었고 제가 그때 체육대학 부회장이었거든요. 또 김지하 선생님을 알게 되고 김민기 등도 와서 제 공연도 도와주고 했어요. 그 당시 내 작품은 꽤 정치적이었어요."

〈꿈을 찾아서〉, 〈가난한 마음〉, 〈우리는 어디로〉 등을 발표한 뒤 유학 가면서 순수예술을 하겠다고 그녀는 말했다. 김지하 선생이 "너는 춤에 힘이

조이스극장 앞에서(2016) ⓒ 이찬주

세계를 누비는 춤예술가들

있다. 나는 대단한 기대를 너에게 가질 거다."라고 말했다고 그녀는 추억했다. 그녀가 한창 유학 준비를 하던 무렵이었다. 서울대 학생운동 주동자들 열두 명 가운데 여학생이 하나 있었는데 그 학생이 현재 서울대 이애주 교수라고도 말했다. 젊은 날을 되짚으며 그녀는 살짝 웃음 지었다.

우여곡절 끝에 미국 유학길에 올랐던 그녀가 2012년 고국을 다시 찾았다. 그녀는 자신의 무용단과 함께 서울, 광주, 성남 등지에서 공연을 올렸다(6월 16~29일). 그동안 그녀는 틈틈이 국내에서도 공연하며 한국 춤계와 끈을 놓지 않았다. 문화체육관광부와 한국공연예술센터 등의 후원으로 성사되었는데 1부 'Here Now So Long(히어 나우 소 롱)'에서는 기존의 안무작 〈Here Now〉와 〈So Long for Now〉를 결합해 보여주었고 2부 'Ssoot'에서는 〈숯(SSOOT)〉 공연을 펼쳤다. 무대 천장에 매달린 흰색과 검은색 천을 이용한 작은 평면이 아닌 삼차원적 공간에서의 움직임을 극대화했다는 평을 얻었다. 오랫동안 뉴요커로 지냈던 가수 한대수 씨가 작곡한 한국적 정서가 물씬 풍기는 음악을 사용했다고 그녀는 말했다.

그녀가 기획한 덤보 댄스페스티벌에 대해 물었다.

"소호에서도 예술가들이 지역을 발전시켰듯이 덤보 댄스페스티벌로 지역이 좋아져 현재는 8천여 개의 IT 회사가 있을 정도예요. '예술은 사람을 부르고 사람들은 비즈니스를 성장시킨다'고 해요. 그런 것에서도 페스티벌을 시작한 거죠."

뉴욕에서 작은 댄스 컴퍼니들이 신작을 발표하기에는 턱없이 경비가 많이 드는 걸 알고 있는 그녀는 자신의 페스티벌에 그들이 작품을 발표할 수 있게끔 자리를 제공하려는 생각으로 페스티벌을 시작했다. 매년 9월 말 또는 10월 초 개최되는 이 페스티벌은 2017년 17회째를 맞았으며 Gelsey Kirl and Art

김영순 ⓒ Ju Bin Kim

Center에서 개최되었다. 이 행사는 PBS 방송이 선정한 뉴욕 5대 행사에 꼽힐 만큼 이 지역을 대표하는 축제로 자리매김하고 있다. 거기에서 갈라져 나온 웨이브 라이징 시리즈는 2006년부터 매년 10월과 11월에 개최된다. 덤보 댄스페스티벌은 매년 70여 개 단체가 10분 내외로 공연하고 웨이브 라이징 시리즈는 24개 단체가 약 30분 길이의 작품을 2~3회 공연하며 북미와 남미는 물론 유럽, 아시아의 춤 단체들이 참가한다. 김영순은 자신의 무용단 단원들과 함께 인류 화합을 주제로 한 〈iyouuswe(나-너-우리-우리들)〉을 올렸다.

그녀와 뉴욕 32번가 지하철에서 헤어졌다. 유연하게 돌아서는 그녀의 검은색 머리카락이 바람에 흩날렸다.[②]

2장
발레의 명가
영국 로열 발레단
파리 오페라 발레단

발레 본고장 영국에서 우뚝 선 발레리나　　　　　　　최유희

'콩쿠르의 여제'에서 제1의 발레리나가 되기까지　박세은

〈봄의 소리(Voices of Spring) ⓒ Tristram Kenton

최유희

발레 본고장 영국에서 우뚝 선 발레리나

　　세계 최고의 발레단으로 꼽히는 영국 로열 발레단(The Royal Ballet)의 최유희는 세계무대에서 대한민국을 알리고 있는 최정상급 발레리나이다. 영국에서 왕성하게 활동하는 최유희가 과거 한국을 찾아 무대에 선 이후로, 그녀를 기억하고 그리워하는 팬층이 더욱 두터워졌다. 안무가 프레데릭 애쉬튼(Frederick Ashton)의 〈고집쟁이 딸(La Fille mal Gardée)〉에서 사랑스러운 모습으로 무대에 오를 발레리나 최유희를 만나기 위해, 필자는 2016년 9월 런던의 로열 오페라 하우스(Royal Opera House)를 찾아갔다. 코벤트 가든(Covent Garden)에 있어서 종종 그 이름으로 불리는 곳이다.

　　장시간 비행을 마치고 찾은 로열 오페라 하우스(Royal Opera House), 스테이지 도어(극장 뒷문) 앞에서 만난 그녀는 달콤한 미소로 나를 맞이해주었다. 반가운 인사를 나누고 인터뷰 자리를 옮긴 뒤 조심스럽게 그녀가 태어난 해를 물었다. 혹시나 숙녀에게 실례가 될까 걱정되어 유명한 춤꾼 니진스키의 일화를 덧붙였다. 니진스키의 전기를 다룬 책마다 그의 출생년도가 다르게 적혀 있어, 현재도 정확한 출생년도를 알 수가 없으니 많은 이가 아쉬워한다고 말하며 인터뷰를 시작했다.

최유희는 1984년 9월 29일 일본의 후쿠오카에서 태어난 재일교포 3.5세대이다. 할아버지가 대구에서 살던 당시에는 가끔씩 한국을 방문한 적이 있다고 했다. 오래된 외국 생활로 타국의 언어 중 영어가 가장 편해 보이는 그녀이지만, 여전히 한국 이름을 간직하고 있어서 그런지 친근함이 느껴졌다.

최유희는 다섯 살, 처음 발레를 접하고, 일본아카데미의 다이니쿠토(Daini Kudo) 선생에게 발레 기본을 배웠다. 그녀가 열 살 되던 해에는 운명 같은 일이 일어났다. 바로 파리 오페라 발레단(Ballet de l'Opéra national de Paris)의 엘리자베스 플라텔의 영상을 보게 된 것이다. 그녀는 직감적으로 발레와 자신은 떼어놓을 수 없는 운명임을 느꼈고, 열네 살에 파리로 떠나 파리 발레학교에서 홀로 수학했으며, 도미니크 칼푸니(Dominique Khalfouni), 크리스티아네 블라씨(Christiane Vlassi) 등 파리 오페라 발레단(Ballet de l'Opéra national de Paris)의

〈생일선물(Birthday Offering)〉 ⓒ alice pennefather

세계를 누비는 춤예술가들

에투알(Étoile)을 지냈던 선생으로부터 발레를 사사했다.

그녀는 1997년 로잔 콩쿠르(Prix de Lausanne)에서 1위, 파리 국제콩쿠르에서 은상을 받으며 무용계에서 두각을 드러내기 시작했고, 2002년에는 로열발레단 연습생(Apprentice)을 거쳐, 2003년 현재 몸담고 있는

〈잠자는 숲속의 미녀(The Sleeping Beauty)〉 ⓒ Tristram Kenton

영국 로열 발레단(The Royal Ballet)에 입단하게 되었다. 당시 최유희의 영국 로열 발레단(The Royal Ballet) 입단 소식은 한국에서 엄청난 이슈로 떠올랐는데, 그녀가 바로 79년 만에 로열발레단에 입단하게 된 최초의 아시아인이었기 때문이다. 이후 최유희는 2005년 국립발레단과 함께 선보인 〈백조의 호수(Swan Lake)〉로 한국의 관중과 주역으로는 처음 만났으며, 2015년에는 '한국을 빛내는 해외무용스타 초청공연'에서 〈신데렐라〉 갈라 공연으로 다시 국내 무대에 올라 국내 팬들에게 인사하기도 했다.

정상급 발레리나인 최유희에게도 직업 발레리나로서 힘든 점이 있는지 문득 궁금해졌다. 그녀는 "힘은 들지만, 여전히 배우는 즐거움이 더 크다."라고 대답했다. 여유로움과 진심이 함께 묻어나는 답변이었다. 이어 최유희의 어머니도 춤을 추었다고 들었는데, 그 재능을 물려받은 것은 아닌지, 어머니가 춤을 추는 것을 직접 본 적 있었는지 묻자 "어머니가 춤추는 모습을 본 적은

〈두 마리 비둘기(The Two pigeons) 리허설〉 최유희 · 알렉산더캠벨 ⓒ Bill Cooper

세계를 누비는 춤예술가들

없지만, 한국무용을 배운 것으로 알고 있다."라고 친절하게 대답해주었다.

최유희가 영국 로열 발레단(The Royal Ballet)에 입단하여 활동한 지 올해로 13년째이다. 파리에서 5년간 학교에 다닌 뒤 다른 발레단이 아닌 영국 로열 발레단(The Royal Ballet)을 선택한 이유를 묻자 "우선 로열발레단의 스타일과 잘 맞고, 프레데릭 애쉬튼(Frederick Ashton)과 케네스 맥밀란(Kenneth MacMillan)의 작품을 사랑하며, 프레데릭 애쉬튼의 여성적인 움직임과 뮤지컬적인 리듬의 발레가 나를 즐겁게 한다."며 웃었다. 그리고 그들과 작업한 레슬리 콘리어(Lesley Collier)와 게일 탭하우스(Gail Taphouse) 등이 아직 발레단에 있고, 자신을 가르쳐준다는 것도 굉장한 이점이라고 꼽았다. 이어 엘리자베스 여왕이 직접 발레를 보러 오는 것도 흥미롭다고 덧붙였다. 그리고 그녀는 런던이라는 자유로운 도시가 주는 매력에 대한 언급도 빼놓지 않았다. 시선에 구애받지 않고 여유롭게 산책하고, 자전거도 타며, 가끔 새들러스 웰스 극장(Sadler's Wells Theatre)에 들러 발레를 보는 것도 영국에서 지내는 큰 즐거움이라고 했다.

새들러스 웰스 발레단은 로열발레단의 옛 이름이 아닌가 묻자 "니네뜨 드 발루아가 처음 빅웰스(Vic-Wells) 발레단(1931년)을 세우고 새들러스 웰스 발레단(Sadler's Wells, 1940년)으로 이름을 바꾼 후, 1957년부터는 로열발레단이라는 이름이 되었다."고 알려주었다. 이어 그녀는 현재 새들러스 웰스 극장의 버밍엄 발레단과 로열발레단은 자매 발레단으로 여겨지고 있으며, 버밍엄 발레단은 투어를 주로 간다고 설명해주었다. 그녀 덕분에 많은 궁금증이 단시간 해소되었다.

이어 영국 로열 발레단(The Royal Ballet)의 공연 없는 일상도 궁금해졌다. 무대에 오르지 않는 날에는 10시 30분까지 출근하고 6시에서 6시 30분 사이에 퇴근하며, 토요일은 일하고 일요일은 쉰다고 한다. 최유희는 바쁜 나날을

로열오페라하우스 앞에서 ⓒ 이찬주

세계를 누비는 춤예술가들

보내고 있는 것 같았다. 늘 바빠 지내며 몸 관리에도 각별한 신경을 쏟아야 하는 발레리나를, 발레단에서는 어떻게 관리하고 있는지 궁금했는데, 발레단 안에 필라테스 클래스가 있고, 마사지나 테라피를 해주며 매주 건강관리를 체크해준다고 한다. 또한, 로열발레단에는 스케줄 코디네이터가 따로 상주해 있어, 총 90명에 이르는 단원들의 스케줄을 각기 관리해준다고 했다. 이러한 체계적인 시스템이 발레리나를 뒷받침해주고 있었다.

최유희는 현재 영국 로열 발레단(The Royal Ballet)의 퍼스트 솔리스트이다. 사실 각 발레단마다 승급의 이름은 각기 다른데, 가까운 예로 파리 오페라 발레단(Ballet de l'Opéra national de Paris)은 승급의 단계가 카드리유(Quadrilles), 코리페(Coryphée), 쉬제(Sujet). 프리미에 당쇠르(Premier danseur), 에투알(Étoile)로 5단계인 것으로 알고 있다. 최유희가 솔리스트를 거치지 않고 퍼스트 솔리스트가 되어 한국에서 또 한 번 크게 화제가 되었다. 이곳의 승급 체제와 테스트에 관해 물었다. "엄밀히 말하자면 캐릭터 프린서펄과 게스트 프린서펄이 있지만 대개 아티스트, 퍼스트 아티스트, 솔리스트, 퍼스트 솔리스트 그리고 프린서펄(Principal)로 5단계로 나눌 수 있다. 파리 오페라 발레단(Ballet de l'Opéra national de Paris)과 달리 승급시험이 없는 대신, 예술감독이 지속적으로 눈여겨보고 객관적인 판단을 내린다."고 했다.

파리 오페라 발레단(Ballet de l'Opéra national de Paris)은 최고 춤꾼을 일컬어 에투알, 로열발레단은 프린서펄로 발레단마다 부르는 이름이 다른 점도 재미있었다. 로열발레단의 케빈 오헤어(Kevin O'hare), 웨인 맥그리거(Wayne McGregor), 카를로스 아코스타(Carlos Acosta)의 역할을 묻자 발레 감독, 상임 안무가, 현장 감독이라고 친절히 설명해줬다.

최유희가 연간 몇 회 정도 무대에 오르는지 궁금해졌다. 그녀는 입단 초기

〈고집쟁이 딸(La Fille Mal Gardee)〉(2016) 로열발레단제공 ⓒ Helen Maybanks

에는 모든 공연에 참여했으며, 2년 전에는 1년에 100회가량 무대에 올랐고, 현재는 50회 정도라고 했다. 예를 들어 발레단의 연간 공연 계획이 100회면 50회 정도, 90회면 45회 정도로 무대에 오르니 연간 계획의 절반 정도 무대에 오른다고 생각하면 된다고 알려주었다. 주역 발레리나들은 발레슈즈를 많이 사용하는데 어떻게 충원하는가도 물었다. 발레단 측에서 제공해주는데, 각기 개인의 발레슈즈 본을 사용하여 발에 꼭 맞는 발레슈즈를 제공받는 점이 흥미로웠다.

그녀가 무대에서 선보인 〈고집쟁이 딸(La Fille mal Gardee)〉 이후 2016~2017 시즌 남은 공연은 런던의 유명한 로열 앨버트 홀(Royal Albert Hall)에서 열리는 카를로스 아코스타(Carlos Acosta)의 은퇴 공연과 웨인 맥그리거(Wayne McGregor)의 〈Carbon Life(카본 라이프)〉, 〈호두까기 인형(The Nutcracker)〉, 〈잠자는 숲속의 미녀(The Sleeping Beauty)〉 등으로 약 9개월의 스케줄이 그녀를 기다리고 있

〈고집쟁이 딸(La Fille Mal Gardee)〉(2016) 로열발레단 제공 ⓒ Helen Maybanks

ⓒ Andrej Uspenski

다. 이번 인터뷰를 통해 최유희의 근황은 물론, 영국 로열 발레단(The Royal Ballet)에 대해 평소 품고 있던 호기심 어린 질문들에 대한 답변을 자세히 들을 수 있었다.

마지막으로 한국의 젊은 발레리나들에게 한마디 조언을 부탁했다. "실수를 두려워하지 말라. 항상 다른 결과가 나온다."라고 그녀는 말했다. 필자는 어릴 때 흠모한 영국의 발레리나 마고트 폰테인의 아라베스크 90도 라인이 떠올랐고, 세계적으로 유명했던 발레리나인 그녀가 보여 준 몸짓은 영국발레의 독특한 스타일과 우아함의 기품을 지녔다. 런던 로열오페라하우스에 만난 최유희의 〈고집쟁이 딸(La Fille mal Gardée)〉 여주인공 리셋 역은 유쾌한 발레로 위트가 넘치면서도 사랑스러움에 우아함을 얹는 능란함까지 갖췄다.

2016년 로열발레단의 알렉산드라 페리(Alessandra Ferri · 53세)가 유니버설 발레단의 케네스 맥밀란 안무작 〈로미오와 줄리엣(Romeo and Juliet)〉으로 2016년 10월 23일과 26일 한국 무대에 올랐다. 팬의 욕심일지는 모르나 최유희가 "춤이 내 마음에 있는 한 오랫동안 춤출 수 있다(Dance from my heart as long as I can)."라고 했던 말처럼 아주 오랫동안 그녀를 보고 싶다는 생각이 들었다. 가을 햇살처럼 따뜻하게 퍼지던 그녀의 미소를 떠올리며 작은 소망을 품어본다.[3]

박세은

'콩쿠르의 여제'에서
제1의 발레리나가 되기까지

2016년 11월 초 박세은이 한국인 최초로 파리 오페라 발레단(Ballet de l'Opéra national de Paris) 프리미에르 당쇠즈(Premiere danseuse, 수석 여자 무용수)로 승급한 사실은 이제 우리나라에 널리 알려졌을 것이다. 그것도 입단 5년 만의 쾌거였다. 초고속 승급 이면에 파리 오페라 발레의 외국인 단원으로서 그녀 자신이 알게 모르게 겪었던 일들이 있을 것이다. 외국 무용단에서 활동하는 한국인 발레리나의 모습을 박세은을 통해 한 번 짚어보는 것도 의미 있으리라 여겨진다. 2015년 9월, 파리 가르니에 극장 앞의 Cafe de la Paix(평화의 집이라는 뜻)에서 만났을 당시의 그녀가 떠오른다.

그 당시, 박세은은 11월에 프리미에 당쇠르 승급시험을 준비하고 있었다. 자유작과 지정작이 있는데 지정작은 한 달 전에 공고된다고 한다. 그녀는 자유작으로 생각해둔 게 한두 편 있다면서 이번엔 "어, 쟤가 어울릴까?" 하는 작품을 한번 해보려고 한다고 말갛게 웃었다. 당시엔 고배를 마셨지만 이제 드디어 바라던 프리미에 당쇠르(당쇠즈danseuse는 여성형으로 보통 프리미에 당쇠

ⓒ e-ballet shop 제공 / 김경식

세계를 누비는 춤예술가들

르danseur라고 부름)가 되었다.

이번 승급시험의 지정작은 〈돈키호테(Don Quixote)〉 2막의 둘시네아 솔로였고 자유작으로는 〈파키타(Paquita)〉 그랑 파드되 솔로였다. 한 매체의 인터뷰에 따르면 자신이 가장 잘 하는 것을 택하는 것이 좋다고 하여 〈파키타(Paquita)〉로 바꾸었다고 한다. 그녀가 승급시험에 통과했을 때 동료들이 자기 일처럼 기뻐했으며 당연한 결과라고들 말했다고 한다.

파리 오페라 발레의 승급 단계는 5단계다. 군무인 카드리유(Quadrille)를 시작으로 군무 리더인 코리페(Coryphées), 솔리스트를 할 수 있는 쉬제(Sujet)를 거치면 프리미에 당쇠르와 에투알(Étoile·수석 춤꾼)이 남는다. 프리미에 당쇠르(Premier danseur)는 불어로 제1 남자 춤꾼이라는 뜻이며 그 단계가 되면 어느 작품에서든 주역을 맡을 수 있다. 에투알은 수석 중에서도 수석인 최고 스타 춤꾼이다. 에투알(Étoile)은 별이라는 뜻이다. 단계마다 승급시험을 통과해야 하며 에투알은 예술감독과 이사회의 논의로 지명된다. 현재 파리 오페라 발레단(Ballet de l'Opéra national de Paris) 단원은 150여 명으로 여성 프리미에르 당쇠즈는 7명, 여성 에투알은 10명이다.[1]

박세은은 2011년 오디션을 통해 준단원으로 입단해 군무로 활동했고, 2013년 코리페, 2014년 쉬제로 승급했다. 5개 등급 중 가운데인 쉬제는 코르 드 발레(군무), 솔리스트, 에투알 역할을 동시에 할 수 있는 위치로 가장 애매한 등급이다. 육체적인 소모도 가장 많다. 박세은은 승급시험 통과 당일에도 저녁에 공연하느라 승급의 기쁨을 누릴 새도 없었다고 한다. 2014년의 인터뷰

---

[1] 2017년 10월 현재 기준 남성 8명, 여성 10명 에투알 총 18명, 프리미에 당쇠르 남성·여성 7명씩 총 14명, 이것은 정해져 있기보다 매번 달라진다. 보통 에투알과 프리미에 당쇠르는 총 32명이다. 보통 남녀 각 8명씩이다. 이들 중 은퇴하는 사람들도 있다. 비교적 에투알이 많으면 프리미에 당쇠르가 적고 프리미에 당쇠르가 많으면 에투알이 적게 유지된다.

에서 그녀는 쉬제 단계에서 프리미에 당쇠르에 올라가려면 타이밍도 경력도 좋아야 하고 성실함도 있어야 한다고 말했다. 이미 다들 실력이 뛰어나기 때문에 그것 이상으로 자신의 스타일과 매력을 지녀야 한다며 쉬제 열여섯 명 중에 딱 한 명만 올라갈 수 있는 그런 자리가 프리미에 당쇠르라는 것이다.

쉬제로서 그녀는 2014년 말 〈라 수르스(La Source)〉(장-기욤 바르 재안무) 전막 공연의 주역을 맡았고 2015년에는 〈대지의 노래〉(존 노이마이어 안무, 2월 24일~3월 12일), 바로 이어서 〈라 바야데르(La Bayadére)〉(러시아 마린스키 발레단 공연, 3월 16일), 파리에서는 〈백조의 호수(Swan Lake)〉 주역을 맡는 등 눈부신 활약을 보여주었다. 〈라 수르스(La Source)〉와 관련한 ≪뉴욕타임스≫ 리뷰 기사에서, 대개 단원들이 프랑스 출신으로 어릴 적부터 컴퍼니 산하 발레학교에서 발레를 배우는 데 반해 그녀가 외국인 쉬제(Sujet)로서 주역을 맡은 것이 이례적이라는 말이 나왔다. 그녀는 "나일라 역에 걸맞게 연약하면서도 강철 같은 느낌과 공기 같은 가벼움을 보여"주었으며 "고난을 무릅쓰는 영혼의 위엄은 적절했다."는 평을 얻었다.

승급 전인 2016년 7월에는 신예 안무가 저스틴 팩의 작품 〈주름 속에서(In Creases)〉와 거장 조지 발란신의 안무작 〈브람스-쇤베르크 사중주(Brahms-Schoenberg Quartet)〉에 출연했다. 〈브람스-쇤베르크 사중주〉와 관련해 프랑스 언론인 ≪당스 아베크 라 풀륨≫(Danses avec la plume)의 리뷰에서는 그녀를 가리켜 "쉬제 가운데, 탁월한 춤꾼 박세은은 파트너와 좋은 호흡을 보여주었으며 작품에서 결코 서두르지 않는, 매력적인 발레리나"라고 말했다.

파리 오페라 발레단(Ballet de l'Opéra national de Paris)에서 박세은은 2015년 쉬제 때 프레스 리허설 포함해 연간 210회 내외의 공연을 했다. 한국의 국공립 무용단이 한 해 50회 남짓 공연하는 것과 비교가 되지 않는다는 생각

(좌, 우) 가르니에 오페라하우스 ⓒ 이찬주

이 떠올랐다. "여름과 겨울 시즌의 한 달씩은 매달 25회씩 공연하는데, 다들 아무 소리 안 하고 해내는 거예요. '쟤는 하는데 넌 왜 못하니?' 이렇게 되니까 더 참고 이를 악물고 하는 거죠." 아마도 박세은이 그렇게 연습하고 공연을 준비했기 때문에 빠른 시간 안에 승급을 이루었을지도 모른다. 아닌 게 아니라 그녀의 별명이 '빡세'이기도 하다. 그녀의 이름에서 '박세'를 부르는 것이면서 '빡세게' 열심히 한다는 뜻일 것이다.

그리고 묵묵히 연습에 충실한 것만큼 적절한 순간에 자기 자신의 능력을

〈라 수르스(La Source)〉 ⓒ Ballet de l'Opéra national de Paris / Julien Benhamou

세계를 누비는 춤예술가들

피력하는 모습도 필요한 것이다. 박세은도 그것을 직접 겪었다. 2014년 가을 파리 오페라 발레의 신임 예술감독으로 벤자민 밀피예가 부임했다. 캐스팅에서 클래식발레에 더 적합하다고 인정되면 컨템퍼러리 무대에는 서지 못하게 되므로 박세은은 출연 기회가 이전보다 줄어들었다. 당시에는 컨템퍼러리 공연이 더 많기도 했다. 2015년도에는 공연 연습 중 이마에 부상을 입은 데다 그해 승급시험도 치르지 못한 채 괴로운 나날을 보냈다. 하지만 그녀는 2015년 겨울 〈라 바야데르(La Bayadére)〉 주역 출연이 결정되었고 벤자민 밀피예가 "너를 믿는다."고 했을 때 정말 기뻤다고 했다. "저에게 기회를 준 것이었으니까요. 〈백조의 호수(Swan Lake)〉를 공연할 때는 에투알이 부상으로 서지 못하게 되어 갑작스럽게 결정된 거예요. 너무 떨리고 긴장되어서 어떻게 공연을 했는지도 모르겠어요. 다행히 큰 실수 없이 마칠 수 있었죠."

'빡센' 연습 뒤에 행운은 그렇게 조용히 찾아온다. 그리고 적절한 시점에 자기 자신에 대해 알리는 것도 춤꾼으로서 필요한 일이라고 깨닫게 되었다. 박세은은 가냘픈 외모와 달리 당찬 면도 있음을 보여주었다. 그녀가 쉬제였을 때 같은 쉬제라도 많은 공연에 출연하는 사람이 있는가 하면 그렇지 못한 사람도 있었단다. 발레에서도 승부에 관한 한 예외가 아닌 것이다.

파리 오페라 발레단(Ballet de l'Opéra national de Paris)은 가르니에 극장과 바스티유 오페라 극장(Opéra Bastille) 두 곳에서 공연을 올린다. 바스티유 오페라 극장(Opéra Bastille)에서 클래식을 하면, 가르니에 극장(Palais Garnier, 팔레 가르니에)에서는 컨템퍼러리를 하는 식이다. 연습은 주로 가르니에 극장에서 한다.

박세은은 어느 극장에서 공연해도 대개 클래식 쪽이었다고 한다.

파리 오페라발레는 클래식 팀과 컨템퍼러리 팀으로 나누어지는데 양쪽을

〈돈키호테(Don Quixote)〉ⓒ 박세은 제공

오가며 무대에 서는 춤꾼이 있는가 하면 어느 한쪽에 집중해 무대에 오르는 사람도 있다는 것이다.

2014년 10월 말과 11월 초에 그녀는 안느 테레사 드 케이르스마커 안무작 〈레인(Rain)〉 오디션에서 뽑혀 무대에 올랐다. 안무자가 직접 그녀를 원한다고 말했다는 것이다. 그때 브리지트 르페브르(Brigitte Lefévre)가 "클래식은 공연만이 아니라 아침 클래스로도 매일 할 수 있다. 안느가 너를 원한다는 게 중요하다!"고 말했고 그것을 받아들인 그녀는 너무 멋진 경험이었다고 필자에게 말했었다. 2015년 10월에도 드 케이르스마커가 오디션에서 그녀를 뽑았다는데 한창 연습을 하던 중 이마에 부상을 입었던 것이다. 그때 이마를 6cm 꿰매야 해서 한동안 상처가 남아 있었다고 한다.

부상은 발레리나에게 불가피한 일이다. 발레가 몸을 움직이는 일이니만큼 부상의 위험이 높다. 2012년 3월 클래스 중에 발목을 다쳤는데 그녀는 "부상을 처음 당하니까 정말 하늘이 두 쪽 나는 거 같았어요."라고 인터뷰에서 말했다. 5월까지 꼬박 3개월을 쉬었는데도 6월에 있었던 정단원 시험에 1등으로 통과한 저력의 발레리나가 그녀이다.

이후 2015년 봄과 가을에 발과 이마에 부상을 입은 그녀는 부상으로 잃은 것도 있지만 배운 것도 많았고 자신을 돌아볼 수 있는 기회를 가졌다고 했다. "더 생각이 깊어지고 제 춤이 성숙해진다는 것을 느끼거든요. 긍정적인 마인드가 되고요."

외국의 발레단 생활에 대해서는 긍정적인 게 좋다고 생각한다며 그녀는 말했다. "아무래도 그렇죠. 정작 프랑스 사람들은 네거티브해요. 비판하는 거 굉장히 좋아하고, 누구 꼬투리 잡는 거 좋아하고. '쟤는 저것 때문에 안 돼!' 그런 식인 거예요. 처음엔 스트레스를 많이 받았는데 이제는 그런 스타일인가 보다 하고 내버려두죠."

그녀가 준단원이었을 때만 해도 단원들이 영어로 말했다가 정단원이 된 뒤에야 불어로 축하인사를 건넸다고 하는 말을 신문기사에서 읽었다. 게다가 무용단 내에서 외국인 단원을 5% 미만으로 뽑는다는 규칙까지 있다는 것이다. 실제로 그녀가 속한 프리미에 당쇠르 단계에 외국인 춤꾼은 그녀를 제외하고 두 명밖에 없다.

'콩쿠르의 여제', '발레 신동' 소리를 들어온 박세은은 파리 오페라 발레 입단을 위한 오디션 당시에 이미 네덜란드 국립발레단(HET Nationale Ballet)으로부터 입단 제의를 받은 상태였다. 만 스물한 살, 웬만한 무용단에서 솔리스트로 무대에 설 수 있는 상황에서 그녀는 파리 오페라 발레단(Ballet de l'Opéra national de Paris)에 입단해 군무 생활을 시작했다. 한예종에서 사사한 김용걸의 영향이 컸다고 말했다. 김용걸은 2000년 아시아인 최초로 파리 오페라 발레단(Ballet de l'Opéra national de Paris)에 입단해 2009년 은퇴할 때까지 쉬제로 활동했다.

그녀는 절제된 우아함을 강조하는 프랑스식 발레가 자신에게 맞는다고 말한다. 춤꾼들에 대한 보장과 혜택이 많다며 MRI를 찍어도 춤꾼은 무료라고 한다. (그만큼 세금을 많이 내야 한다고 말하기는 했다.) 무엇보다도 파리 오페라 발레단(Ballet de l'Opéra national de Paris)의 장점은 다양한 레퍼토리를 접할

세계를 누비는 춤예술가들

〈왕자호동〉(2009, 박세은·이영철) ⓒ 국립발레단 제공

박세은

수 있는 것이라고 말했다. 〈백조의 호수(Swan Lake)〉는 5년 만에, 〈호두까기 인형(The Nutcracker)〉은 4년 만에 무대에 올렸단다. 〈라 수르스(La Source)〉도 그녀가 입단한 초기에 올린 뒤 5년 만에 무대에 올랐다고 한다.

1671년 설립된 파리 오페라 발레단(Ballet de l'Opéra national de Paris)은 350년 전통의 세계에서 가장 오래된 발레단이며 영국 로열 발레단(The Royal Ballet)(1931년), 미국 아메리칸 발레 시어터(1940년 창립, American Ballet Theater), 러시아의 볼쇼이(1780년 창립, Bolshoi Theater)·마린스키(1740년 창립, Mariinsky Theater) 발레단과 더불어 세계 정상급 발레단에 속한다. 그녀가 우리나라 발레리나로서는 최초로 프리미에 당쇠르 단계에 올랐다는 것이 자랑스럽다.

그녀가 열 살이 되었을 무렵 아버지의 손을 잡고 가서 〈호두까기 인형(The Nutcracker)〉 공연을 보고, 너도 한번 발레를 해보겠느냐는 말을 아버지(박효근)에게서 들었다고 했다. 그녀는 국립발레단 문화학교에서 발레를 처음 배우면서 당시 국립발레단 예술감독인 최태지로부터 많은 지도를 받았다. 박세은은 다른 아이들보다 습득에서 느린 아이였다. 초등학교 4학년 문화학교에서 유급을 받기도 했다. 최 감독은 어린 세은에게 "초조해 하지 말고 기초를 다져라."라고 말해 주었다고 한다. 그런 자세를 견지했기에 어떠한 상황에서도 흔들리지 않고 자기 자리를 지킬 수 있었던 게 아닌가 싶다.

박세은은 2007년 2월 스위스 로잔 발레 콩쿠르 그랑프리수상을 했다. 그녀는 유일하게 외국발레학교를 거치지 않고 '순수국내파'로 우승하였기에 한국발레의 자신감과 희망을 안겨주며 당시 국민들은 두 배로 기뻐하였다. 그녀는 로잔 발레 콩쿠르의 스칼라십을 받아 미국 뉴욕의 아메리칸 발레 시어터2(ABT2)에서의 1년 연수의 기회를 가졌다. Wes Chapman 예술감독의 연장 요청에 의하여 2년간 활동을 하였다. 이후 2009년 5월 최태지 예술감독의 제의로 국립발레단으로 입단하여 고전 발레는 물론 창작발레 〈왕자호동(2009 초연)〉 낙랑공주의 맑고 깨끗한 분위기의 색다른 매력을 펼쳐 보이기도 했다. 2010년 한국종합예술학교의 활동으로 〈인어공주〉(김선희 안무 2001 초연)에서는 환상적인 모습을 보여줬다. 이러한 활동 중에도 박세은은 2010년 로마 콩쿠르에서 김명규와 시니어부분 금상, 그해 7월 바르나 콩쿠르 시니어부분에서 금상을 수상한다. 그녀는 다른 공연연습과 콩쿠르 준비를 병행했는데 밤 12시까지 강행군에 지치고 힘들었다고 한다. 세계4대 발레 콩쿠르 바르나 이후 진행된 인터뷰에서 이렇게 말한다. "그때 알았죠. 어떤 한계가 있는데 이를 악물고 참으면 말할 수 없을 정도로 강해진다는 것을."[2]

2011년 7월 파리 오페라 발레단(Ballet de l'Opéra national de Paris) 입단 후 차곡차곡 커리어를 쌓아 가고 있는 그녀이다. 박세은은 2016~2017 시즌 작품으로 2016년 12월 한 달 동안 〈백조의 호수(Swan Lake)〉(루돌프 누레예프 안무) 공연에 출연했고, 2017년 3월 〈한여름 밤의 꿈〉(조지 발란신 안무)에 출연해서 디베르트망(Divertissement) 역을 맡았다. 이 배역은 '발레 안에 진짜 발레'로 발란신이 특별히 작품의 하이라이트로 만든 역할이다. 2017~2018 파리 오페라 발레 시즌에는 〈보석(Jewels)〉(9월 23일~10월 12일)[3]의 다이아몬드 역을 맡아 플로리앙 마뉴네와 호흡을 맞추었다. 프랑스의 《당스 아베크 라 풀륨(Danses avec la plume)》은 "퀸(Queen)은 단연 박세은이었다. 영혼을 어떻게 감동시킬지 아는 카리스마 있는 연기로 눈부신 피날레를 장식했다"고 평했다.[4]

2) 뉴스스테이지 인터뷰 2010.8.20.
3) 조지 발란신(George Balanchine)의 〈보석〉(1967초연)이 50년을 축하하며 무대에 올랐다. 그가 뉴욕의 5번가에 있는 반짝이는 보석 가게에서 영감을 얻은 작품이며 걸작이다. 에메랄드, 루비, 다이아몬드의 세 부분으로 나뉘며 다이아몬드는 〈보석〉 중 하이라이트로 손꼽는다. 조지발란신의 뮤즈 수잔패럴이 1967년 초연의 다이아몬드 역을 맡았다.
4) 조선일보 2017.10.12.

이제 박세은은 발레리나로서 이름을 널리 알릴 수 있는 기회를 얻었다고 할 수 있다. 주역에만 집중하게 되어 시간 여유가 생기면서 공부할 수 있어 좋고 뮤지컬, 콘서트, 오페라 등을 보며 다양한 영감과 지식을 쌓고 싶다고 했다. 발레 그 자체는 물론이고 내적으로도 자기 자신을 가꾸어 가는 모습은 춤꾼으로서 바람직한 한 예시로 여겨진다.

최고 춤꾼인 에투알은 불어로 별이란 뜻이다. 머잖아 그녀도 하나의 빛나는 '별'로 무대 위에 설 수 있지 않을까 기대한다.[4]

3장
파리에서
꿈을 이루는 사람들

〈연옥–콜드 룸(Cold room)〉(2015) (신체를 보관하는 냉장실 뜻) ⓒ 박화경 제공

박화경

모방을 거부하는 프랑스 춤판에서 자신의 춤을 추다

　　박화경(1963년생). 서울에서 태어난 그녀는 어린 시절 발레 전공으로 예원학교를 거쳐 3학년에 선화중학교로 전학가면서 뒤늦게 발레기술을 제대로 익히며 늦은 발레수업을 집중하여 받아들이게 되었다. 선화 중·고등학교에서 애드리언 델라스로부터 정통 클래식발레를 배웠고 이화여대를 졸업했다. 그 사이사이에 고(故) 임성남 선생님과 진수인 선생님에게 발레를 배웠다. 그녀는 현대무용가 홍신자가 만든 웃는돌 무용단(Laughing Stone Dance Theater)에서도 활동했다. 하지만 배움에 대한 갈증이 있었다.

　박화경 그녀는 1987년에서 1989년까지 벨지움의 무드라 인터내셔널(Mudra International), 독일 에쎈의 폴크방 호흐슐레(Folkwang hochshule), 네덜란드의 로테르담의 로테르담 댄스아카데미(Rotterdam dansakademie)에서 연수했다. 그리고 1996년에서 1998년 사이 벨기에의 무드라 학교(Mudra Scholl. 현재 루드라Rudra로 명칭 바뀜)에서 수학한다. (그곳은 모리스 베자르가 세운 무용학교다.) 나이 제한에도 불구하고 1년간 교환학생의 기회를 갖게 되었다. 많은 발레의

진수인 무용학원, 박화경·황지현·박진경 등

기본 교정과 현대무용(마사 그레이엄), 리듬 수업, 연기 기초 수업 등 참으로
알찬 수업들을 듣게 되었다.

　한편 박화경은 서서히 자신을 표현하는 데 좀 더 자유로울 수 있을 거라 생
각이 들면서 청소년 시절에 디스코 댄스 경연 대회에서 맨발로 한 친구와 함
께 참가해 상을 받은 일이 떠올랐다. 좀 더 자유로울 수 있으려면 맨발로도 춤
을 추고 신발도 바꿔 가며 현대무용을 할 수 있을 거라는 생각을 하기도 하였
다. 그녀는 피나 바우쉬가 있었던 독일 폴크방 대학(Folkwang Hochschule)에 합

격해 유명한 피나 바우쉬를 만난다는 자체로 감격하던 시절이었다. 하지만 학교와 그녀의 무용 세계와는 좀 거리가 많았다. "그 당시 젊은 혈기로 베자르식과 바우쉬식 예술세계의 접합점으로 보이던 지리 킬리언이 눈에 들어왔어요. 네덜란드의 암스테르담과 로테르담에 학교를 시험 본 결과 모두 합격했죠. 우선은 좀 더 아카데믹한 로테르담 아카데미를 선택했어요. 진정으로 몸을 내 맘껏 여러 가지 춤에 기본을 다 배울 수 있는 좋은 기회였죠." 하지만 그녀는 IMF로 경제 사정이 어려워져 한국으로 돌아오게 되었다. 그 당시 언제든지 다시 학교로 돌아올 수 있는 약속을 받았다. 그녀로서는 참으로 안타까운 상황이었다. 그 이후 한국에 돌아와 학원에서 강사 생활도 하고 대학 강의도 나가고 안무 활동도 시작했다. 하지만 때를 느껴 다시 배워야겠다 결심하고 삼성 맴피스트(Mampist) 제도에 도전했다. 안무에 대해 좀 더 배워보겠다 하는 마음이 있었다.

박화경이 프랑스에 발을 내디딘 건 1998년 삼성문화재단 맴피스트(Mampist) 예술 부문 무용 분야 제1회 장학생으로 선정되면서부터였다. 이 장학제도는 문화예술계의 인재를 선발해 해외유학 경비 일체를 지원하는 제도로 무용계에서는 그녀가 첫 합격자로서 선발되었다. 그녀는 실무 전문과정의 안무자로 선정되어 유학길에 올랐다. 그때 장학금을 받아 프랑스에 가게 되면서 자신의 꿈이 현실로 다가와 너무 기뻤다고 했다.

프랑스 그르노블(Grenoble)은 파리에서 국내선으로 갈아타고 한 시간 반가량 걸리는 곳으로, 1968년 동계올림픽이 열렸던 알프스 자락에 있는 도시이다. 이곳에서 프랑스 장 클로드 갈로타(Jean-Claude Gallotta) 예술감독이 있는 국립 그르노블 무용센터에서 안무 연수생으로 약 5개월을 지냈다. 지금 생각해보면, 이곳에서 그녀는 레오시 야냐체크(Leoš Janáček)의 오페라 〈라 조

〈미로의 나의 방(Labyrinth ma chambre)〉 ⓒ 박화경 제공

리타 아스튜타(La zorrita astuta)〉(교활한 작은 암여우라는 뜻)의 춤꾼으로 일을 겸하게 되며 이 작품으로 첫해에 마드리드까지 둘러보는 계기를 얻었다고 돌아보았다.

이후 박화경은 연수기간이 끝나면서 1996년 한국에서 내한공연을 통해 흠모했던 프랑스 앙줄랭 프렐조카주의 컴퍼니로 가기를 희망했다. "사실 전 마기 마랭 무용단에 관심이 있어서 맴피스트를 도전했는데 그녀의 단체가 이사 준비로 당분간 외부와의 단절된 상태여서 그 외의 단체 중에서 선택한 거였습니다."

앙줄랭 프렐조카주는 현대무용 안무가로 1985년 프렐조카주 컴퍼니를 창단했고 1996년 프렐조카주 발레단(Ballet Preljocaj)으로 개칭해 현재까지 이끌고 있다.

세계를 누비는 춤예술가들

프렐조카주 발레단은 아비뇽과 가까운 도시로 엑상프로방스(Aix-en-Provence)에 있었다. 장 클로드 갈로타의 컴퍼니에서 지낸 기간으로 추천서를 받아 프렐조카주 발레단에 지원서를 냈다. 그녀는 기다렸던 편지를 받고 오디션을 보기 위해 앙줄랭 프렐조카주를 만났는데, 춤계의 거장으로 기대했던 그가 아주 작고 마치 경비 아저씨 같은 외모를 풍겨서 내심 놀랐다고 했다. 그는 그녀가 일주일 동안 연습하는 것을 보고 결정하겠다고 제안했다. 일주일 후 OK라는 승낙을 받았다. "나에게 당신(앙줄랭 프렐조카주)의 안무하는 모습을 보는 기회를 달라."고 그녀는 당돌하게 제안한다. 그녀 말이, 그가 안무할 때 누군가 지켜보는 기회를 준 것은 처음이었으며 1년 동안 안무 연수생으로서 그의 안무 작업을 지켜보는 일은 자신에게 많은 도움을 주었다고 했다.

1년 뒤 프렐조카주 발레단 연수가 끝나고 그 후 맴피스트(Mampist) 장학제도의 기간도 끝이 났다. 박화경은 여기서 돌아가는 것은 아무것도 아니라는 생각이 들었다고 했다. 그녀의 마음을 알기라도 한 듯 프렐조카주 측에서 아시아 공연 책임자를 제의한다. 그는 1996년 한국을 방문하면서 이미 아시아에 대한 시장성을 느꼈는지도 모른다.

"그동안 춤 연습이 끝나면 불어 수업도 열심히 들어 늘어난 언어 실력과 무용 전공에 점수를 높이 줬던 것 같았어요. 이제야 느끼지만 사실 프랑스란 나라는 이런 제의를 그냥 하지 않아요." 그녀는 고민했다. 거절하기로 했다. 현재도 그렇고 그 당시도 그렇고 제안을 받아들이지 않은 것이 아깝기는 했지만 아쉽지는 않았다고 그녀는 말한다.

그녀는 떠나면서 프렐조카주 발레단 단원들로부터 한결같은 조언을 들었다. 그들은 "너는 파리에 꼭 가봐야 한다. 그곳에서 춤의 흐름을 봐야 한다."며 '어떻게 어디 가서 무엇을' 배워야 하는지 알려줬다고 한다. 그 후 파리

박화경

<01> ⓒ 국립발레단 제공

국립안무센터(CND, cntre national de danse, pantin), 하모니스튜디오(Studio Harmornigue), 라메나 쥐리드 베르(La Ménagerie de verre) 등에서 무용 수업을 하였고, 불어공부도 열심히 하며 무용 외의 일거리를 찾아 제2의 무용생활의 준비를 시작했다.

이후 프랑스인 남편을 만나 결혼도 하고 이곳에 정착해서 어느덧 이렇게 '파리지엔느'로 살아왔다고 한다.

한국에는 여름휴가 기간에 와서 가족들을 만나왔다. 2001년과 2011년에는 국립발레단 특강이나 한예종 무용원 창작과 이화여자대학교·한성대학교·춘천 도립무용단에서 특강을, 2001 국립발레단의 '해설 있는 발레'에서 창작발레 〈예술가라면(If Artist?)〉, 모던발레 〈디아길레프와 니진스키〉, 2011년에는 〈01〉을 안무해 올렸다. 대학의 특강을 위해 들르기도 했다.

그녀가 파리에 살면서 느낀 바에 따르면 자유스러운 이 나라에는 규칙이 없어 보이는 듯해도 거미줄 같은 법이 얼기설기 쳐져 있다고 한다. 한국과 달리 무용 교사, 안무, 춤꾼에 대한 구분이 명확한 만큼 법도 다르고 시스템도 달라서 하나에만 속하지 않고 두 가지를 병행할 경우 많은 세금을 많이 내게 된다고 한다.

2014년에는 테아트르 노노(Théâtre NoNo) 단체로 브뤼셀에서 〈바로코(Baro-kko)〉를 재공연하는 것과 듀엣으로 만든 작품을 상품화했다. 그녀는 프리랜서 춤꾼으로서 푸흐 렝스탕(Compagnie Pour l'instant)컴퍼니 등과도 협업하면서 그녀는 여러 경험을 토대로 시도에서 그치는 것이 아니라 창작 활동에 전념하였다.

그녀에게 오랜 시간 바라본 프랑스의 춤에 대해 물었다. "여기는 항상 창작을 중요시해요. 단순 복사(Copy) 같은 모방에는 전혀 관심이 없는 나라죠."

박화경

〈바로코(Barokko)〉(2016) ⓒ 박화경 제공

세계를 누비는 춤예술가들

라고 간결하게 답했다.

이제 전문 춤꾼으로서의 활동을 서서히 접고 '국가교사자격증'의 디플롬을 받았다. 400시간의 수업 후 자격시험을 보는데, 아주 작은 점수 차로 많이 떨어뜨리며, 무엇보다 프랑스의 문화는 물론 정신적·심리적으로 강인한 선생을 길러내는 데 주안점을 둔다고 했다.

앞으로 어떤 계획이 있는지 물었다.

"현재 창작에 중점을 두려던 내용이 현재로서는 무용 교육에 대한 중요성과 함께 나 자신도 재교육하고 있지요. 잃어버린 어린 시절을 되찾고 춤에 대해 새롭게 교정한다고 할까요. 배우는 데 나이는 없잖아요? 앞으로 또 어떤 미래로 이어질지는 장담할 수 없어도 열심히, 주어진 기회를 잘 활용하며 매일이 새로운 창조의 하루임을 되새기며 살고 있습니다."

그녀는 조용히 그러나 힘 있게 말했다.

그동안 무용수로 작업한 단체로는 뿔엉스텅(Pour l'instant)과 스틱스 떼아트르(Styx théâtre 현재―떼아트르 노노(Théâtre nono)로 이름이 바뀜)이 있고 〈스위알토(Swialto), 〈돌아온 탕아(Der Verlorene Sohn)〉와 〈미로의 나의 방(Labyrinth ma chambre)〉, 〈바로코(Barokko)〉 등이 있다.

그녀의 창작 작업으로 〈도깨비1(Doccaibi1)〉는 벨땅 포아레(Bertin porée)에서, 〈도깨비2(Dccaibi2)〉는 〈에스파스 튜르크틸(Espace turquetile)〉, 그리고 〈두더쥐의 뒷꿈치〉는 르 르갸르드 듀 시느(Le regard du cygne)에 올렸다.

그녀가 무용수로서 정식 계약한 단체는 두 곳인데 테아트르 노노(Théâtre nono)와는 계속 작업 중이고 푸흐 렝스탕 컴퍼니 경우는 컴퍼니의 안무가가 사진작가로 변신해서 춤 작업보다는 인간적으로 깊은 우정을 나누는 친구 사이로 바뀌었다고 한다.

전)국립파리안무자센터 앞 ⓒ 이찬주

세계를 누비는 춤예술가들

1998년 처음 파리의 드골 공항에 도착한 이래로 18년이 흘렀다. 파리지엔느 박화경. 그렇게 불러도 이상하지 않을 정도다. 그녀는 까다로운 파리의 춤판에서 끈기 있게 버티며 춤꾼으로서 안무가로서 살아왔다. 지금 그녀는 무용 교육을 통해서 오래전 잃어버렸던 초심과 만나고 또 새롭게 자신 자신과 만나고 있다.[5]

〈Beauty wings〉ⓒ 김두영

김판선

최고의 춤꾼만 오른다는
'테아트르 드 라 빌'의 춤추는 남성

김판선, 그를 만난 건 파리 생폴(St-Paul) 지하철역에 있는 회전목마 앞에서였다. 노랑과 빨강이 돋보이는 회전목마와 광장의 많은 사람 틈에서도 그는 한눈에 알아볼 정도로 눈에 띄었다. 그를 향해 손짓하자 어느 틈에 그가 다가왔다.

젊은 세대의 무용인들 사이에서는 그의 이름을 모르는 사람이 없을 정도로 유명하다. 김판선은 2003년 후쿠오카 무용콩쿠르 동상 및 국제교류상, 2004년 동아무용콩쿠르 금상, 2007년 평론가가 뽑은 젊은 안무가전에서 '최우수 작품상' 등을 수상했다. 2004년에는 뛰어난 춤 실력으로 프랑스 현대무용의 거장 장 클로드 갈로타(Jean-Claude Galotta)에게 발탁되었으며(서울세계무용축제) 2006년에는 스물다섯이란 나이에 최연소로 유니버설 발레단 '컨템퍼러리 발레의 밤' 초청 안무가로 작품을 무대에 올렸다. 현재는 프랑스에서 가장 '핫'한 무용단인 엠마누엘 갓(Emanuel Gat) 단원으로 지금까지 8년 동안 탄탄한 직업 춤꾼으로 활동하고 있다.

〈eating spirit〉 리허설 ⓒ 김두영

　우리나라 안에서도 무용인들의 관심을 한 몸에 받으며 승승장구하던 시기
에 어떻게 외국에 나갈 결심을 했는지 그에게 물었다. 그는 새로운 환경을
경험하고 싶었고 대학 시절부터 뭔가 새로운 것을 접하고 싶어 일찍 나가려
고 마음먹었다고 대답했다. "2009년 'CV(Curriculum Vitae, 활동 내용을 연도별로
정리한 이력서) 프로필 영상'에서 메일을 보내라고 연락이 와서 경력서와 춤추
는 영상을 보냈고 무작정 한국을 떠났죠. 먼저 벨기에로 갔었구요. 친구네

　　　　　　　　　　　　세계를 누비는 춤예술가들

집이랑 한인 민박집을 6개월간 전전했어요. 그렇게 늦게까지 연락이 안 올 줄 몰랐던 거죠. 프랑스 엠마누엘 갓 무용단에서 '미안하다. 우리가 너의 영상을 간과했었다. 우리 무용단에 합류해 달라.'라는 연락이 왔어요. 지금은 보시다시피 이 무용단에서 활동하고 있죠."

프랑스의 직업 무용단에서 공연 일정이 없을 때 어떤 활동을 하는지 묻자, 사이드 프로젝트로 프랑스 신진 안무가들과도 작업한다고 했다. 직업 무용단이 한국과 다르게 좋은 점은 프로페셔널인 만큼 공연료, 리허설 비용, 공연 경비(Per Diem)가 지급되는 것이 색다르다고 말했다.

김판선은 전남예고에 성악으로 입학했다가 친구의 권유로 2학년 재학 중에 무용으로 전공을 바꿨다. 좀 늦은 나이에 무용을 시작했으나 광주의 박진수 원장에게 배워서 한국예술종합학교에 입학했다. 어떻게 그렇게 짧은 시간 안에 전공을 바꾸고도 잘 해내는지, 정말 타고난 재능이란 것이 있는 걸까? 잠시 생각했다. 뒤늦게 무용으로 정착한 안무가들이 있다. 스테파니 오뱅, 필립 드쿠플레, 호세 몽딸보 같은 사람들. 각기 음악에서, 서커스에서, 미술에서 무용에 안착했으며 지금 세계 최고의 안무가, 무용가가 되었다. 어쩌면 김판선도 그렇게 되지 않을까 조심스럽게 점쳐본다.

2남 2녀 가운데 막내인 그는 드넓은 나주평야를 보면서 과수원을 하는 부모님 곁에서 어린 시절을 보냈다. "배나무, 복숭아나무 등에 잎이 자라고 꽃이 피고 열매 맺는 걸 보아왔죠. 과수원을 거닐 때 풍기는 향긋한 과일 냄새…… 그건 저에게 고향의 냄새라고 할 수 있는데 잊을 수가 없어요. 과수원의 신비로움이 항상 제 몸에 남아 창작의 원동력이 되는 것 같아요."

그는 2007년 '평론가가 뽑은 젊은 안무가전'에 출품했던 〈Moment(모멘트)〉에서 영감의 꾸러미들을 풀어놓았으며 흙, 분진 등이 뭉텅이에 싸여 있고 그

〈eating spirit〉ⓒ 김두영

모든 것이 자신과 분리할 수 없는 이야기라고 했다.

　필자는 벨기에의 로사스 무용단에서 책을 구입했는데 무용 책에 요가가 들어 있어서 의아스러웠다. 예전에는 현대무용이 마사 그레이엄의 수축과 이완(Contraction And Release)이나 도리스 험프리의 낙하와 회복(Fall And Recovery)에 따라 기초를 다졌는데 여기 파리는 어떤가 물었다. 엠마누엘 갓 무용단을 포함해 요즘의 유럽 현대무용에서는 기초적 움직임으로 몸을 풀 때 요가를 이용한다고 한다. 요가가 신체 연습에 미치는 영향이 크다. 특히 몸의 파장을 배우니까 퍼스널 과정으로 충분히 흥밋거리가 된다고 그가 말했다.

　　　　　　　　　　　세계를 누비는 춤예술가들

〈share, sound〉 ⓒ 옥상훈

　파리에는 수많은 극장들이 있다. 무용 공연은 주로 샤틀레 극장, 샤이오 극장, 테아트르 드 라 빌, 바스티유 오페라 극장(Opéra Bastille)에서 오른다. 그 가운데 테아트르 드 라 빌은 세계 유수의 예술감독들과 활발한 네트워킹이 이루어지는 장소이자 유럽 최고의 안무가와 춤꾼을 알리는 국제 교류의 장이다. 최고의 춤꾼만이 이 극장 무대에 오를 수 있다는 말이 춤계에 퍼지면서 춤꾼이라면 누구나 이 무대에 서기를 소망한다고 많은 사람에게서 들었다. 김판선은 이 무대에 벌써 몇 번이나 올랐다.

〈eating spirit〉ⓒ 김두영

그가 직업 춤꾼이자 안무가로 파리에서 지낸 지 8년째다. 안무 작업에 적잖은 변화를 겪었음 직하다. 그에게 물었더니 또랑또랑한 목소리가 들려왔다. "그동안 퍼포먼스적 경향에서 움직임의 본질로 새로운 안무 작업을 시도하고 있어요. 음악을 정하고 그 자유로운 음악이 내게 주입되어 점차 몸에 각인되면서 변화하는 움직임의 느낌을 춤으로 발전시키는 거죠."

김판선은 2013년 정아트비전 신작 〈Eating Spirit〉에 이어 2014년 서울국제공연예술제(SPAF) '4th 솔로이스트'와 2015년에도 한국 LDP 무용단(대표 김동규)공연에 참여하였다. 2014년 그가 선보인 〈Share, Sound〉가 소리, 진동, 파동의 1인의 움직임을 선보인 즉흥무 형식이었다면, 〈12MHz〉는 전류에 반응하는 인간을 군집화하여 표현하였다.

2016년에는 광주시립발레단 〈불안한 축(Unstable Axis)〉 안무를 맡아 잠깐씩 귀국했었고, '2015~2016 한불 상호교류의 해'를 맞춰 한국 현대무용작품 5편을 소개하는 샤이요 극장에 〈오운 메가헤르츠(OWN MHz)〉로 무대에 올랐다. 그는 요즘 작업에서 음악이 몸에 미치는 반응을 통해 움직임을 표현하는 작업을 시도한다고 말한다. 몸짓의 기호들로 점과 선율을 만들어내고 몸의 뒤틀림으로 박자를 만들어내며 좀 더 세부적으로 접근하여 조합된 것을 춤의 표현으로 확장해나가는 식이라고 한다. 그는 앞으로도 한동안은 신체가 가지고 있는 다양한 동작 형태에 대해 고민할 것이라고 덧붙였다.

또 한 가지 파리에서 지내면서 달라진 점은 안무하는 속도라고 그는 말한다. 처음에는 모든 일에 느린 파리가 힘들었는데 점차 파리 사람들처럼 급하게 작업하지를 않는다며 안무에 시간이 필요하다고 했다. 급한 작업은 이제 질색이라며 보는 사람이 시원하게 느껴질 정도로 그는 호탕하게 웃었다. 작업에 필요한 장소를 찾아가고 필요한 대상을 접하고 파악해 가면서 '이런 거

ⓒ 김판선 제공

세계를 누비는 춤예술가들

해보고 싶다.'는 동기가 생기고 '이렇게 할 거야.'라는 여러 번의 프레젠테이션을 거친다. 이번 작품도 음악가와 수시로 만나 이야기하는 과정에서 논리적으로 현명하게 검토하고 고민한 끝에 밑그림을 그려놓고는 무용실로 향한다고 그는 사뭇 진지한 어조로 말했다.

　마지막으로는 가볍게, 그가 느끼는 파리 생활은 어떤지 물었다. 전통도 있지만 다양한 사람들과 소통하는 시간 속에서 일어나는 소소한 일들 그리고 자기 자신과 끊임없이 대화를 나누며 춤 작업을 하게 된다고 말한다. 현재는 춤 작업을 하고 또 관객들이 찾아줄 때 즐기면서 춤추는 것이 하나의 행복이라는 한 남성의 얼굴에 싱그러운 미소가 퍼졌다.[6]

이선아

프랑스 무용단에
〈파동(Waves)〉을 전수하다

현대무용가 이선아, 그녀를 2015년 여름 파리에서 만났다. 그녀는 2015년 11월에도 짧게 한국을 방문했다가 돌아갔다. 외국에서 먼저 알려진 그녀는 제3회 인천국제무용제에 초청을 받아 11월 1일 〈파동(Waves)〉을 올렸다. 음악과 몸 그 안에서 발생되는 에너지의 파동을 표현한 파워풀한 작품이었다.

이선아는 2013~2014 시즌에 〈파동(Waves)〉을 한 프랑스 무용단에 전수했다. "안무가 조제트 바이즈(Josette Baïz)가 이끄는 무용단이 '웰컴'이라는 프로그램을 만들었는데 블랑카 리(Blanca Li, 스페인), 도미니크 에르뷰(Dominique Hervieu, 프랑스), 카타리나 크리스티(Katharina Christl, 독일), 제르멘 아코니(Germaine Acogny, 세네갈), 안은미(한국) 등 안무가 여섯 명이 각자 자신의 작품을 전수하는 프로그램이에요. 이 무용단이 〈파동(Waves)〉을 여자 다섯 명이 추는 걸로 바꾸어 추었죠." 그녀는 사실 그대로를 담백하게 말했다.

파리 퐁피두센터 옆 스트라빈스키 분수대에서 만난 그녀는 사진으로 먼저

〈파동(Waves)〉 ⓒ 방성진

봐서 그런지 한눈에 알아볼 수 있었다. 검은색 재킷에 회색 스웨터 차림에 긴 머리를 늘어뜨린 그녀의 모습이 멋스러웠다. 외국에서 먼저 알려진 현대 무용가이며 안무가인 이선아. 늦게 피는 꽃이 더 아름답다는 말이 떠올랐다.

이선아는 스무 살에 처음 무용을 배웠고 처음 참가한 국제대회인 제8회 요코하마 댄스컬렉션(2007)에서 덜컥 대상 '젊은 안무가를 위한 주일 프랑스 대사관상'을 받았다. 그녀는 부상으로 2007년 5월부터 11월까지 6개월간 파리에서 보냈다. "그때 몽펠리에, 위제스 파리 축제 등 페스티벌을 많이 돌아다녔어요. 축제를 통해서 프랑스를 배우고 이해하고 안무 작품을 보게끔 하는

세계를 누비는 춤예술가들

취지죠. 요코하마 예술감독으로부터 핀란드 레지던시(한 달) 제안도 받았어요. 또한 런던, 암스테르담이랑 스페인, 핀란드에서 온 예술감독들로부터 제의를 받아 공연을 많이 갔죠. 지금 생각하면 운이 좋았어요."

무용이란 건 꿈도 꾸지 못했던 그녀는 오빠가 출연한 연극에서 계기를 얻는다. 춤도 추고 연기도 하는 퍼포먼스에서 또 다른 오빠의 모습을 보고 뭔가 느낌이 왔다고 한다. 그녀는 수원여대 무용학과가 실기시험을 안 본다는 말에 지원해서 덜컥 붙었다.

"발레를 처음 배웠는데 너무 재미있었어요. 거기에 한국무용과 현대무용을 더해 세 가지의 기초를 배웠어요. 한국무용을 하라고 권한 교수님도 있었는데 뭔지 모르지만 저는 현대무용이 좋았어요. 수업 충실히 듣고 방학 특강 열심히 나가고 그랬어요."

수원여대에서 기초를 닦은 뒤에도 그녀는 배움에 대한 갈망이 컸다. 수원여대 졸업 후(2년 과정) 한성대에 편입해서는 박인숙 교수로부터, 그다음에 한국예술종합학교 전문사 과정에 들어가서는 남정호·안성수·김삼진 선생에게서 춤을 배웠다.

"움직임과 음악의 치밀한 구성에 대해서는 안성수 선생님에게 배웠고, 남정호 선생님과 김삼진 선생님은 소소한 부분까지 지도해주셨어요. 제가 사랑 표현으로 겨드랑이에서 손이 나오는 동작을 했는데 김삼진 교수님이 '지금까지 보지 못한 움직임이다. 작품을 만든다면 정말 많이 기대한다.'고 말씀하셨어요. 실망시켜드리지 말아야지 하며 정말 되게 열심히 했어요." 그렇게 해서 만들어진 첫 작품이 〈내 안의 일부분(The part of me)〉(2005)이다. 남정호 교수가 디테일을 지도해주었다.

(위) 〈Touch!〉 ⓒ 김두영
(아래) 〈저, 밖으로〉 ⓒ Matthew G. Johnson

2007년 요코하마 댄스컬렉션 예선용 작품이 〈내 안의 일부분(The part of me)〉이었고, 〈몽롱〉을 믹스해서 만든 본선 진출작이 〈퍼포밍 드림(Performing Dream)〉이다.

이듬해에 만든 작품 〈몽롱〉은 공연 전날 밤, 잠을 이루지 못하다가 꿈속에서 공연하고 현실로 돌아오는 내용의 솔로이다. 잠들기 전에 창작 생각을 하면서 눈 감은 채 들릴 듯 말 듯 소리를 낮춰 음악을 듣는 상태와 그 느낌으로 춤을 만들었다. 파리 연수를 다녀온 뒤 2008년도에는 '영 아티스트 클럽(Young Artist Club : YAC, 야크)'에 들어갔다. LIG문화재단의 젊은 안무가 인큐베이팅 프로그램 이다. 이소영과 함께 선정되었다. 공연장까지 1년간 파격적인 지원을 받으면서 준비한 작품이 〈저, 밖으로〉이며 LIG아트홀에서 초연했다. 같은 해 그녀는 독 일에서 발간하는 ≪발레 탄츠≫ 2008 연감에서 '주목해야 할 젊은 안무가'로 꼽 혔다. 그녀를 가리켜 '춤추는 서도(書道, Dancing Calligraphy)'라고도 말한다. 그 녀의 몸이, 손끝과 발끝이 붓이 되어 글씨를 쓰는 것 같다는 뜻이다.

〈파동(Waves)〉이란 작품은 2009년에 '세계음악과 만나는 우리춤 12 - 카리 브 해 음악과의 만남(주최 국제무용협회)'[5)]에서 의뢰해서 만들어졌다. "그때 카 리브 음악을 찾다가 일렉트로닉풍의 덥스텝(Dupstep)이라는 음악 장르를 알게 되었어요. 비트가 강하고 나이트클럽 갔을 때 몸이 진동되는 것처럼 울려요. 그 느낌을 살려서 만든 거예요. 처음엔 15분이었다가 2010년 프랑스 국립안 무센터(CCN de Caen Basse Normandie) 레지던스 할 때 10분을 더해 25분으로 만든 솔로 작품이에요." 그녀는 이 작품으로 2015년까지 세계 25개 도시를

---

5) 국제무용협회 한국본부(회장 이종호)의 「세계음악과 만나는 우리춤」 시리즈로 스페인 (1998), 동유럽(1999), 아랍(2003), 인도(2004), 그리스(2005), 멕시코(2006), 핀란드 (2007), 아프리카(2008), 카리브해(2009), 안데스(2010) 등 세계 각지의 다양한 문화를 만나는 무대이다.

투어했고 9월에는 파리 근교에 있는 크레테유 복합 문화예술센터(Maison des Arts de Creteil)가 주관하는 '벽돌공장(la briquterie)' 댄스플랫폼에서 공연했다. 프로듀서나 전문가만 볼 수 있어서 안무자들에게는 중요한 기회라고 그녀는 말한다.

그녀의 이야기를 듣자니 해외 레지던스 경험이 많음을 알 수 있었다. 그녀는 2007년 프랑스 파리 레지던스를 시작으로, 2010년 프랑스 국립안무센터 레지던스, 2013년 스웨덴 레지던스 등 여섯 차례였다. 요코하마 댄스컬렉션 이후 공연 제안이 많아 싱가포르, 네덜란드 암스테르담, 크로아티아, 스웨덴 등 세계 곳곳에서 이선아 자신과 한국 현대무용을 알렸다. 매년 스페인에서 열리는 마스단자 국제 현대무용 페스티벌에서 솔로 부문에 두 번 참가했는데(12회, 16회) 2007년 솔로 부분 2위와 관객이 뽑은 최고의 솔로상을, 2011년에는 솔로 부분3위, 관객이 뽑은 최고의 솔로상 그리고 테네리페 레지던시 기회를 받았다.

〈트롤리튜드(Trollitude)〉는 스웨덴 말뫼(Malmo) 레지던스 기간에 만든 작품이다. 그때 〈파동〉으로 스웨덴 5개 도시 투어도 하면서 바쁜 일정을 보내던 중이었다. 레지던스 하면서 겨울에 스웨덴에 있을 때 영감을 받았다고 한다. "트롤은 북유럽 신화에 나오는 도깨비 같은 존재예요. 사람들이 잠든 밤에만 활동하는데 어쩐지 히키코모리와 비슷하다고 느껴져서 작품으로 만들었어요. 지금 만든 게 15분이고 아직도 작업 중이에요." 이 작품은 2014년 파리 스튜디오 '르 흐가르 뒤 시녜(Le Regard Du Cygne)'에서 초연했고 한국에서는 같은 해 8월 '문화역서울 284 시즌 아트플랫폼'에서 첫선을 보였다.

⟨Performing Dream⟩ ⓒ 윤석우

이선아

〈라이트 버드(Light Bird)〉는 그녀가 안무가로서가 아니라 춤꾼으로 참여한 작품이다. 한국과 프랑스 공동제작인데 올해(2015년) 5월에 프랑스에서 초연했고 2016년 '한불 수교 130주년'을 맞아 한국에서 공연되었다. 2014년 2월에 안무자인 뤽 페통(Luc Petton)이 한예종에 왔는데 한국 춤꾼이 필요해서 워크숍과 오디션이 있었다. "몇 년간 학교에 가지 않다가 예술의 전당 미술관에 간 김에 학교에도 잠시 들렀어요. 그때 게시판에 보고 워크숍에 참여했고 오디션이 있다고 해서 봤어요. 나한테는 첫 번째 오디션이었죠." 박유라(한예종 창작과)와 함께 뽑혔다. 출연 춤꾼 네 명 중 한국인이 두 명이었다. 처음으로 단체로 작업하는 데다 학이 등장하는 작품이라 흥미진진했다고 한다.

특이하게도 그녀는 매니저를 둔 경험이 있었다. 2010, 2011년 일인데 재불 한국인이 해주었다고 한다. 프랑스는 예술가가 매니저와 함께 일하는 경우가 많은데 안 그러면 일하는 과정이 매우 복잡하다고 한다. 2015년 8월부터는 다른 매니저와 만나 작업하고 있다.

2016~2017 시즌 작업에 관해 그녀에게 물었다. "스위스 춤꾼과 듀엣을 준비하고 있는데 한 시간 정도로 만들 예정이고 11월에는 서울무용센터에서 레지던시로 2주일 정도 머물 생각이에요."라고 그녀는 대답했다. 웃음기 머금은 얼굴이었다.

2014년 8월에 결혼한 이선아는 12월부터 파리에서 살기 시작했다. 스물일곱 살에 처음 발을 디뎠던 그곳에서 둥지를 튼 것이다.

그녀는 보통의 춤꾼들보다 늦게 춤을 시작했지만 미세하게 다른 시각으로 자기만의 춤을 풀어가고 있다. 어쩌면 그녀는 지금 활짝 피어나고 있는지도 모른다.[7]

〈망 뜨는 사람(Homo Knitiens)〉 ⓒ 옥상훈

권령은

자유로운 춤 정신을
구가하는 안무가

2016년 프랑스의 새로운 무용경연대회인 '댄스 엘라지(Danse Elargie)' 파리 경연에서 현대무용가 권령은(1982년생)이 3위에 올랐다. 댄스 엘라지는 무용을 바탕으로 연극, 음악, 영화 등 다양한 장르를 아우르는 창의적인 공연예술 작품을 겨루는 열린 개념의 경연대회이다. 이제 4회째를 맞은 대회는 한국-프랑스 수교 130주년을 기념해 프랑스 테아트르 드 라 빌(6월 18~19일)과 서울 LG아트센터(6월 11~12일)에서 공동으로 개최되었다. 권령은은 파리 '테아트르 드 라 빌'에서 열린 경연에서 본인의 안무작인 〈글로리(Glory)〉로 3등상과 관객심사위원 특별상을 받은 것이다. 프랑스는 그녀가 무용 연수를 한 곳이기도 하여 남다른 감회가 느껴졌을 것이다.

이보다 2년 전인 2014년 2월, 그녀는 '제18회 요코하마 댄스컬렉션 EX'에서 〈나를 위한 기술〉로 주일 프랑스대사관상을 받았고 부상으로 6개월 동안 프랑스 국립안무센터에서 연수할 수 있는 기회를 얻었다. 이 상은 프랑스 춤 관계자가 직접 심사하고 수상자를 선정한다. 그녀가 참가한 해에는 10개국

파리의 카페에서 ⓒ 이찬주

152명이 참가했는데, 12팀이 최종 선정되었고 그중 다섯 명이 수상의 영광을 누렸다.

권령은은 2014년 7월 3일에 파리 국립안무센터를 시작으로 파리(Paris) · 몽펠리에(Montpellier) · 릴리외라파프(Rillieux-la-Pape), 렌느(Rennes)에서 레지던스를 하며 유럽의 젊은 안무가들을 만나고 함께 워크숍에 참여했다. 그해 12월에는 파리에서 연수기간 중 작품을 만들고 선보였다. 그녀는 그 당시 신작에 대한 부담이 만만치 않았다고 말했지만 여고생처럼 짧게 깎은 단발머리를 손으로 쓸어 보이는 모습이 이를 데 없이 싱그러웠다.

서른두 살 안무가 권령은의 모습이었다. 그 무렵 파리에서 권령은을 만난 것이다. 춤자료관을 운영하는 필자는 당시 춤 관련 자료를 수집하느라 그곳에

세계를 누비는 춤예술가들

갔었다. 그녀는 푸에르토리코 출신 현대무용가이자 안무가 디디 도르빌리에(Dd Dorvillier)와 미국 출신 포스트모던 댄스계의 세계적인 안무가 데보라 헤이(Deborah Hay)가 진행하는 워크숍 수업에 참여하였다. 외국 생활에서 마음을 열고 스스로 공부해야 하는 부분이 많음을 깨달았다고 한다. 외국생활의 힘든 점은 역시 언어 부분이라며 그녀는 웃었다. 수업할 때 영어와 불어를 함께 사용했는

국립파리안무자센터 스튜디오9 ⓒ 이찬주

데, 언어 실력이 부족해서 많이 집중해야 한다는 것이었다.

파리 생활은 어떤가 물어보았다. 그녀는 1,500원이 1유로라는 환율 계산에 우선 익숙해져야 했던 것을 어려운 점으로 꼽았다. 그러다 보니 초반에는 비싸고 싼 것에 대한 기준이 없어 모든 게 싸게 느껴졌는데, 이제야 실감이 난다고 웃으며 덧붙였다.

"공원이 곳곳에 있어 산책을 많이 할 수 있어요. 여유롭게 자연을 바라보며 생각하는 게 좋아요. 낯선 환경 때문인지 관찰하는 버릇이 생겼어요. 나름의 글을 쓰는 시간도 많아졌고, 프랑스에서도 특히 파리라는 도시에서는 예술을 쉽게 접할 수 있기 때문에 그런 환경 안에서 생활하는 것도 즐겁고요. 사람들이 예술가라는 직업에 대한 가치를 많이 존중해줘요. 춤꾼이나 안무가라고 말했을 때는 더더욱 그렇죠. 그리고 이곳에서 모든 시간을 스스로

〈망 뜨는 사람(Homo Knitiens)〉 ⓒ 옥상훈

계획하고 여유롭게 사용할 수 있다는 점이 특히 좋아요.”그녀는 파리에 머물며 그곳에 흠뻑 빠져 있었다.

소소한 생활도 궁금해졌다. 예를 들어 식사는 밖에서 해결하는지 아니면 만들어서 먹는지. 그녀가 대답했다.

“보통 만들어서 먹어요. 제가 지냈던 곳 중에서 몽펠리에에 있는 시테 인터내셔날레 드 라 당스(Cité Internationale de la Danse : 수녀원을 개조한 아티스트 레지던시)는 그곳에 키친이 있기도 해서 밖에서 사먹는 일은 거의 없었어요.”

그녀가 워크숍에 참여했던 몽펠리에 국립안무센터에 대해서 이야기를 들었다. 예술감독이었던 마틸드 모니에(Mathilde Monnier)가 2013년 파리 국립무용

세계를 누비는 춤예술가들

픽업스테이지 ⓒ 국립현대무용단 제공 / 목진우

(위) 〈망 뜨는 사람(Homo Knitiens)〉 ⓒ 옥상훈
(아래) 〈망 뜨는 사람(Homo Knitiens)〉 ⓒ 김두영

세계를 누비는 춤예술가들

센터 예술감독으로 가게 되면서 수장의 자리가 아직 비어 있는 상태지만 올해 신임 예술감독이 선정될 거라고 그녀는 말했다. 프랑스 국내외 젊은 무용인들을 지원하기 위해 창작 리서치 워크숍, 레지던시 등의 프로그램을 진행해온 마틸드 모니에는 세계적으로 유명한 안무가이며 2012년 내한해 서울국제공연예술제(SPAF)에서 공연을 올린 바 있다.

파리에서 돌아온 권령은은 2015년의 안무작 〈망 뜨는 사람(Homo Knitiens)〉을 서울국제공연예술제 국내 초청작으로 10월 16~18일 아르코예술극장 소극장에 올렸다. 2015년 7월 요코하마 아카렌카 소코 극장에서 초연한 작품이다.

이 작품은 프랑스의 경험을 바탕으로 유럽의 젊은 안무가들을 만나고 워크숍에 참여한 후 만든 것이다. 어두운 조명 아래 무대 오른쪽에 긴 나무 막대기를 다리 사이 가운데 끼고 웅크리고 앉아 있는 권령은의 모습이 보인다. 그리고 무대를 돌아가며 마구 흩어져 있는 옷을 하나씩 껴입기 시작한다. 그녀는 "옷이라는 오브제를 통해 최초의 관계 맺기를 구현하여 인간의 관계 맺음의 의미를 되돌아보고, 그 안에 숨어 있는 인간의 다양한 모습을 포착한다."고 했다. 아마도 프랑스 생활에서 느낀 어떤 감정이 소재가 된 듯하다.

언제나 끝없이 이어지는 안무 작업과 춤 작업. 그녀에게 춤에 대한 생각을 물었다. "렌느에 있는 뮤제 드 라당스(Musée de la Danse)의 감독 보리스 샤르마즈(Boris Charmatz)를 만났을 때 그의 책을 나에게 선물로 주었어요. 책의 앞머리에 'Lost and Found in France'라는 말을 적어주었지요. 그의 말대로 6개월의 시간은 많은 걸 만나고 버리는 시간이었어요."라며 새로운 것을 만나는 것에 두려워하지 말고 가진 것을 버리는데 미련을 두지 말아야 한다는 것이 춤과 작업에 대한 현재의 생각이라고 한다.

2008년 서울댄스컬렉션에서 안무작 〈CoCo〉로 최우수상을 수상하면서 한국 현대무용계에서 주목할 만한 신인으로 떠오른 그녀는 2010년 젊은 안무자 창작공연에서는 〈가장 긴 거리〉로 최우수상을 수상했다. 2013년 2월 '차세대 안무가 클래스' 쇼케이스 공연에서 〈꽃, 미영이란 이름의 편지들〉을 발표했는 데 이것을 개작한 것이 바로 〈나를 위한 기술〉이다. 같은 해 12월에는 홍은 예술창작센터에서 입주 작가 창작 발표작으로 〈잊지 않을 행진〉을 올렸다. DMZ까지 자전거로 순례하며 거리 공연도 하며 다양한 사람들과 가진 소통의 시간을 영상으로 담았는데 무척 색다른 경험으로 기억에 남는다고 한다.

2014년 필자가 권령은을 파리에서 처음 만나고 3년이 흘렀다. 올해 그녀 는 어딘가 모르게 달라진 분위기였다. 한결 성숙해져 보이는 듯 했다. 그런 분위기가 풍겼다. 단발머리는 여전했다. 하지만 파리에서보다 더 짧고 더 정 돈된 느낌이었다. 그녀의 마음도 뭔가 정돈되었기 때문일까. '파리 시절'보다 춤을 바라보는 마음이 많이 달라졌다고 말하기도 한 그녀다. 미친 듯이 춤을 추는 순간이 행복하다고 말했던 그녀가 삶과 삶의 이면을 들여다보고 있는지 도 모른다. 그런 마음으로 그녀는 국내외에서 활발하게 작업하고 있다.

2017년 8월에는 국립현대무용단(예술감독 안성수)의 두 번째 '픽업스테이지' 무대에 작품을 올렸다. 2016년 댄스 엘라지 파리 경연에서 3등상을 받은 작 품 〈글로리〉를 30분 버전으로 다시 확장시킨 작품이다. 이 작품은 군 면제 혜택이 주어지는 무용 콩쿠르 1위 입상을 위해 몸을 혹사시키는 무용수의 모 습을 그려낸다. 도약이나 공중돌기와 같이 콩쿠르 입상을 위한 '한 방'의 기 술을 처절하게 익히는 장면이 군대 제식훈련 장면과 교차되는가 하면, 한편 에서는 춤을 출 수 있는 몸을 유지하기 위해 맥주를 마시고 구토를 하는 장 면과도 교차된다. 안무가 권령은은 국가가 정한 법의 제도 안에서 인간의 몸 을 통한 두 가지 훈련의 심리적 교차를 감각적으로 투영시키며 젊은 안무가

〈글로리(Glory)〉 ⓒ 국립현대무용단 제공 / 목진우

권령은 113

파리 댄스 엘라지 수상 후 ⓒ 권령은 제공

의 시선을 그려냈다.

그런 젊은 시선을 가진 씩씩한 한국의 젊은 춤꾼, 변화하는 자유로운 정신
으로 다채로운 소재를 발굴해가는 춤 예술가. 이것이 다양한 춤 작업을 시도
하는 안무가 권령은의 모습이다.[8]

4장
현대무용의 메카 벨기에 떠오른 강세

대중으로 춤을 널리 알린 무용수 겸 안무가   김설진

최고의 무용단 그녀를 캐스팅하다   허성임

쓰리볼레로 ⓒ 국립현대무용단 제공 / 황승택

김설진

대중으로 춤을 널리 알린
무용수 겸 안무가

　　　　　김설진은 〈댄싱 9〉 시즌 2에서 우승하면서 MVP에 선정되
었으며 시즌 3에서 다시 우승하며 전국에 현대무용 신드롬을 불러일으켰다.
무용을 배우거나 무용 종사자들이 주관객이었던 극장에 일반 사람들이 춤을
보러 발걸음을 옮겼다. 현대무용가이자 안무자로서 톱클래스인 김설진(1981년
생)은 난해하다고 여겼던 춤의 매력을 많은 이들에게 새롭게 각인시켰다.

　　그를 만나기 위해 방배동의 연습실을 찾았다. 작고 귀여운 모자를 쓴 그가
반갑게 맞아주었다. 크리에이터 그룹 무버(Mover)의 연습실에는 『어린왕자』에
나오는 코끼리를 삼킨 보아뱀이 벽에 그려져 있었다. 그들의 심볼이다. 세계
적인 벨기에의 현대무용단 피핑톰에서 조안무로 활동하고 있는 그의 이야기
를 들어본다.

　　김설진은 제주도에서 2남 중 맏이로 태어났다. 동생과 여덟 살 터울인 그
는 동생이 태어나가 전까지 집안 형편이 어려웠다고 한다. 부모님은 포장마
차도 하시고 별의별 일들을 다 하셨는데 동생이 태어나면서 점차 형편이 좋

아졌다고 한다. 그가 서울로 올라오면서 후일에 아버지가 버스회사를 운영하
실 정도였으니 자수성가하셨다고 말할 수 있겠다.

그가 춤을 추게 된 계기는 초등학교 3학년 때 사촌형으로부터 시작됐다.
"부모님은 굉장히 바쁘고 맞벌이를 하셔서 동생도 제가 많이 업어 주고 했습
니다. 중1인 사촌형(김병화)이 '야! 이거 봐라.'하면서 웨이브로 몸 움직이는
것을 보여주는 거예요. 그때부터 춤에 관심을 갖게 되었지요."

그의 부모님은 모두 제주도 분이다. 엄마(홍형화)는 한국무용을 하다가 임
신으로 그만두었고 아버지(김원근)는 운동을 했다. 삼촌은 〈지슬〉의 영화감독
오멸이었다. 그는 지금의 아내를 서울예술대학 무용과에서 만났고 그의 자녀
들도 춤도 잘 추고 피아노 치는 것을 좋아한다. 사촌형들은 손재주가 남달라
뭐든지 잘 만들었다고 하니 김설진을 둘러싼 가계는 예술적인 기질이 바탕을
이루고 있었던 것이다.

실제로 그가 춤을 시작한 것은 1998년이다. 제주 제일중학교와 제주공고를 다
니다가 춤을 본격적으로 추고 싶어 그해 서울로 올라왔다. 더 댄스(The Dance)에
서 백업댄서(backup dancer) 생활을 시작으로 프렌즈라는 팀에 들어가서 유명한
가수들의 백업댄서로서 2001년까지 활동했다. "제가 2001년도에 학교 들어가서
도 잠깐잠깐 했었으니까요. 그런데 그 전에 춤추는 게 약간 슬럼프가 왔어요. 한
번은 객석에서 무대를 보게 되었는데 내가 없어도 무대가 똑같고 사람들의 환호
소리도 똑같더라고요. 내가 왜 춤을 추지? 그때 그런 생각이 들었어요. 내가 좋
아하니까, 내가 하고 싶은 이야기를 춤으로 전하는 거였는데, 하고 속으로 되뇌
었죠. 그러다 어느 날 종로 길거리에서 춤과 관련된 자료를 찾아 비디오테이프를
뒤적거리다가 우연히 〈백야(White Nights)〉라는 영화를 봤어요. 이게 뭐지, 이게
무슨 춤이야? 물어보니까 그때 사람들이 그걸 현대무용이라고 하더라고요. 사실

은 발레와 탭댄스였는데요. 너무 멋있더라구요. 그래서 무용 공부를 더 하기 위해 학교를 가기로 결심한 거죠. 그때는 전문적으로 무용을 가르쳐주는 학원이 있을 거라고 생각도 못했어요. 저는 사실 춤을 길이나 공원에서 배우고, 자료 찾아서 배우거나 춤 잘 추는 형들한테 물어보기도 했어요. 마침 서울예술대학교가 정시가 있었어요. 현대무용 작품 2분짜리 내외라고 쓰여 있어서 서점에 가서『안무법』,『현대무용이란』,『현대무용』이렇게 세 권의 책을 샀어요. 무슨 말인지 도통 모르겠지만 마사 그레이엄, 앨빈 에일리, 호세 리몽, 머스 커닝햄 등의 사진이 나와 있는 거예요. 서울 풍납동 연습실에서 사진의 동작들을 연결해서 작품을

쓰리 볼레로 〈볼레로 만들기〉 리허설 ⓒ 국립현대무용단 제공 / 황승택

세계를 누비는 춤예술가들

만드는데 음악을 고르는 것이 처음에 어려웠어요. 있는 돈을 다 털어서 음악을 샀어요. 처음에는 잘 모르니까 자넷 잭슨, 메탈리카, 스콜피온스, 핑크 플로이드 등으로 하려는데 난해한 거 같기도 하고 입시용이 아닌 것 같았습니다. 음반 가게 주인아저씨가 제가 CD를 너무 많이 사는 것 같으니까 뭐를 찾느냐고 물어보더라구요. 그래서 좀 조용하고 분위기 있고 그런 것을 찾고 있다고 하니 그분이 가져가보라며 던져준 테이프가 바로 파바로티의 〈남몰래 흐르는 눈물〉이었죠. 그렇게 서울예대에 들어갔고 김기인 교수님을 만났습니다. 그리고 그곳에서 만난 외국인 초빙교수 엠마누엘 마누는 프랑스 사람으로 스페인 무용단에 있었는데 저희 서울예대에 와서 반년 정도 저희를 가르쳐줬어요. 그런데 그분이 사기를 당해 마침 자취집에 방이 두 개 있어 방을 내어줬고 같이 살면서 엠마누엘 마누에게 즉흥, 현대무용, 접촉무(Contact dance)를 배웠습니다. 그리고 댄스시어터 온(예술감독 홍승엽)에서 활동한 이진우 선생님에게 현대무용과 발레도 배웠습니다." 무엇보다 김기인 교수님한테 배운 '스스로 춤'이라는 것이 있는데 몸을 쓰는데 사용하는 특별한 춤이라 한다.

그의 데뷔작을 묻자 서울예대 1학년 때 학내 공연장으로 올린 〈효정설진〉의 사랑 이야기라고 한다. 후일에 더 발전된 것이 〈고리〉이며 남산아트센터에 올렸다(2002년). "서울예대에서 총 11개 정도의 작품을 만들어봤던 것도 좋은 경험이었습니다. 〈흰 바탕에 까만 점〉과 〈먹물〉도 그 시절에 만든 작품이었습니다."

"대학 졸업이 가까워올 때쯤 현대무용을 계속 해야 되나 고민할 때 지금의 아내가 된(2006년 결혼) 그 사람(효정)이 '너 시작도 안 했는데 방송으로 돌아가면 어떡해.' '옛날 같이 춤추던 형들 요즘 뭐 하고 있는지 안 보여. 너 오래 춤 출려고 다시 시작한 거 아니야.'라고 했죠. 그리고 때마침 김기인 교수님이 며칠 뒤에 저한테 티켓을 주시며 보러 가라고 하셨죠. 본인이 직접 돈 주고 산 티켓이죠. 작은 어떤 꼬마가 정말 잘 하는 거예요. 그녀는 이주희 누나였고 이 작품을 만든 사람은 안성수 교수님이셨지요. 저 사람한테 배우고 싶다는 마음이 들었어요."

만약 다른 길을 택했다면 현재의 김설진을 우리는 못 만났을 거라는 생각을 했다.

"10월쯤에 한국예술종합학교 입시시험을 봤습니다. 훗날 안성수 교수님께 저를 어떻게 보셨느냐고 물었죠. 그랬더니 '나는 처음 현대무용할 때 바보가 온 줄 알았어. 그런데 즉흥 하는 거 보고 외국인 초빙교수가 심사로 있었는데 아니 저 사람은 프로페셔널인데 왜 여기를 왔지 하더라.' 그러셨어요. 한국종합예술학교 창작과 합격 후 안성수 픽업그룹에 오디션을 보고 이듬해 1월부터 단원으로 연습에 들어갔다. 3월에 한예종에 입학해서는 안성수 교수님께 혼나면서 많은 작업을 했지요." 게다가 한예종은 외국에서 초빙교수님들이 매 학기마다 오는데 그때 만난 사람들과 작업을 할 수 있었던 것이 엄청나게 배우고 많이 발전한 것 같다고 덧붙였다. 2003년 제40회 전국 신인무용콩쿠르 작품 〈숨막히는 자(Lucifer)〉는 아내가 만들어준 의상을 입고 나가서 특상을 받아 군대가 면제되어 더 특별하다.

"학교 때 안성수 교수가 '설진 씨는 음악 좀 공부해야겠어.' 하는 말에 너무 화가 나서 저는 모차르트 3개월을 시작으로 베토벤, 쇼팽, 라흐마니노프, 바흐를 공부하면서 음악적으로 풍부해졌어요." 이후 그는 승승장구한다. 〈동물의 사육제〉로 학교에서 졸업작품을 지원받았고 제1회 CJ 영 페스티벌 무용부문에서 수상자로 선정되었다. 2006년까지 안성수 픽업그룹에서 약 3년간 활동한 뒤 그는 2007년 한예종 졸업 뒤 예술의전당이 주최한 '자유젊은무용'

　　　　　　　　세계를 누비는 춤예술가들

〈반덴브란덴가 32번지〉ⓒ LG아트센터 제공 / Peeping tom, Herman Sorgeloos

에 출품한 안무작 〈깊이에의 강요〉가 당선되어 자유소극장 무대에 올렸다.

2008년에는 '안무방법론 확립'으로 문화예술진흥원 신진예술가 뉴스타트 지원을 받아 유럽 여행을 떠났다. 피핑톰 무용단(Peeping Tom)의 내한 당시 〈르 자르당〉(2004), 〈르 살롱〉(2006)을 보고 재밌었고 어떻게 작업할까 느꼈다고 한다. "제가 갈등하던 것이 극과 춤을 만드는 것이었는데 이 단체가 나의 이상향에 가장 근접한 단체라고 생각했어요. 마침 친한 친구 김보람의 부인 이은경이 벨기에에서 피핑톰 무용단(Peeping Tom) 오디션이 오스트리아 빈

김설진

한팩 솔로이스트 〈아빠(Dad)〉(2011) ⓒ 옥상훈에 열린다는 소식을 전해줬습니다. 기차를 잘못 타서 역마다 섰고 마음이 탔지만 도착해서 다행히 오디션을 볼 수 있었어요. 사람들은 몇 명인지도 모를 정도로 엄청 많았고요. 오디션은 9시에서 1시까지 하고 절반이 오디션에 합격했고 점심 먹고 2시에서 오디션을 다시 시작하는데 점차 사람들이 줄어 나갔어요. 최종적으로 파이널 오디션 워크숍에 정훈목, 자넷, 그리고 저까지 세 명이었지요. 피핑톰 무용단(Peeping Tom)의 오디션은 일주일 동안 했어요. 그때 다 끝난 줄 알았는데 관계자가 우리 연습실은 이런 환경이라고만 이야기하더라고요. 일을 함께 하고 싶은 건지 안 하고 싶은 건지 물어보니까 다른 지역 오디션에서 뽑힌 사람들이 있어서 같이 해보다가 결정하겠다고 했어요. 저는 비행기 표 값 문제로 돌아가야 한다고 했더니 피핑톰 무용단(Peeping Tom)에서 즉각적으로 합격을 결정하고 계약서에 사인을 했어요."

사실 외국인 무용수들을 뽑으면 복잡하다. 세금도 내야 하고 고용을 위한 서류도 갖추어야 하고 비자도 문제이다. "유럽에서 우리가 유럽 사람들처럼 추면 오디션에서 떨어지기 쉽죠. 아크람 칸, 호페쉬 쉑터, 에미오 그레꼬, 이런 무용단들이 다 다르잖아요. 단체는 사업자 마인드를 가지고 본다면 기획자도 있고 사장도 있어요. 사업이라는 것이 별게 없으면 적게 드는 사람을 씁니다. 그래서 대체 불가로 꼭 그 사람이어야만 하는 이유가 생겨야 쓰게 됩니다. 실력이 비슷하면 아무래도 뭐든지 비용과 일이 편하고 유리한 사람을 쓰는 게 프로 단체이고 일은 냉정하니까요."

결과적으로 2008년 12월에 김설진을 포함해서 조스 베이커(영국) 샤빈(네덜란드), 마리(벨기에), 정훈목이 결정되었고 11월에 김설진은 조스 베이커와 함께 둘이 오르는 공연에도 포함되었다. "작품을 둘이서 한 거죠. 워크숍을 가장한 공연이었는데 이것도 재밌었어요. 사람들한테 가르쳐주는데 그 가르쳐

(좌, 우) 크리에이터 그룹 무버(Mover)의 연습실 ⓒ 이찬주

주는 사람의 캐릭터가 공연 자체가 되는 거였어요. 나름대로 좋은 공연이었
고 가르치는 내내 연기에 도움을 줬습니다. 이 작품은 피핑톰 무용단(Peeping
Tom)의 예술감독 가브리엘라 카리조(Gabriela Carrizo)와 프랑크 샤흐티에
(Franck Chartier)와 함께 만들었어요." 그러는 한편 김설진은 브뤼셀 보자르센
터(Palais des Beaux-Arts)에서 한국무용 워크숍을 진행하기도 했다.

"2013년도에 아내가 귀국했습니다. 저는 벨기에에서 1년에서 2년 정도
(2013~2014년) 혼자 지내다 한국 가고 싶다고 얘기했습니다. 그동안 주로 투어
를 가니까 집도 처분하고 지냈는데 힘들었어요. 가족이 없으니까 아무래도 외
로웠고요. 한국에 가야 할 것 같다고 말하니 무용단 측에서 조안무를 제안했
어요. 떨어져 있는 가족도 책임져야 해서 경제적으로 힘들다 하니 월급도 올
려주고 집도 구해줬어요."

세계를 누비는 춤예술가들

이후 매년 한 차례씩 비행기 표가 나왔는데 2013년부터는 한 장 더 나와서 한국을 더 자주 오게 해준 그들의 배려가 고마웠다고 말한다. "네덜란드 댄스시어터(NDT)에서 가브리엘라 카리조에게 의뢰해서 만든 작품 〈미싱 도어(The Missong Door)〉의 조안무를 그가 맡았고, 프랑크 샤흐티에의 신작 〈Vader(아버지)〉의 조안무를 맡아서 했어요. 이 둘은 모두 피핑톰 무용단(Peeping Tom)의 안무자들입니다. 늘 둘이 같이 작업하다가 이 시기부터 나에게 조안무를 맡기고 각자 따로 안무 작업을 했어요. 그리고 2014년부터는 국립현대무용단의 '춤이 말하다'(2014, 2015), 평창동계올림픽을 소재로 한 〈눈 위에서(On the Snow)〉(2016) 등으로 한국과 벨기에를 오가며 작업을 했습니다. 물론 벨기에에서 작품을 위한 여러 무용수들을 뽑아 심사를 하기도 했고요. 그들은 몇 년간의 스케줄을 내게 보냅니다. 지금도 2018년까지 계약되어 있습니다. 그리고 그동안 몇 번은 내가 시간이 안 돼서 스케줄을 취소해줄 정도로 나에 대한 배려가 깊었어요."

그때쯤 김설진은 한국에서 〈댄싱 9〉 시즌 1을 봤다고 한다. "너무 잘 하는 친구들인 류진욱, 이선태, 이루다 등이 보였고 쟤네들이 방송에 왜 나왔지 했어요. 그런데 보면서 많은 대중들이 현대무용을 많이 알면 좋겠다는 마음이 들었습니다. 커뮤니케이션이라는 네트워크가 생기면 다양한 것을 보여주겠다는 생각이 들었습니다." 그래서 그도 〈댄싱 9〉 시즌 2에 참가했다. "처음에는 PD와 안 좋았던 게 현대무용이 아닌 것 같은 걸 하라고 했기 때문이었어요. PD분들도 제가 처음에 한대수의 〈하루아침〉에 맞춰 거의 입시무용 같은 거를 원했어요. 작가가 영상을 보내달라고 해서 줬는데 '다른 거 없어요?' 하여 다시 보내달라고 해서 다르게 더 난해하게 해서 보내줬습니다. 그랬더니 작가가 '그럼 처음 걸로 하죠.' 하더라구요. 그런데 그것이 방송에서 더 큰 반응이 왔어요. 포털 사이트에 동영상이 2주 동안 올라 있었고 TV프로그

세계를 누비는 춤예술가들

<댄싱9> MVP 김설진 ⓒ 이찬주

김설진   129

쓰리 볼레로 〈볼레로 만들기〉(2016) ⓒ 국립현대무용단 제공 / 황승택

세계를 누비는 춤예술가들

램이란 게 이렇게까지 잘 되나 하면서 되게 신기했어요. 이렇게까지 될 거라고 전혀 예상을 못했어요. 방송이니까 아이돌같이 잘생긴 사람이 되겠지 나는 어차피 안 될 거니까 내가 하고 싶은 대로 해야지 했어요. 내게 느낌을 주게 하는 것을 사람들이 좋아한 것을 확인했어요. 사실 피핑톰 무용단(Peeping Tom)에서는 한국에서 하지 말라는 것을 주로 했어요. 한국에서는 '그거 하지 마.' 그랬는데 피핑톰은 제가 장난치는 걸 보면 '그것을 발전시켜 보자, 해보자.' 하며 재밌어 했어요. 그저 재밌게 만든 건데 그걸 어디에 편집을 하느냐에 따라 슬퍼지기도 했습니다. 어떻게 쓰느냐에 따라서 달라진다는 것을 배우면서 편집의 힘이 엄청 크다는 걸 피핑톰에서 공부했습니다."

피핑톰의 주 멤버는 여덟 명 정도라고 한다. 작품에 따라 인원을 늘리기도 줄이기도 한다. 그는 사람 숫자가 많다고 해서 작품이 커지는 게 아니라고 한다. 얼마 전 '쓰리 볼레로'라는 이름 아래 〈볼레로〉를 소재로 만든 작품 〈볼레로 만들기〉(2017)에서는 회색빛 양복을 입은 여섯 명의 무용수들이 부족함 없이 무대를 메워나갔던 점에서, 그의 탁월한 조합과 공간 사용 능력이 느껴졌다.

김설진은 처음 벨기에의 피핑톰 무용단(Peeping Tom)에 11월부터 혼자 머물 때 거의 매일 안무자의 집에 놀러갔다고 한다. "그들은 '우리 연습한 거 저기 있는데 궁금하면 봐' 그렇게 말했어요. 그래서 그들이 10년 동안 한 작업의 비디오를 다 봤습니다. 그들의 움직임을 보면서 이래서 내가 뭘 해도 놀라지 않는구나 하면서 그들의 베이스가 이런 거구나를 알게 됐습니다."

그가 2009년 함께 만든 〈반덴브란덴가 32번지〉는 여전히 해외 투어를 하고 있고 2011년의 〈아 루에(A Louer)〉도 계속 해외 투어가 있으며 2018년까지 공연이 잡혀 있다. "저희는 5개월 정도에서 8개월 동안 작업을 하고 공연하러 다녀요. 제가 있을 때 만든 큰 레퍼토리인 이 두 작품은 188회 정도 했어요."

한 작품을 188회 하느냐고 필자가 다시 묻자 그는 "벨기에 현대무용단에서 경험해보니 한 작품을 150회 정도 하면서 완성도가 더 높아지는 거죠."라고 한다. 그들의 집 주소에서 따왔다는 〈반덴브란덴가 32번지〉는 최고의 작품만이 오른다는 프랑스의 '테아트르 드 라 빌'의 대극장에 올랐으며 많은 경연대회에 노미네이트되었다고 한다. 2014년에 영국의 바베칸 극장에 올라 로렌스 올리비에 상을 수상했다. 〈아 루에〉 공연에서 김설진은 찰리 채플린을 능가했다는 평을 받았다. 그는 피핑톰 무용단(Peeping Tom)이 성장하는 과정에 함께 있었고 무용단은 그와 함께 하면서 명성이 더 높아졌다.

김설진의 비법이라도 있는 걸까. 궁금했다. 그는 예전에 그저 춤추는 것이 좋아서 했고 좋아서 시작한 춤이 이제는 직업이 되었다. "이것이 직업이 되는 순간 고민이 생기더군요. 그래서 여러 가지의 다양한 장르를 만나려고 해요. 새로운 아이디어가 생기게도 되고 좀 더 여유로워지면서 작품을 생각해 내는 데도 도움이 되는 것 같아요."

피핑톰 무용단(Peeping Tom)과 김설진의 의미에 대해서 물었다. 한국에 있는 그에게 무용단은 얼마 전 "너 2020년에 뭐해?"라고 물었단다. 그렇게 물으니 너무 고맙더라고 그는 대답했다. 사실 2013년에 그는 좀 아팠다. 소장에서 피가 새어나오고 헤모글로빈 수치가 6 정도까지 떨어졌다. "정신적으로 힘들고 그래서 춤을 출 수 없겠다 생각을 했어요. 그래서 '나 춤 못 추면 어떡하지.' 하니까 '춤 못 추어도 괜찮아, 안무하면 되지.' 농담처럼 그랬는데 지금까지 벌써 10년째 투어를 함께 하고 있어요." 그는 50~60대가 되어서도 피핑톰 무용단(Peeping Tom)과 함께할 것 같다는 생각이 든다고 했다. 단원 가운데 시몬 버스넬(Simon Versnel)은 1947년생이고 레오 드 블(Leo De Beul)

은 1938년생 80세인데 지금도 작품에 참여한다고 한다. 그런 노장 현역이 너무 멋있다고 김설진은 말한다.

피핑톰 무용단(Peeping Tom)은 김설진에게 "네가 우리의 심장이야."라고 말했다고 한다. 그는 몸은 이곳저곳으로 움직여도 마음은 한 곳에 정해져 있다는 말을 남기고 자리에서 일어났다. 피핑톰 무용단(Peeping Tom)과 김설진은 그렇게 서로를 생각하고 있는 것이다. 그 애정 어린 말이 귓가를 맴돈다. "네가 우리의 심장이야."[9]

〈머쉬룸(Mush-Room)〉ⓒ 옥상훈

허성임

최고의 무용단
그녀를 캐스팅하다

　　2016년 어느 가을날, 그녀를 만났다. 런던의 킹스크로스 역(King's Cross Railway Station)에 자리한 '일용할 양식(Le Pain Quotidien)'이라는 카페에서였다. 화사한 꽃무늬가 그려진 셔츠를 입고, 푸른 스카프를 목에 두른 채, 긴 머리를 틀어 올리고 유모차를 밀며 다가오던 모습이 또렷하게 떠오른다. 런던 거리에 쏟아지던 가을 햇살만큼이나 눈부신 미소로 필자를 반기던 그녀는, 국내보다 해외에서 먼저 그 이름을 알린 현대무용가 허성임이다.

　　허성임은 꽤나 늦은 시점에 무용을 시작했다. 그녀는 대학 입시를 고작 7개월 남겨두고 무용을 시작했는데, 짧은 시간 동안 성과를 거둬 한성대 무용과에 수석으로 입학하는 결과를 이루어냈다. 그리고 그녀는 대학 졸업 후 대학원에 진학하였고, 비엔나국제무용페스티벌의 로사스의 공연을 관람한 뒤 대학원을 졸업하자마자 외국으로 홀연히 떠났다. 벨기에에 도착하여 무용수 김남진에게 신세 지며 유럽의 현대무용에 대해 탐구했고, 벨기에를 비롯하여 파리, 런던 등지를 오가며 끊임없이 무용에 대해 공부했다. 허성임은 벨기에에 머무르며 유럽의 다양한 춤 스타일을 접했고, 자신과 잘 맞는 곳에서 활동하기 위해 수많은 오디션을 거쳤다. 그리고 운명적으로 예술감독 얀 파브르(Jan Fabre, 1958~)와 만나게 되었고, 그녀만이 가진 색깔을 품고 세계 곳곳을 누비며 활동하기 시작했다. 허성임이 과감하게 한국을 떠나 벨기에에서 지내며 본인만의 무대를 만들어온 지 올해로 13년째가 되었다.

허성임을 무용의 세계로 이끈 원동력이 궁금해졌다. 대학 입시를 7개월 앞두고 모험을 한다는 것이 결코 쉬운 일이 아니기 때문이다. 필자의 이러한 질문에 허성임은 어린 시절을 떠올리며 '리틀엔젤스'와 관련된 이야기를 들려주었다. 리틀엔젤스는 1962년에 창설된 10대 소녀들의 한국 전통예술 공연 단체이며, 전 세계적으로 공연을 펼치기 때문에 국내외적으로 유명한 예술단 중 하나이다. 어린 허성임은 우연히 옆집에 살던 언니를 따라 리틀엔젤스의 공연을 접하게 되었고, 한눈에 천사같이 보이던 아이들에게 마음을 빼앗겼다고 한다. 그러던 참에 옆집 아이가 리틀엔젤스 오디션을 보러 간다고 하여, 어린 허성임도 친구를 따라 오디션에 참가했다. 오디션 복장으로 모두 레오타드(몸에 딱 붙는 연습복)를 입고 왔는데, 어린 허성임만 스타킹에 수영복을 입고 있었다. 감독관은 준비가 되어 있지 않은 소녀에게 기회를 주기 어려웠을 것이다. 그리고 그녀는 탈락했다. 하지만 어린 허성임은 그 날 이후로 남몰래 춤에 대한 작은 꿈을 키워 갔다.

그 후 허성임은 경기여고에 진학하였으나 어려운 집안 형편에 무용에 대한 꿈을 펼치진 못했다. 그녀는 딸만 넷인 집안의 막내였다. 클라리넷을 공부하는 큰언니와, 미술을 배우는 둘째, 셋째 언니가 있었기에 막내딸만큼은 착실하게 공부하기를 바라는 부모님의 뜻을 따를 수밖에 없었다. 하지만 쉽게 꿈

을 포기할 수는 없었다. 그녀는 무용부 아이들을 훔쳐보는 것을 그만두고, 경기여고 무용부의 김순화 선생님을 찾아가기 시작했다. 선생님을 찾아가 무용이 하고 싶다고 조를 때마다 선생님은 단호한 태도로 일관했다고 한다. 다리가 짧고 뚱뚱해서 무용에 적합하지 않다며, 고3인 제자를 현실적으로 타일러 보냈다. 하지만 허성임은 밟으면 밟을수록 더 억세게 자라나는 잡초처럼 더 열심히 지하 무용실을 찾았다. "정말 미치겠더라고요. 무용이 너무 하고 싶어서요."라고 허성임은 당시를 떠올렸다. 그녀는 또래 학생들이 겪는 사랑

〈튜닝(Tuning)〉 ⓒ 허성임 제공

에 대한 열병보다 더 뜨겁게 무용을 원하고 있었다.

허성임은 선생님에게 애원하여 결국 무용부에 들어갈 수 있게 되었다. 그리고 무용에 어울리지 않는 몸을 바꾸기 위해 한 달 만에 체중을 15kg가량 감량했고, 추가로 5kg의 체중을 더 줄이는 데 성공했다. 그녀의 도전은 여기서 멈추지 않았다. 결국 한성대 무용과에 수석으로 입학하게 되었고, 4년 내내 장학금을 받으며 단 하루의 새벽 레슨도 거르지 않고 최종 목적지로 가기 위해 노력을 멈추지 않았다. 안신희 선생과 강영모 선생의 수업을 특히 좋아했던 허성임은 1999년에 대학을 졸업하며 대학원에 진학했다.

연수로 참여한 임풀스탄츠-비엔나국제무용제(ImPulsTanz-Vienna International Dance Festival)에서 접한 로사스(Rosas)의 〈드리밍〉과 〈레인〉이라는 공연을 보고 전율에 휩싸이게 된다. 허성임은 그 공연을 접한 후부터 해외로 나가기로 결심했

세계를 누비는 춤예술가들

다. 2002년에 대학원을 졸업하고 무작정 벨기에로 건너간 허성임은, 2003년에 브뤼셀에 있는 P.A.R.T.S.(Performing Arts Research and Training Studios : 공연예술 연구 및 훈련 스튜디오)에 입학한다.

P.A.R.T.S.에는 당시 한국인으로는 허성임, 윤수현, 우경희 이렇게 세 사람이 있었다고 한다. 20개국 이상의 다양한 국적의 학생으로 이루어진 국제학교에서, 이 세 사람은 누구보다 열심히 수업에 임했고 학교 측도 이 점을 높이 사 이듬해 한국인 입학생을 다섯 명이나 더 늘려 뽑았다고 했다. 학사 과정을 이미 마친 허성임과 윤수현은 4년 과정 중 후반기 2년 과정만 수행하면 되는 '세컨드 사이클 2년 과정'으로, 우경희는 4년 과정을 모두 수료해야 하는 '퍼스트 사이클 4년'으로 입학했다. 허성임은 P.A.R.T.S.에서도 장학금을 받았다. 약 2,500유로를 장학금으로 지급받았는데, P.A.R.T.S.의 등록금이 5,000유로이고, 그다음 해부터는 입학금을 제외한 2,500유로가 청구되니 허성임은 거의 돈을 들이지 않고 학교를 다닌 셈이다. 늦게 무용을 시작했지만, 그녀가 노력하여 이룬 일련의 성과들이 대단하게만 느껴졌다. 필자가 그녀의 이야기를 들으며 감탄하고 있을 무렵, 허성임이 P.A.R.T.S.에 다니며 느꼈던 이야기를 하나 들려주었다.

국내 대학은 보통 선생과 학생이 수직관계로 도제(徒弟)처럼 스승의 특별한 기술을 배우기 위해 노력하는데, P.A.R.T.S.는 선생과 학생이 수평 관계라서 처음에는 적잖게 놀랐다고 했다. 특히 학기가 시작되기 전에 교장 선생님과 학생들이 함께 선생을 뽑는 일이 가장 충격적이면서도 좋았던 부분이라고 했다.

그녀는 세컨드 사이클 2년의 안무자 과정이 힘들었다고 털어놓았다. 첫 번째로는 영어로 소통이 잘 이루어지지 않아서이고, 두 번째로는 학교를 다니면서 지속적으로 오디션에 참가해야 해서였다. 졸업 후 바로 취업이 되지 않

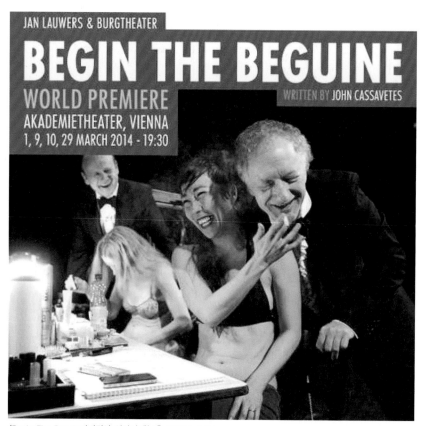

〈Begin The Beguine(비긴이 시작되면)〉 ⓒ Reinhard Werner

으면 비자를 갱신하기가 어려워지는 문제 때문에 학교에 다니면서도 계속 오디션에 참가해야 했다. 이런 이야기를 나누던 중에 그녀의 아들 마루가 조금 힘들어 해서 우리는 자리에서 일어나 런던의 요크웨이를 따라 걸으며 편하게 이야기를 이어갔다. 아직 9월 초라서 그런지 따스한 바람이 불었다. 다시 그녀에게 P.A.R.T.S. 시절 이야기를 청해 들었다. 허성임은 졸업하기 전에 직장을 구하지 못하면 비자 문제로 3개월 안에 다시 한국으로 돌아가야 하는 상황이 올 것을 우려해 오디션에 계속 다닐 수밖에 없었다. "그때는 절망적이다 싶을 정도로 오디션에서 떨어지는 게 일이었죠."라며 그녀는 압박받았던 그 당시를 떠올렸다. 허성임은 독일의 모든 국립무용단부터 프랑스의 조그만 무용단까지 합쳐 족히 백 군데가 넘는 오디션을 봤다고 한다. "정말 너무하다 싶을 정도로 떨어졌죠. 정말 무용을 그만둬야 하나 싶었어요."라는 그녀의 목소리에 당시 힘들었던 감정이 녹아 있었다.

하루하루 절망에 빠져 있던 때에 그녀는 운명적으로 얀 파브르(Jan Fabre)의 오디션 소식을 접하게 된다. 이탈리아 여자를 찾고 있으며, 가슴이 없어야 한다는 조건이 붙어 있었다. 안무가의 의도가 왜곡되지 않도록, 가슴이 풍만한 여성보다는 가슴이 돋보이지 않는 무용수를 원한다는 글이었다. 허성임은 영어가 아닌 플라미쉬어(벨기에 방언)로 되어 있던 문구를 제대로 읽지 못해, 대충 오디션이라는 말만 보고 준비했다. 재킷을 준비하라고 쓰여 있었는데 그것도 모르고 무작정 참가할 정도로 그녀는 과감했고 한편으로는 절실했다. 오디션 장에는 재킷을 준비해온 이탈리아 여성들로 가득했다. 무대에 오른 참가자들에게 감독관은 이탈리아어를 시켰고, 허성임은 스파게티, 마르가레타 등 생각나는 대로 이탈리아 단어만 내뱉었다. 이어서 연극도 시켰는데 남성과 여성을 번갈아 가며 연기하는 역할이었다. 허성임은 한 번도 배운 적 없는 연기를 무대에서 선보였고, 결국 파이널 오디션까지 오를 수 있었다. 파이널 오디션은 정말 새로움 그 자체였다. 무용실 바닥에 올리브 오일을 20병 정도 뿌리더니, 춤을 보여 달라는 신호가 떨어졌다. 바닥이 너무 미끄러워서 서는 것 자체가 어려웠고, 얼마 지나지 않아 몸에 멍이 들기 시작했다고 한다. "춤을 보여줄 때 춤을 시작해서 추면서 절정까지 이르러야 하는데, 동작은 커녕 서 있기도 어려웠어요."라고 그녀는 팔다리를 만져 가며 얘기를 이어 갔다. "막 여기저기 부딪쳐 가며 죽기 살기로 춤을 췄는데, 세상에, 제가 최종 합격자가

〈머쉬룸(Mush—Room)〉ⓒ 옥상훈

세계를 누비는 춤예술가들

된 거죠." 그렇게 허성임은 이탈리아 무용수를 찾는다는 오디션에서 최종 합격자가 되었다. 취업과 비자에 대한 걱정을 끝낼 수 있어 다행이었다. 하지만 진짜 문제는 따로 있었다. 허성임의 학교 졸업이 아직 6개월이나 남았다는 것이었다. 허성임은 둘 중 어느 하나 쉽게 포기할 수 없었다. 하지만 하늘은 노력하는 자를 저버리지 않았다. 확고한 지위를 가지고 있는 예술가 얀 파브르가 허성임을 위해 직접 학교에 전화해 전후 사정을 설명했고, 그와의 작품 작업을 인정받아 문제없이 졸업장을 받을 수 있게 되었다.

그 후 2006년과 2008년 허성임은 얀 파브르의 〈여자가 남자의 주역이었을 때〉, 2007년 〈나는 피다〉에 고정 출연하게 되었다. 그리고 그의 무용단에 합류하여 함께 작업하고 장장 2년 동안 투어를 다녔다. 얀 파브르의 공연은 일본에서 대히트를 쳤으며, 허성임은 미국, 파리, 페루 등 전 세계를 돌며 자신의 꿈을 이어갔다. 하지만 파브르와의 작업이 걱정 없이 쭉 진행되는 것이 아닐 수 있기 때문에, 사회보장을 받는 세드라베 무용단(Les Ballets C De La B)으로 이적했다. 세드라베 무용단에서 1년 반 정도 머물면서 쿤 아우구스테이넌-애쉬(Koen Augustijnen-Ashes)〉(2009)를 공연했고, 그 뒤 '스위스 컴퍼니를 거쳐 2009년 말에는 니드 컴퍼니(Need Company)'에 입단해 활동을 이어갔다. 그곳에서 얀 라우어스의 〈이사벨라의 방(Isabella's Room)〉(2004), 〈Marketplace76(마켓플레이스 76)〉(2012), 〈The House Of Our Fathers(우리의 아버지들의 집)〉(2014), 〈Begin The Beguine(비긴이 시작되면)〉(2014), 〈Just For Bolzano(볼차노를 위해)〉(2014), 〈All Tomorrow's Parties(올 투머로우스 파티)〉(2014)의 작품에 출연했다. 그녀에게 얀 파브르만큼이나 연기적 영향을 끼친 또 한 사람이 바로 니드 컴퍼니의 얀 라우어스(Jan Lauwers)이다.

그는 허성임에게 춤꾼보다 연기자로서 더 마음에 든다고 했을 정도로, 그

〈필리아(Philia)〉(허성임·장수미) ⓒ 허성임 제공

세계를 누비는 춤예술가들

녀의 춤보다 더 돋보이는 훌륭한 연기에 대해 끊임없이 칭찬해주었다고 한다. 그는 허성임에게 "무대 위에서 연기를 하지 말고 본인 그대로를 보여주어라."라고 늘 얘기했다.

니드 컴퍼니는 한국인인 허성임을 포함하여 영국, 프랑스, 벨기에, 일본, 튀니지 등 다양한 국적의 춤꾼들로 구성되어 있다. 허성임은 정규 단원이자 무브먼트 어시스턴트로, 조안무가로서 안무가를 돕는 작업을 했다. 그녀는 활동하는 동안 얀 라우어스 이외에도 그레이스 엘렌바키(Grace Ellen Barkey)의 작품 〈This Door Is Too Small(For A Bear)〉(이 문은 너무 작다(곰에게는)), 〈머쉬룸(Mush-Room)〉(2013), 〈Odd But True(오드 벗 트루)〉(2014)을 했다. 〈머쉬룸〉은 공중에 매달린 버섯과 퍼포먼스 경향이 부각된 작품으로 한국에서는 2014년 서울국제공연예술제 해외 초청작으로 공연한 바 있다. 안무가의 모습으로서 허성임은 데뷔작 〈엔트런스, 인-트랜스(Enstrance, In-trans)〉(2013)를 비롯해, 〈튜닝(Tuning)〉(한국 초연, 2014년), 〈필리아(Philia)〉(한국 초연, 2013-장수미 공동안무), 〈님프(Nymf)〉(2015) 등의 작품을 만들었다.

이 중 2015년에 한국에서 선보인 작품 〈님프(Nymf)〉를 보면 무용수이자 안무가인 허성임을 조금 더 깊게 이해할 수 있으리라 생각한다. 무대 중앙의 작은 방을 가리고 있던 커튼이 걷히면, 뻥 뚫린 사각 프레임 안에 교복을 입은 허성임의 모습이 관객에게 보인다. 그녀는 의자에 앉아서 고개를 이리저리 돌리며 관객의 시선을 자신에게로 모은다. 그러다 갑자기 손을 마구 움직여 립스틱을 덕지덕지 바르고 나서는 유리벽에 립스틱을 비벼댄다. 여성의 성 정체성을 다소 무겁게 전하는 듯하다. 이후 허성임은 교복을 훌훌 벗어 던진다. 놀랍게도 만삭의 몸이 드러난다. 아무런 분장도, 장치도 하지 않은 태아를 품은 상태의 몸이 그대로 관객과 마주한다. 그녀는 만삭의 몸으로

〈퍼펙트 데이(Perfect Day)〉라는 노래까지 완벽하게 소화한다. 관객은 실제로 만삭의 몸으로 스스럼없이 무대에 오른 그녀의 모습에 적잖은 충격을 받기도 했지만, 그녀의 춤이 지닌 몸동작의 유기적 연결과 퍼포먼스가 결합된 이 한 편의 훌륭한 작품으로 2015년 춤비평가협회 베스트상을 받았다. 이 작품 하나로도 충분히 그녀가 어떻게 관객과 소통하는지 짐작할 수 있다. 〈님프 (Nymf)〉의 영문명을 'Nymph'가 아닌 'Nymf'로 철자를 바꾼 것은, 원래 성별을 말할 수 없으나 여성성에 치우쳐 묘사되어온 중성적 존재 님프와 인간 여성과의 접점을 찾으려는 아이디어에서 나온 게 아닐까 하는 생각이 들었다.

허성임과 함께 유모차를 끌며 거리를 한 바퀴 돌고, 근처 웨이트 로즈(Wait Rose)라는 곳으로 들어가 아들 마루에게 주스와 간식을 주며 휴식을 취했다. 다시 카페에 자리를 잡고 앉아 그녀에게 앞으로의 계획에 관해 물었다. 그녀는 2017년 1월부터 영국에서 교육과 관련된 일을 준비하고 있었고, 〈You Are Ok!〉라는 솔로 작업의 첫 공연을 앞두고 있었다. 이 작업은 독일에서 요청받은 것으로 스튜디오, 인건비, 월급, 콜라보레이터의 비용, 기자재 등의 예술지원을 해주어 큰 어려움은 없었다고 한다. 앞으로 허성임은 12년간 근거를 둔 벨기에에서 영국까지 활동 반경을 넓혀 갈 예정이다. 변호사인 남편이 영국 은행 쪽으로 일을 옮겼기 때문에, 그녀도 자연스레 주변을 넓혀갈 수 있다고 했다. 사실 벨기에에서 런던은 기차를 타고 오가기 멀지 않은 곳이다. 그녀는 그녀의 아들 마루를 가지고 양수가 터지고도 런던에서 벨기에에 있는 병원까지 갔다면서 웃었다. 현재 벨기에의 니드 컴퍼니와 아바투아 페르메(Abattoir Fermé) 극단에서 제안도 들어와 있는 상태이다.

그녀에게 영국의 무용에 대해서도 물었다. 2017부터 2018년에 이르기까지 '한·영 상호 교류의 해'를 맞이한 만큼 영국 예술위원회(Arts Council England)

〈머쉬룸(Mush—Room)〉 ⓒ 옥상훈

〈You Are Ok!〉 ⓒ Klaus Dilger

와 한국이 MOU를 체결하여 서로의 문화를 소개하는 교류가 더 활발해지고, 더욱 다양한 행사가 양국에서 열릴 것이라고 말해주었다. 그녀는 이어 영국은 건축과 뮤지컬, 연극이 상당히 발전되어 있는데, 무용은 커뮤니티 댄스 같은 일반인 참여를 제외하고는 아직 70년대 수준에 머물러 있다고 안타까워했다. 무용에 대해 보수적인 편이라 영국의 무용 학교의 발전이 늦어지는 것이 아닐까 싶었다. 그래서 영국에서 무용 교육의 역할을 마련해보고자 하는 것이라고 했다. 덧붙여 영국에서는 〈자스민 바르디몽 컴퍼니(Jasmin Vardimon Company)〉와 〈아크람 칸(Akram Kan)〉, 그리고 〈호페쉬 쉑터(Hofesh Shechter)〉 등이 손꼽히는데, 이들 무용단은 영국 출신의 학생들을 잘 뽑지 않는다고 한다. 이유는

간단하다. 춤을 잘 못 추기 때문이다.

허성임에게 앞으로의 활동에 대해서 물었다. 그녀는 이상하게도 춤은 항상 만족스럽지 않다고 했다. 스스로 만족하지 못하여 계속 더 노력해야 한다고 말하며 "그래서 더 추고 싶어요. 아마 춤추는 건 영원히 끝나지 않을 것 같네요."라고 그녀는 춤에 대한 열정을 보여주었다. 일생에서 그녀가 너무 놀라 기절할 뻔했던 일은 바로 두 번의 무용을 보고 놀란 일이다. 무용을 접하며 심장이 뛰었고, 심장을 뛰게 하는 것은 여전히 춤이다. 허성임은 마흔의 나이에 아들을 몸에 품고도 무대에 오른 춤꾼이다. 그녀와 오후 한 시쯤 만났는데 어느덧 해가 뉘엿뉘엿 지고 있었다. 허성임은 개방적이며 거침없었고,

그녀가 오가는 경계 없는 나라들처럼 열려 있었다. 그녀의 트레이드마크인 하얀 치아를 보며 허성임은 사람을 참 즐겁게 하는 면이 있다는 것을 느꼈다. 잠시 같이 있었을 뿐인데도 신기하게 춤의 흥(興)이 그대로 필자에게 옮겨지는 듯했다. 그녀는 요즘 콜라보레이션에 관심이 많다고 귀띔해주었다. 무용과 타 무용을 잇는 작업도 좋고, 음악이나 연극을 융합시킨 작업도 재미있을 것 같다고 한다. 한국의 깊이 있는 춤 문화와 그녀의 무언가가 섞여 어떤 결과물이 나올지 기대가 되었다. 아마 그녀가 지내온 삶의 모든 요소가 충분한 자양분이 되어 그녀를 새롭게 만들어내는 데 도움이 될 것이다.[10]

5장
한국의 발레 영재들
꿈을 이루다

이은원

감정을 우아하게 표현하는
무대 위의 빛나는 보석

국립발레단의 주역 이은원은 현재 미국으로 무대를 옮겨 왕성하게 활동하고 있는 실력파 발레리나이다. 그녀는 2011년에 국립발레단에 입단하여 6년간 실력을 키워왔으며, 국내에서는 〈말괄량이 길들이기〉라는 작품을 끝으로 워싱턴 발레단으로 이적했다. 2017년 3월 1~5일 미국 케네디 센터에서 공연된 〈지젤(Giselle)〉의 주역을 맡았다. 국립발레단에서 맡은 첫 주역도 〈지젤(Giselle)〉이었다. "이은원은 젊은 사람들의 사랑만이 유도할 수 있는 즐거움을 지젤에 불어넣었다. (중략) 이은원은 놀라운 반전을 보여주었는데 1막의 쾌활함은 어느덧 사라지고 현저히 달라진 연기를 보여준다. 그녀의 춤이 한층 더 성숙해진다.[6]"는 평을 받았다. ≪MD Theatre Guide≫(MD 시어터 가이드).

---

6) Lee infuses Giselle with a joy that only young love can induce (중략) Lee provides an amazing turn; the buoyancy of the first act has disappeared and Lee delivers a markedly different performance. Her dancing becomes much more mature ≪MD Theatre Guide≫ ─ 옮긴이주

워싱턴발레단 푯말 앞 ⓒ 이찬주

워싱턴 발레단에 입단한 이은원은 그녀의 첫 직장과도 같았던 국립발레단
을 떠나 새로운 곳에서 새로운 이력을 써 내려가고 있다.

필자는 워싱턴 발레단(The Washington Ballet)에서 새로운 걸음을 뗀 젊은
발레리나를 만나기 위해 한국에서 뉴욕 JFK 공항으로 떠나는 비행기에 몸을
실었다. 뉴욕에서 머무는 동안 인근 박물관과 미술관에서 춤 관련 자료를 수
집하는 것 그리고 몇 명의 무용인들과의 약속이 잡혀 있었다. 숙소에 들려
뉴욕으로 다시 오기위한 짐만을 내려놓고 다섯 시간을 달려 워싱턴DC에 위
치한 국회의사당으로 이동한 뒤 다시 택시를 타고 30여 분 이동해 워싱턴 발
레단에 도착할 수 있었다. 이동시간이 길었으나 피로감이 느껴지기보다는 이
은원을 만난다는 기대로 가득 차 있었다. 필자를 맞으러 나온 이은원은 멀리
서 봐도 한눈에 들어오는 큰 키와 반짝이는 커다란 눈망울로 시선을 사로잡

았다. 그녀는 마치 유리창에 스며든 봄 햇살처럼 반짝거리며 주변을 밝혔다.

간만에 영어에 대한 긴장감을 떨쳐내고 모국어로 대화를 나누니, 오랜만에 정갈한 한식을 먹는 것 같은 편안한 기분이 들었다. 그녀에게 축하 인사를 먼저 건네고 해외 이사를 하느라 고생하지 않았는지 물어보았다. 다행히 국립발레단의 단원들이 조언을 해주어 이사는 어렵지 않았다고 했다. 이미 외국 발레단 생활을 경험해본 단원들이 많았고 김현웅, 채지영, 박종석 등 워싱턴 발레단에서 활동한 단원들이 있었기에

워싱턴발레단 내부 ⓒ 이찬주

큰 어려움은 없었다고 한다. 워싱턴 발레단은 1980년대 문훈숙 유니버설 발레단 예술감독, 1990년대 조주현 한국종합예술학교 교수도 이곳에서 활동한 바 있다. 그녀는 한국에서 인터넷을 이용해 침대를 미리 구입했고 책상, 작은 탁자, 주방기구 등은 들어와서 이케아와 한국 상점에서 샀으며, 외국 생활의 필수품인 밥솥도 잊지 않고 챙겼다고 했다. 아직 외국 생활이 익숙하지 않을 그녀에게 한국 음식이 먹고 싶을 때는 어떻게 하는지 물어보니, 차가 있는 단원에게 간혹 부탁을 해서 한국 H마트에 들러 밑반찬을 몇 가지 사와 향수를 달랜다고 한다. 친한 일본인 단원인 아야노 기무라(Ayano Kimura)

와 가끔 요리를 해서 나눠 먹기도 한다고 했다.

워싱턴 발레단의 하루가 궁금했다. 국립발레단과 어떤 차이가 있는지를 물었다. 그녀는 공연이 없는 토요일과 일요일에는 휴식을 취하고, 평일에는 9시 30분부터 6시 15분까지 근무를 한다고 알려주었다. 클래스 시간은 어떤지 물으니 국립발레단은 1시간 15분간, 워싱턴 발레단은 1시간 30분간 클래스가 진행된다고 한다. 이은원은 처음에는 15분 늘어난 클래스 과정이 꽤 길게 느껴져 적응하는 데도 시간이 걸렸다고 말해주었다. 아직은 많이 낯설겠지만, 생각보다 여유롭게 잘 적응하고 있는 것 같아서 한결 마음이 놓였다.

다음으로 그녀의 유년기에 대해 청해 들었다. 이은원은 1991년 서울에서 태어나 예술을 사랑하는 가족의 품에서 음악과 춤을 자연스레 접하며 자랐다고 했다. 클래식 음악을 사랑하는 아버지(이종선) 덕분에 거실에는 TV 대신 CD 플레이어와 스피커가 놓였고, TV에서 나오는 소리 대신 클래식 음악을 자주 들었다고 한다. 열 살 위의 큰오빠(이승원)는 재학 시절에 밴드 활동을 할 정도로 아버지 못지않게 음악을 좋아했고, 여덟 살 위의 언니(이지원)는 재능을 살려 미술을 전공했다고 하니 그녀가 어떤 분위기에서 유년 시절을 보냈을지 짐작이 되었다. 어린 이은원의 장난감은 아버지가 즐겨 듣던 LD판들이었다고 한다. 아름다운 자태로 표지를 장식한 러시아 발레단의 사진과, 차이콥스키의 음악을 배경으로 한 발레 공연을 어렵지 않게 접할 수 있었다.

어린 소녀에게 발레는 운명적으로 어느 날 갑자기 찾아왔다. 일곱 살 무렵에 부모님과 함께 관람한 〈호두까기 인형(The Nutcracker)〉이 LD판 표지에서 튀어 나와 그녀 앞에서 춤을 추며 살아 숨 쉬었다. 음악과 미술, 춤과 예술을 사랑하는 가족이 어린 이은원을 자연스레 예술의 길로 인도하였고, 이은원은 많은 예술 중 마음을 사로잡은 발레를 선택하게 되었다. 이은원은 초등학교 1학년부터 3학년까지는 '국립발레단 문화학교'에 다니며 발레의 기초를 다졌고, 4학년부터는 김서명 선생님에게 본격적으로 레슨을 받았다. 그녀에게 김서명 선생은 뜻대로 발레가 되지 않아 몸과 마음이 지칠 때면 편하게 도움을 얻을 수 있는 고마운 스승이라고 한다. 이은원은 곧이어 중학교 과정의 예술계 특수학교인 예원학교에 진학하게 되었고, 고등학교 과정을 생략하고 바로 한국예술종합학교에 입학했다. 영재라고 불린 이 소녀는 같은 꿈을 가진 친구들보다 조금 더 빠르게 발레리나의 삶으로 나아갈 수 있었다.

이은원은 예원학교 재학 중 '바가노바 국제발레경연대회'에 참가해 엘레강스상을 받았고, '서울 국제무용콩쿠르'에서 그랑프리를 거머쥐었다. 한국종합예술학교 재학 시에는 '중국 상하이콩쿠르'에 참가해 2위라는 성적을 거두었으며, 이듬해 '불가리아 바르나국제콩쿠르'에서는 당당히 3위에 올라 실력을 검증받은 바 있다. 국립발레단 단원 시절에는 '코리아 국제발레콩쿠르'에 참가해 2위에 올랐고, 프리마 발레리나상도 받았다. 그녀는 그렇게 자연스럽게 발레가 온통 삶의 전부가 되어 있었다고 말했다. 하지만 발레가 그녀에게 늘 기쁨만을 준 것은 아니었다. 발레가 삶의 전부가 되어가면서 발레를 빼놓은 생활은 상상할 수 없게 되었다고 한다. 또래보다 조금 더 일찍 대학에 입학하여 더 빨리 앞서 나갈 수 있었지만, 동갑내기 친구들 대신 언니, 오빠들과 학교 생활을 해나가야 했다. 학교란 또래 친구와 함께 웃고 떠들고 공감하며 성장하는 공간인데, 그러한 감정을 느끼기가 조금은 어려웠지 않았을까 싶었다. 이은원은 때때로 자괴감을 느끼기도 했다고 털어놓았다. "내가 왜 지금 발레를 하고 있을까 하는 생각이 종종 들었어요."라고 말하는 그녀를 보며 괜히 가슴 언저리가 아파왔다. 불현듯 한국에서 큰 이슈가 되었던 과학 천재 송유근 군이 떠올랐다. 이들은 영재라고 사람들에게 불렸다. 영재의 비율은 일반

〈지젤(Giselle)〉 롤란도 사라비아 · 이은원 · 줄리 켄트 · 빅터 바비 ⓒ 이은원 제공

인보다 낮을 수밖에 없다. 그러다 보니 군중 속에서 외로움을 느끼는 빈도가 더 잦을 수도 있고, 외로움의 깊이가 더 깊을 수도 있을 것이라는 생각이 들었다. 이어 이은원은 "계속 발레만 하면서 자라왔고 월요일부터 일요일까지 하루도 쉬지 않고 발레 연습을 했어요. 그렇게 지내던 도중 이런 생각이 들더

라고요. 균형 잡힌 삶을 살아야 비로소 만족감을 얻을 수 있는데, 내 삶이 어쩌면 너무 발레에만 치우쳐 있는 건 아닌가 하는 생각이요. 비록 제가 좋아서 시작한 일이었지만요."라고 남몰래 한 고민을 솔직하게 말해주었다.

시련은 마음에만 불어 닥친 것이 아니었다. 그녀는 지금껏 발레를 해오며 그렇게 오랫동안 쉬었던 적이 없었다고 했다. 이은원이 열여덟 살의 겨울을 보내고 있던 해에 뜻하지 않은 부상이 찾아왔다. 그만 왼쪽 무릎 슬개골이 부러져 버렸는데 뼈가 잘 붙을 수 있는 시기를 놓쳐 재활 치료를 오랜 기간 받게 되었던 것이다. "부러진 뼈가 붙는 동안 주위 근육을 쓰지 못해 근육이 약해졌는데, 그 근육을 다시 강화하는 데 많은 노력이 들었어요. 발레를 시작하고 겪었던 가장 큰 시련이었던 것 같아요."라고 말하는 그녀의 표정에서 힘들었던 시간이 읽혀졌다. 하지만 가족의 보살핌과 김선희 원장, 김향좌 선생, 김서명 선생 등 주변 사람들의 응원으로 어려운 시기를 잘 이겨낼 수 있었다. 그동안 급하게 달려왔으니 이제는 조금 천천히 가도 된다는 말에 그녀는 큰 힘을 얻었다고 했다. "어떤 순간에 놓이더라도 행복을 찾을 수 있다면 되는 것 같아요."라며 이은원은 웃어 보였다.

이은원을 단단하게 만든 데는 부모님의 역할이 컸다. 그녀의 부모님은 부모라면 한 번씩 하게 되는 말을 하지 않으려 노력하셨다고 했다. 예를 들자면 '시키는 대로 해라.'라는 권위적인 말을 하지 않으려고 애쓰셨다고, 항상 딸의 의지가 중요했다. '하고 싶으면 해라.'가 부모님의 뜻이었다. 때로는 그런 부모님의 모습에 서운한 적도 많았다고 했다. 발레 연습이 늦게 끝나는 날에는 부모님들이 아이들을 데리러 오는데 그녀의 부모님은 그런 법이 없었다. 딸이 서운한 마음을 내비치면 '네가 하고 싶은 일을 하면서 부모님을 끌어들이지 말아라.'라는 단호한 답변이 돌아왔다. 당시에는 서운한 마음이 컸

〈꿈(Dream)〉 ⓒ 이은원 제공

지만, 지금은 오히려 부모님께 감사한 마음을 갖게 되었다고 한다. 부모님의 그런 태도가 본인을 강하고 단단하게 만들어주었다고 이은원은 믿는다. 약하고 눈물이 많은 아이 대신 혼자서 설 수 있는 독립적인 아이로 키워주셨다고 그녀는 말했다. "이제 저도 부모님의 행동을 이해할 수 있는 나이가 되었어요. 타국에서 생활하면서 독립적으로 자라온 시간에 감사하고 있어요."라는 말에 필자도 고개를 끄덕일 수밖에 없었다.

이은원은 어린 시절부터 외국에서 새로운 경험을 해보는 게 꿈이었다고 한다. 그렇다면 그녀는 벌써 꿈 하나를 이룬 셈이다. 세계적인 무용가이자 워싱턴 발레단의 예술감독인 줄리 켄트(Julie Kent, 1969~)의 제안을 받고 워싱턴 발레단에서 그 꿈을 이어 갈 수 있게 되었다. 줄리 켄트는 아메리칸 발레시어터(ABT)에 입단한 뒤 프린서펄로 오랫동안 활동해왔고(1993~2015) 정교한 드라마틱 발레리나로 유명한데, 그런 발레리나가 그녀를 알아봤다. "줄리 켄트는 너무 유명해서 어렸을 때부터 비디오 영상을 통해 만날 수 있었죠."라며 그녀는 동경하던 발레리나와의 조우의 순간을 떠올렸다. 이은원이 줄리 켄트와 만날 수 있었던 것은 그간의 노력이 빛을 발했기 때문일 것이다. 한국예술종합학교를 졸업하고 국립발레단에 입단해 세계적인 줄리 켄트의 러브콜을 받기까지의 시간이 궁금해졌다. 그녀에게 먼저 국립발레단 입단 스토리부터 청해보았다.

이은원은 슬개골 부상을 입은 열여덟 살부터 약 1년간 재활치료를 받았다. 그리고 4학년 1학기 즈음 다시 발레를 시작할 수 있었다. 그녀에게도 곧 학교를 떠나 사회로 나아가야 할 시간이 찾아왔다. 그녀는 그 당시를 떠올리며 "부상을 입고 회복하던 시기였기 때문에 컨디션이 좋지 않아 오디션을 보기에는 이르다는 생각이 들었어요."라고 했다. 하지만 그간의 노력은 그녀를 배

세계를 누비는 춤예술가들

〈라 바야데르(La Bayadére)〉 ⓒ 국립발레단 제공 / 박귀섭

교향곡 7번 ⓒ 국립발레단 제공 / 박귀섭

세계를 누비는 춤예술가들

신하지 않았다. 그녀를 평소 눈여겨보던 국립발레단의 최태지 예술감독과 김선희 교수가 이은원에게 국립발레단 인턴 오디션을 소개했고, 그녀는 당당하게 오디션에 합격해 약 6개월간의 인턴 생활을 하게 되었다. 그리고 이어 2011년에는 국립발레단 오디션을 거쳐 인턴에서 정단원으로 입단하게 되었다. "국립발레단 정단원 모집 공고는 인원이 필요할 때만 뜨는데 뽑는 인원은 정말 제한적이죠. 많을 때는 열 명 남짓이고 보통은 한두 명에 그치는 정도에요."라고 국립발레단의 좁은 문에 대해 설명해주었다. 게다가 국립발레단 인턴 활동을 했다고 해서 정단원이 쉽게 된다는 것도 아니었다. 국립발레단 정단원 모집 공고는 외부인에게도 공개되기 때문에 인턴뿐만 아니라 외부 인원까지 더해져, 보통 백 명 남짓한 인원이 오디션을 거쳐 정단원의 자리에 오를 수 있었다. 그녀의 목소리에 당시의 긴장감이 느껴지는 듯하여, 잠깐 쉬어가는 질문으로 평소 필자가 궁금했던 것 하나를 가볍게 질문했다. 국립발레단 오디션에 참가할 때 어떤 의상을 입어야 하는지 물으니 핑크색 타이즈에 검은색 레오타드가 지정복이며, 외국은 주로 규정 없이 자유롭게 입는다고 했다.

잠시 숨을 고르고 이제 워싱턴 발레단의 단원이 되기까지의 이야기를 부탁했다. 이은원은 자신을 이곳으로 이끈 사람이 사실 예술감독 줄리 켄트의 한국인 친구 최기주(한국계 치료사)였다는 흥미로운 이야기를 들려주었다. 이후 워싱턴 발레단 측을 통해 정식적으로 요청을 받아 이은원은 이력서와 영상을 담은 DVD를 보냈다. 그리고 휴가 때 잠시 짬을 내어 비행기에 몸을 싣고 워싱턴으로 향했다. 정식 오디션이라기보다는 클래스를 하기 위한 방문이었다고 했다. 그녀를 워싱턴 발레단으로 이끈 줄리 켄트는 그 당시 세계적인 발레단 ABT에 몸을 담고 있었고, 그녀의 남편인 빅터 바비(Victor Barbee)는 부감독을 역임하고 있었다. 이 부부는 2016년에 워싱턴 발레단으로 함께 자리를 옮겼고, 이은원과 바로 이 워싱턴 발레단을 통해 만나게 되었다. 이은원은 줄리 켄트에게 지도를 받아 갈라 공연에서 〈백조의 호수(Swan Lake)〉의 오딜 역을 선보이면서 워싱턴 발레단과의 인연을 시작하게 되었다. 이은원은 2016년 8월 1일부터 2017년 7월 31일의 첫 계약을 마쳤고 다시, 두 번째 '워싱턴 발레단'과 계약을 맺고 있다.

이은원에게 워싱턴 발레단에 입단하게 되어 어떤 점이 좋은지 물었다. 그러자 그녀는 고민 없이 두 가지가 좋다고 말해주었다. 첫 번째로는 워싱턴DC라는 도시 그 자체라고 했다. "워싱턴DC는 세계적인 박물관 단지를 이루는 대표적인 도시예요. 스미소니언 박물관, 워싱턴 국립 미술관이 유명하고, 여성 작품만을 다루는 여성아트갤러리도 흥미로워요."라고 이 도시가 주는 즐거움에 대해 말했다. 그녀는 한국예술종합학교에 다니던 시절 '미술의 이해'라는 과목을 수강했는데, 매주 미술관에 가서 작품을 감상하고 리포트를 작성하며 미술을 통해 폭넓게 예술을 이해하게 되었다고 했다. 그런 일련의 경험이 이은원에게 살아 있는 예술의 즐거움을 알게 해준 것이 아닐까 싶었다. 이어 두 번째로는 워싱턴 발레단에서 배울 수 있는 모든 것이라고 말했다. 〈백조의 호수(Swan Lake)〉에서 오딜 역을 맡았을 때 국립발레단에서는 유리 그리가로비치의 버전을 추었는데, 롤란도 사라비아(Rolando Sarabia)와 호흡을 맞춘 워싱턴 발레단에서는 ABT의 버전(프티파-이바노프 안무)으로 추었다고 했다. 줄리 켄트로부터 하나의 작품을 새로운 버전으로 배워 익힌다는 것이 자신에게 굉장한 즐거움이라고 했다. 사실 흑조의 동선은 비슷하지만 어떤 부분은 더욱 빠르기도 하고 어떤 부분은 좀 더 느리기도 해서, 똑같은 음악이지만 새로운 스텝을 더해가는 것이 큰 도움이 된다고 말해주었다. 그녀의 표

〈라 바야데르(La Bayadére)〉 ⓒ 국립발레단 제공 / 박귀섭

정에서 지금 이 순간을 얼마나 즐기고 있는지가 느껴졌다.

　이은원은 국립발레단에서 성장하여 주역에서 주역으로 워싱턴 발레단으로 수평 이동을 이루어냈다. 사실 외국 발레단으로 진출하는 경우 대개 아래 등급부터 위로 올라가는 수직 이동을 하게끔 되어 있다. 이은원이 이루어낸 행보는 한국 발레의 높아진 위상을 단적으로 보여주는 좋은 예가 될 것이다. 그녀에게 본인이 체감하는 한국 발레계의 수준에 대해 물었다. 이은원은 국내외 할 것 없이 발레를 잘하는 한국 무용수가 정말 많다고 했다. 간단명료하면서 사실적인 답변이었다. 얼마 전에는 유니버설 발레단에서 활동하던 솔리스트가 러시아의 발레단 주역으로 발탁되어 화제가 된 적이 있었다. 이은원을 비롯한 많은 발레리나가 외국 무대에서 본인의 능력을 인정받고, 한국 발레를 역으로 세계에 알리고 있다. 무용을 전공한 선배로서, 또 한국인으로서 가슴이 뜨거워졌다. 인터뷰하는 내내 젊은 발레리나의 눈은 반짝였고, 응축된 뜨거운 에너지가 가득했다. 그녀의 유년 시절부터 현재 워싱턴 발레단의 생활까지 모두 듣고 난 뒤 그녀에게 앞으로의 꿈이 무엇인지에 대해서는 묻지 않았다. 묻지 않아도 이미 답변을 얻은 셈이었다.

이은원은 2016년에는 워싱턴 발레단 40주년 기념공연 〈백조의 호수(Swan Lake)〉, 그리고 12월 말에는 워너 극장(Warner Theatre)에서 〈호두까기 인형 (The Nutcracker)〉으로 무대에 올랐다. 2017년 3월 〈지젤(Giselle)〉과 프레데릭 애쉬튼과 앤서니 튜더의 안무작으로 20세기 영국 발레 작품들을 선보였다. 줄리 켄트가 이은원을 영입한 것과 관련해서는 "우리의 독특한 예술적인 면모가 이은원의 등장으로 훨씬 더 상승하리라고 자신한다(I am confident that our unique artistic profile will be further elevated with the arrival of Eun Won Lee.)."고 켄트의 말을 인용했다. 《워싱턴포스트》는 "훌륭한 기술과 음악적 힘을 지니고 산들바람에 움직이는 버드나무 같은 발레리나(Lee, a willowy dancer with fine technical and musical strengths.)."라는 평을 남겼다.

워싱턴 발레단은 2016/2017 시즌에 발레단 자체적으로 초연하는 작품들이 많았다. 그녀를 선택한 예술감독 줄리 켄트의 영향인지 궁금해서 물었더니 그런 것 같다고 이은원은 말했다. "줄리는 클래식발레 스타일을 더 다지는 것만큼 컨템퍼러리 작품도 신경을 쓰는 듯해요. 부드러우면서도 아주 의욕이 넘치는 분이더라고요."라고 덧붙였다. 그녀는 5월 앤서니 튜더 안무작 〈라일락 정원(Jardin aux Lilas)〉 공연 무대에 섰다. 만났을 당시에는 5월 무대에 설 것 같다고 말했는데 그대로 된 것이다. 그날의 만남에서 이은원은 후배들이 미래에 기회가 닿을 수 있도록 노력을 다하고 싶다고 말했다. "어떤 순간에 놓이더라도 행복을 찾을 수 있다면 되는 것이라는 생각이에요. 좀 추상적인 표현이지만 제 생각은 그래요. 발레를 하는 게 일단 즐거워야 하고 즐거움 속에서 발레를 하면서 행복하다면 되는 것이죠. 그러자면 스스로 균형을 잡아야 하지 않을까 싶어요. 무대에 섰을 때 동작 하나하나를 잘하기 위해서는 평소에 끊임없이 연습해야 하고 연습에서 몸에 밴 습관이 무대에서도 나오니까요. 그런 것 같아요."

이은원과의 짧고도 강렬한 만남을 뒤로하고 다시 뉴욕으로 되돌아오면서 이은원을 발레의 세계로 이끌어준 〈호두까기 인형(The Nutcracker)〉이라는 공연의 고마움에 대해 생각하게 되었다. 매년 크리스마스 시즌이 찾아오면 부모님의 손을 잡고 공연을 본 아이들이 발레리나의 꿈을 품기도 한다. 필자 역시 수업시간에 짝꿍이 보여준 발레슈즈를 보고 마음을 빼앗겨 춤을 추게 된 것이 떠올랐다. 우리는 우연한 계기로 운명을 만나기도 한다. 이 인터뷰를 읽고 이은원의 이야기에 매료되는 미래의 발레리나가 생겨날지도 모를 일이다. '어떤 순간에 놓이더라도 행복을 찾을 수 있다면 되는 것'이라는 그녀의 말처럼 지금 이 순간에도 무용하는 모든 친구가 행복할 수 있기를 바라본다.

세계에서도 주목 받는 빛나는 젊은 발레리나 이은원의 행보가 기대된다.[11]

전준혁

'빌리 엘리어트'의 꿈을 이루다

2016년 로열발레단에 입단한 전준혁은 가족 중에 춤을
추는 사람들이 많다. 스웨덴 왕립발레단(Royal Swedish Ballet)에서 활동한 전
은선이 그의 셋째 고모이다. 뿐만 아니라 국립발레단과 UBC에서 활동했던
둘째 고모 전정아를 포함해서 큰 고모 전정미는 한국무용을 했다. 그의 형도
발레를 한다.

그는 춤추는 가족에 둘러싸여 자연스럽게 무용을 접했다. "사실 제 형(전준
영)이 먼저 발레를 시작했습니다. 저는 세 살부터 형이 발레 연습하는 걸 보
고 자랐고 대여섯 살 때부터 무용실에서 바(bar)를 잡았죠. 어려서 발레를 배
울 때 되게 무서웠어요. 가족이 다 시키고 했거든요. 순서를 일주일씩 외워
서 하는데 순서를 잘 못 외웠어요. 그래도 계속한 거 보면 애들하고 무용 끝
나고 놀고 하는 게 재미있었던 같아요. 그리고 3학년 때 한국예술종합학교
예비학교(현 한국예술영재교육원) 다니다가 6학년 때 선화예술중학교에 운 좋게
입학했어요. 오랫동안 이 길을 걸었어요. 하지만 저도 여섯 살에 처음 콩쿠
르에 나갔을 때는 순서를 다 까먹어서 멀뚱멀뚱 무대에 서 있다가 내려온 적

한국종합예술학교 오픈수업

도 있어요."라며 웃는다.

"선화예술중학교를 가게 된 이유는 3학년 때부터 선화예술학교의 백연옥 선생님이 제가 공연하면 늘 보러 오시고 콩쿠르 때도 오셨지요. 백연옥 선생님의 관심이 선화예술중학교를 가게 된 데 영향이 컸습니다. 그리고 백연옥 선생님도 선화예중에 간 걸 너무 좋아하시더라고요. 하지만 춤을 솔직히 그만두고 싶은 때도 많았어요. 어릴 때는 너무 좋아하니까 그만두고 싶다가도 해야지 했지요. 어릴 적 친구한테 제가 발레 안 하고 국어 선생님 하고 싶다고 말한 적도 있어요. 지금도 저는 은퇴하면 국어 선생님을 한 번 해보고 싶어요."

그렇게 말하는 그 순간 그의 풍부한 감성적 몸짓이 그의 문학적 성향에서 나오지 않았을까 생각이 들기도 했다.

그는 로열발레단을 입단하기 전에 로열발레학교를 졸업했다.

"로잔 콩쿠르에 나가서 상을 타면 발레학교 입학 자격이 주어져요. 콩쿠르에 나가기 전에 가고 싶은 학교를 참가자들이 적어냅니다. 1등은 어디든지 원하는 데를 갈 수 있고요. 2등은 1등이 고른 데 빼고 3등은 1, 2등이 고른 데를 빼고 골라요. 아니면 5등, 6등 해도 정말 로열발레학교에서 특별하게 와라 하면 갈 수 있는 거죠. 저는 사실 상을 못 탔어요. 파이널까지밖에 못

세계를 누비는 춤예술가들

갔거든요. 콩쿠르가 끝나고 관심 있는 발레학교의 디렉터들이 출전한 학생들 중에서 지명을 하기도 합니다. 저는 아홉 군데에서 오라는 제안도 받았고요. ABT 발레단 산하 재클린 오나시스 발레학교는 집과 생활비도 제공하겠다고 하기도 했습니다. 근데 로열발레학교 크리스토퍼 파우니(Christopher Powney) 교장 선생님께서 저를 굉장히 좋게 보셨나 봐요. 하지만 저는 전은선 고모 때문에 로열발레학교에 못 올 뻔한 에피소드가 있어요. 모든 참가자들이 본선이 끝나면 스칼라십 같은 목록을 받고 발레학교를 한 군데씩 돌아봅니다. 전은선 고모는 로열발레학교의 부스가 너무 건방지다고 느꼈나 봐요. '우린 로열발레학교이다.' 그런 것처럼요. 그런 태도에 제 고모가 좀 짜증났나 봐요. 아예 입학시험 볼 생각도 안 해서 명함도 안 받고 그냥 한국에 돌아왔습니다. 저는 그때는 영어를 못하니까 잘 몰랐고 고모도 별 얘기를 안 하시더라구요. 그런데 크리스토퍼 파우니 교장 선생님한테서 이메일이 왔어요. 교장 선생님은 저희가 준 명함도 없고 저희가 적어놓은 어떠한 것도 없으니까 서로의 연락처를 몰랐지요. 교장 선생님 본인이 스스로 로잔 콩쿠르 측에 물어봐서 아버지께 이메일을 보냈습니다. 그때 시험보라고 했는데 왜 안 오냐구 하더라구요. 입학 서류 시즌이 끝나 가니 비디오라도 보내라고 해서 급히 비디오를 보냈습니다. 그런데 어떻게 연락된 선배가 학비가 비싸다고 하는 겁니다. 글쎄 1년에 학비와 기숙사만 9,000만 원가량 들고 그것도 생활비를 뺀 금액이었지요. 그래서 아버지(전용국)가 '이 정도 하면 못 가.' 하시고 엄마 (정현정)는 빚을 내서라도 가야 하지 않을까 걱정하셨지요. 아버지는 '못 가, 장학금 안 받으면 못 간다고 그래.' 하셨어요. 그래서 저희가 장학금을 받을 수 있냐고 학교 측에 물어봤습니다. 그런데 학교 측에서 무슨 동양인이 장학금을 받으려고 그러냐고 해요. 그래서 힘들다고 했습니다. 사실 로열발레학교는 영국 학생들도 장학금을 잘 못 받는다고 해요. 게다가 1, 2, 3학년 동안 비용을 생각하니 3년 전체 장학금이 아니고는 이만저만 어려운 일이 아니었습니다. 그래서 로열발레학교 측에 합격을 해도 장학금을 안 주면 못 간다고 했더니 다시 알아보신다고 했습니다. 그런데 일주일 정도 있다가 정말로 연락이 왔어요. 3년간 전액 장학금을 주겠다고 했습니다." 진짜 맘에 들었나 보다고 말하자 그는 운이 좋았다고 겸손하게 말한다. "솔직히 너무 좋아서 식구들과 파티를 했어요. 예상도 못했던 일이 일어난 거예요. 로열발레학교 측은 이런 장학금 혜택은 우리가 처음이라고 하더라고요. 학교의 사무직원도 장학금이 3년이라고 해서 깜짝 놀랐다고 했습니다. 동양의 학생들도 장학금을 받긴 하지만 주로 일본이나 중국의 기업들이 후원하고 그것을 받는 형식이 대부분이라고 합니다. 저를 지원한 곳은 나디아 네리나 장학재단이었습니다. 로열발레단에서 활동하고 로열발레학교 선생님으로도 계셨던 나디아 네리나(Nadia Nerina, 1927~2008)를 기리는 재단이에요. 저의 후원인은 영국 로열 발레단(The Royal Ballet)은 마고트 폰테인이 유명하지만 나디아가 제일 멋있었다고 하더라고요. 그래서 장학재단을 만든 거라고 합니다. 이 재단은 생긴 지 2년 정도 됐고요. 제가 세 번째 장학생이었습니다. 저희 모교인 선화예술중고교에 이런 장학제도가 있었으면 합니다. 정말 재능 있는 아이들이 집안 사정이 해결이 안 되서 전학 가는 학생들도 있습니다. 특히 발레 하는 남학생들이 집안이 어려운 아이들이 더 많아요."

그리고 발레뿐만 아니라 음악, 미술도 장학재단을 만들면 좋을 것 같다고 덧붙였다. 그의 따뜻한 마음이 전해지는 것 같았다. 전준혁은 3년 전액 학비 장학생에 생활비에 용돈까지 지원을 받았다. 그의 남다른 실력으로 이룬 기분 좋은 소식이면서도 외국인에게 그런 혜택을 준 것이 고맙기도 했다.

전준혁

(좌) 로열오페라하우스,
(우) 로열발레학교 앞
ⓒ 이찬주

〈지젤(Giselle)〉 전준혁 · 박선미 한국을 빛내는 해외무용 스타(2013) ⓒ 최시내

"한국 사람들이 춤을 정말 잘 추는 것 같지요. 로열발레단에 어느 정도 있나요?"라고 묻자, "한국인은 최유희와 저 둘입니다. 그리고 전체적으로 봤을 때는 외국발레단에 다른 나라보다 한국인 숫자가 많지는 않아요. 동양으로도 일본 사람들이 숫자가 훨씬 많아요. 제가 다닌 로열발레학교도 그렇고 로열발레단을 포함해서 다른 외국 발레단도 마찬가지예요. 요즘 중국인은 없는 데가 없고요. 그런데 한국무용수는 유수의 발레단에 몇 명이 확실히 주역급으로 있어요. 재능이 월등한 거죠. 숫자는 많지는 않는데 참 잘 하는 것 같습니다. 사실 중국과 비교해서 인구 면이나 일본과 비교해서 경제력 면에서 본다면 한국이 참 대단해요. 그런데 경쟁력에 있어서 우리는 대학을 가니까 다른 나라의 젊은이들보다 4년이 뒤처지고 군대까지 갔다 오면 6년이 뒤처집니다. 외국에서는 발레학교를 열여섯 살에 졸업하고 취직하면 열아홉 살이나 스무 살이 되어 발레단에서 활동을 시작합니다. 그런데 한국에서는 대학교에

세계를 누비는 춤예술가들

서 학교생활하고 그리고 발레단에 오디션을 보러 가려고 하면 나이가 걸려서 못 볼 때도 많아요. 솔직히 실력이 비슷비슷하면 나이가 젊은 춤꾼을 뽑으려고 하지요. 그리고 군무부터 해서 주역까지 오르는 기간을 감안하면 너무 늦게 발레단의 신입으로 들어가는 게 됩니다." 한국은 군복무 때문에 훌륭한 젊은이들을 놓치는 아쉬운 점이 많다고 했다.

전준혁은 로열발레학교 2학년 때 유스 아메리카 그랑프리(Youth America Grand Prix)에서 〈라 바야데르(La Bayadére)〉의 솔라드 역의 솔로로 대상을 받아 군 면제를 받았다. 그는 그 이전에 방학 때 들어와서 서울국제콩쿠르에 나가서 2등을 했다. 2등은 군 면제를 받을 수 없어서 아쉬웠다. 그때 한 영국 분이 심사위원으로 왔다가 로열발레학교 측에 "너희 학생이 나왔다"고 전했단다. 학교는 발칵 뒤집혔고 비상회의가 소집되고 징계 위원회가 열렸다. 그 당시에 전준혁은 소속된 학교에 콩쿠르에 나가는 것을 알리는지를 몰랐다고 한다. "학교 측에, 콩쿠르에 나가지 않으면 군대에 가야 한다고 말했어요. 한국은 분단국가이고 누구든지 군대에 가야 한다고 설명했습니다. 그러나 학교 측은 이해를 못했고 교장 선생님도 앞으로도 콩쿠르에 계속 안 나가는 쪽으로 얘기를 전했어요.

그의 상황을 듣자, 학교 측은 교장 선생님의 추천서를 영국에 있는 한국대사관을 거쳐 한국정부의 관계기관에 보내보자고 하였다. "훌륭한 학생을 추천서로 군대에 가지 않게 해달라는 거였죠. 사실 외국은 추천서의 힘이 굉장히 큽니다. 로열발레학교 측에서 한국대사관에 이 이야기를 전달하니 대사관 측은 일단 기다려보라고 했지요. 사실 축구선수 박지성조차 군 면제가 어려운 것이 한국의 실정이잖아요. 그러니 저는 상을 받아 군대 면제를 받아야 하고 만약에 받지 못하면 최장기간을 늘려도 발레단에서 잘 하는 승급에 올

런던 발레리나(La Ballerina) 레스토랑에서 ⓒ 이찬주

랐을 가장 화려할 시절인 서른한 살쯤이 되어서 군대를 가야 한다고 말했지요. 그래서 나는 꼭 콩쿠르에 나가게 해달라고 부탁을 했습니다."로열발레학교는 1등을 하지 못한다면 학교의 명예가 걸려 있으니 콩쿠르 나간다고 얘기한 다음에 학교 측의 결정도 3개월이 걸렸다고 한다. "영국 주재 한국대사관에서 군대는 뺄 수 없다는 말을 제대로 전하지 않아 완전한 결정이 나기까지 4~5개월까지 한국대사관도 몇 번 가고 했어요. 어느덧 로열발레학교 시험기간도 가까워왔습니다. 교장 선생님은 이번 학교 시험 때 너의 솔로를 추는 것을 보겠다고 했습니다. 그리고 그다음 주에 학교에서 하는 소규모 공연은 일 년에 두 번 정도 스폰서를 모아서 합니다. 그때 또 솔로를 추라고 했습니다. 그리고 나서야 학교의 허락이 떨어졌습니다. 그런데 벌써 한 달 뒤가 콩쿠르입니다. 저는 콩쿠르 나갈 때 솔직히 1등을 못하면 어떡하지 그런 생각이 들기도 했습니다. 콩쿠르는 일주일 동안 열립니다. 국제콩쿠르는 여섯 개

세계를 누비는 춤예술가들

의 클래식을 해야 하는 경우가 많습니다. 콩쿠르 1차에는 클래식발레와 현대무용 두 가지 모두 필수로 하고 파드되 하나는 솔로 두 개로 칩니다. 그런데 학교에서 결정이 나니 많이 도와주시더라구요. 저의 2학년 루돌포 카스테야노스(Rodolfo Castellanos) 담임선생님은 쿠바 분인데 공산국가에서 탈출해서 스페인에서 숨어서 지내다가 저희 학교와 인연이 닿아서 오신 분입니다. 그분이 발레를 봐주셨습니다. 현대무용도 준비를 해야 하는데 제가 안무를 할 수 있는 게 아니어서 그 전에 친구가 한 작품이 있어서 그것을 할까 했죠. 그런데 학교 측에서 현대무용 담당 선생님을 불러서 한 일주일 정도 진짜 멋있게 짜주시는 겁니다. 그래도 문제는 남은 시간이 얼마 없다는 거죠. 그렇게 일주일 정도 현대무용 연습하고 바로 방학이 됐어요. 방학에는 기숙사도 비워줘야 하고 선생님들도 방학이라 각자의 일정이 다릅니다. 뿐만 아니라 무용 연습실을 쓸 수 있는 것도 아닙니다. 학교는 방학 때 진행하는 이벤트들이 있어요. 저희는 모두 방학에는 집으로 돌아갑니다. 그런데 현대무용 선생님이 자기한테 이메일로 연습하는 영상을 보내달라고 했어요. 영상으로 어떻게 하는지 체크를 해주겠다고 했습니다. 사실 일주일 동안 작품을 받는다는 것은 연습 기간이 너무 짧습니다. 그리고 그동안 클래식발레 연습도 자주 할 수 없었던 것이 학교 스케줄인 수업이 있어서 일주일에 두 번씩밖에 못하고 결국 한국으로 돌아왔습니다. 그리고 한국에서 남은 3주 동안 연습을 했지만 사람이 계속 움직일 수는 없습니다. 몸도 쉬는 시간도 있어야 부상의 위험도 없고 동작도 완벽히 구사하려면 힘도 있어야 합니다. 시간이 흐르고 제가 뉴욕에 콩쿠르하러 갔을 때는 교장 선생님도 가셨고 학교 측에서 의상도 빌려주었습니다. 그리고 뉴욕에서 콩쿠르 연습을 해야 하는데 마땅한 연습실이 없는 거예요. 그래서 제가 주최 측에 연습실을 물어봤을 땐 분명히 없다고 했었거든요. 그런데 교장 선생님이 적극적으로 가서 말해줘서 연습실을 빌려주기도 했습니다. 그곳에서 크리스토퍼 파우니 교장 선생님이 무용도 봐주시고 정말 많이 도와주셨습니다. 너무 멋지신 분 같습니다. 제게 장학금도 주신 분이시죠. 인상이 강하시지만 마음은 누구보다 따뜻하신 분입니다."

뜻이 있는 곳에 길이 있다. 이런 말이 떠오르기도 했다.

영국 생활에 적응이 되었을 텐데 이제는 어떤지 물어보았다. 외국 생활이라고 다른 점은 못 느끼겠는데, 한 가지가 특이하다고 그가 말한다. "화재 경보가 울리면 춤을 추다가도 모두 건물 밖으로 걸어 나갑니다. 집이 오래되고 목조건물이 많아서 그런지 화재경보 같은 연습에 철저한 것 같아요. 연기가 좀 심하게 나도 화재경보가 바로 울리니까요. 그리고 건물을 수리할 때도 제한이 있는데 건물을 아끼는 것도 있지만 무조건 1층은 아예 건드리면 안 되어서 앞면을 뜯어내고 수리를 해야 합니다. 전통을 지키려는 노력이 크다고 할까요."

1732년 문을 연 로열 오페라 하우스(Royal Opera House)도 화재로 소실되었다. 건물의 전면은 1858년 애드워드 배리의 설계로 다시 지어진 것인데 1996년 대대적인 개보수를 거치면서도 최대한 원 상태를 유지하려 했음을 어디에선가 읽은 기억이 났다.

다른 발레단은 시험 본 적이 없냐고 물었다. "로열발레학교에서는 주로 3학년 때 학생들이 졸업을 앞두고 여러 발레단의 오디션을 보러 갑니다. 여기 학생들은 주로 영국 학생들이라 로열발레단을 포함하여 유럽의 발레단을 선호합니다. 슈투트가르트 발레단(Stuttgart Ballet), 네덜란드 국립발레단(HET Nationale Ballet) 등 다들 살던 곳에서 멀리 가지는 않는 것 같습니다. 그렇지만 로열발레단, 파리 오페라 발레단(Ballet de l'Opéra national de Paris)과 아메

ROYAL
BALLET
SCHOOL

The Nadia Nerina

2010   Esteban Hernandez
2012   Hannah Bettes
2014   Joonhyuk Jun
2016   Yu Hang

나디아 네리나(Nadia Nerina) 후원인 부부 ⓒ 전용국

리칸 발레시어터(ABT), 볼쇼이 발레단(Bolshoi ballet)은 세계의 발레단으로 선망의 대상이지요. 그래서 여기서 먼 뉴욕이라도 ABT라면 오디션을 보러 갑니다. 제가 2학년 때 학교 측에서 ABT에서 연락이 왔다고 해서 오디션에 참가했습니다. 오디션을 치를 때 클래스에 한 40명 정도 들어갑니다. 정말 살벌하게 느껴졌던 것이 오디션의 수업이 끝나면 바로 번호를 부른다는 거예요. 제가 10번인가 그랬을 거예요. 그런데 저와 어떤 사람만 빼고 다 나가라고 하더군요. 두 명 제외하고 나간 사람은 다 떨어진 거예요. 저는 2학년 때 바로 입단해도 되었는데 3학년이 끝날 때까지 발레단이 기다려줘서 졸업하고도 올 수가 있었습니다. 하지만 저는 그전부터 로열발레단을 가고 싶었습니다. 그래서 로열발레학교를 졸업하고 이곳으로 오게 된 거죠. 오래 전부터 이 발레단에서 활동하는 것이 꿈이었습니다."

2017년 8월에 입단한 전준혁은 9월에 〈이상한 나라의 앨리스〉와 10월에 〈백조의 호수(Swan Lake)〉로 무대에 섰다.

로열발레단을 대표하는 안무가 중 한 명을 골라 소개해달라고 했다.

"프레데릭 애쉬튼(Frederick Ashton)의 작품은 솔직히 무용수들한테는 바쁘고 힘들지만 영상으로 보면 정말 재미있습니다. 그래서 관객들이 무척 좋아하나 봐요. 보면 되게 즐겁고 약간의 사랑스러운 느낌마저 듭니다." 재치와 유머가 풍부한 프레데릭 애쉬튼은 로열발레단에서 1963년부터 1970년까지 예술감독을 역임했고 〈고집쟁이 딸(La fille mal Gardée)〉, 〈실비아〉, 〈신데렐라〉 등 80여 편의 발레 작품을 남겼다.

영국의 발레 스타일은 어떤지 묻자 "제 생각에는 러시아 바가노바는 동작이 굉장히 화려하고 규모가 큰 것 같습니다. 그런데 로열발레단의 동작은 사이사이에 있는 스텝이 참 좋습니다. 그리고 착지하는 것들이 굉장히 깔끔합

로열발레학교 졸업생들과 함께

니다. 화려한 테크닉보다 정석을 원한다고 할까요."

그의 답변에 필자는 영국 로열 발레단(The Royal Ballet)의 발레리노 카를로스 아코스타(Carlos Acosta)의 움직임이 기억났다. 무슨 말인지 조금은 이해가 가는 것 같았다.

"그리고 영국의 로열발레단은 깔끔해서 춤을 출 때 굉장히 신경을 써서 해야 합니다. 동작이 주(主)라기보다 끝나고 나서도 어떻게 하느냐가 중요합니다. 그리고 더 감성적인 느낌입니다. 여기서 감성적이라는 것은 몸짓을 말합니다. 어떠한 몸짓으로 했을 때 마음으로만 알고 있는 것이 아니라 진짜 대화를 하는 것같이 배웁니다. 뭐 하나를 줘도 이따가 다시 준다던지 하는 겁니다. 무척 세세한 거죠."

ⓒ Johan persson

세계를 누비는 춤예술가들

세계적인 로열발레단도 자기 나라의 사람들이 실력이 좀 떨어져도 심하게 차이가 나지 않는다면 아무래도 영국 사람을 뽑는다. 자국민에 대한 이점이겠다는 생각이 들었다. 전통이 있고 자존심이 대단한 것도 있지만 그것은 어느 나라나 마찬가질 거라고 그가 덧붙였다. 그러므로 로열발레단에 들어간다는 것은 경쟁이 심한 것이 분명하다. 자신들이 오랫동안 추어온 발레를 스스로 지키려는 그들의 노력이 크다는 뜻이다.

얼마 전에 한국 사람들이 골프를 너무 잘해서 세계적 골프대회에 골프의 광고가 들어오지 않고 골프의 스폰서도 줄줄이 끊긴다는 기사를 본 적이 있다. 그들도 자신의 후예들이 공들여 지켜온 전통을 얼마나 잘 이어 가게 하고 싶겠는가. 하지만 모든 것이 실력만큼 상대방을 수긍하게 하는 것 또한 없다.

춤 예술가는 절대적인 가치 속에서 관객들로부터 박수갈채를 받고 흠모의 대상이 된다. 외국의 춤계가 주목하고 있는 전준혁. 그의 춤이 무르익기를, 평자로서 또 춤을 추었던 사람으로서 기대하는 마음이 크다.[12]

ⓒ 박귀섭

최영규

어느 하나 놓치는 것 없는 '발레의 교과서'

      마포문화재단 창립 10주년 기념공연 〈지젤(Giselle)〉이 와이즈 발레단(단장 김길용)에 의해 2017년 9월 15~16일 마포아트센터 아트홀 맥 무대에 올랐다. 알브레히트 역의 최영규는 도약에서조차 편안함을 안겨주며 '공중 위의 우아함'을 구사하는 한편 아라베스크 선(線)의 아름다움을 보여주었다. 최영규는 네덜란드 국립발레단(HET Nationale Ballet) 수석 무용수로 활동하고 있으며 2017년 9월 11일 네덜란드 국립발레단 갈라 공연에서 '알렉산드라 라디우스' 상 수상자로 선정되었다. 이 상은 네덜란드 발레단 후원회에서 해마다 수여하는 상으로 젊고 기량이 뛰어난 단원 한 명에게 주어지는 상이다. 필자는 이번 공연과 지난해 유니버설 발레단 〈호두까기 인형(The Nutcracker)〉에서 두 번의 짧은 만남을 가졌고 인터뷰는 암스테르담으로 돌아간 나흘 후 이루어졌다.

      최영규(1980년생)는 2016년 〈호두까기 인형(The Nutcracker)〉을 마치고 무대 위에서 수석 무용수로 승급이 발표되어 화제가 됐다. 입단한 지 4년 반 만에

ⓒ 김윤식

이루어진 일이다. 네덜란드 국립발레단(HET Nationale Ballet)에서 동양인 발레리노가 수석 무용수가 된 것은 이번이 처음이며 현재 수석 무용수는 남성 5명, 여성 5명이다. 2011년 네덜란드 국립발레단(HET Nationale Ballet)에 입단해 군무 무용수(코르 드 발레)로 활동을 시작하며 〈지젤(Giselle)〉에서는 마을청

세계를 누비는 춤예술가들

년, 〈호두까기 인형(The Nutcracker)〉에서는 쥐 역을 맡았다. 그는 여러 가지를 하면서 오히려 배울 게 많았다고 했다. 2012년 코르 드 발레(군무) 때 그는 처음으로 〈돈키호테(Don Quixote)〉의 주역을 맡았다. 2013년 1월 시즌 중간에 군무 리더인 코리페로 승급했다. 이듬해인 2014년 솔로이스트(솔리스트)로 승급하며 〈한여름 밤의 꿈〉, 발란신의 〈아폴로〉, 〈타란텔라〉, 크리스토퍼 휠든의 〈신데렐라〉에서도 주역을 맡았다. 그동안 파드되(2인무)에서 마야 마하텔리(Maia Makhateli), 치앤 리우(Qian Liu)와 호흡을 맞추었다.

전남 순천에서 태어난 최영규는 여덟 살에 누나를 따라 문화센터에서 발레를 배우기 시작했다. "음악과 함께 몸을 움직이는 게 너무나 좋았어요. 제가 그만 다닐 줄 알았는데 계속 다니니까 어머니가 발레학원으로 보냈지요. 김영란 발레학원이에요. 어머니께서 저를 제대로 교육시켜봐야 되겠다고 생각하셨나 봐요." 필자 생각에 유아교육을 전공한 그의 어머니(김미숙)가 그를 남다르게 보셨던 것 같다. 서울에 올라오는 3학년 때까지 꾸준히 다녔고 제대로 배우게 하려고 가족이 이사를 했다. 형편은 그리 넉넉하지 않았다고 그는 기억한다. 옛말에 이르기를 사람은 낳으면 서울로 보내고, 말은 낳으면 제주도로 보내란 말이 떠올랐다. 큰 사람이 되려면 큰 곳으로 보내야 한다는 뜻이 담겨 있기도 하다. 어찌 되었건 그는 서울에서 남사초등학교에 다니며 방배동 발레하우스 학원을 3학년부터 4학년까지 다녔고 5학년이 되자 한국예술종합학교 예비학교(현재 한예종 영재원)에 입학했다. 시험은 바(bar)와 센터를 봤다. 그가 들어간 영재원은 5, 6학년이 한 반이었고 열 명가량에 5학년의 최영규와 6학년의 강민우가 유일한 남학생이었다. 강민우는 지금 유니버설 발레단의 주역 무용수이다.

그곳에서 블라디미르 발료자 · 마가레타 · 김선희 · 나디아 · 이고르 등 여러 선생님들한테 발레를 배웠다. 선화중학교에 입학해서도 예비학교를 계속 다니다가 중학교 3학년 때 신반포중학교로 전학 가서 졸업했다. 스위스 로잔 콩쿠르에 나가면서 스위스 학교로 옮겼다. 김선희 교수가 스위스 취리히 무용아카데미의 교장 선생의 부인인 정도영 선생과 친분이 있었다. 그의 비디오를 스위스 학교로 보내자 입학이 결정됐고 스위스의 로잔 콩쿠르에 나간 다음 바로 스위스 취리히 무용아카데미로 유학해 일찌감치 유럽의 감각을 익혔다. 스위스 취리히 무용아카데미에서는 올리버가 담임선생이었다. 학제가 달랐던 스위스는 고등학교 1학년에 들어가서 2학년까지 마치고 졸업했다. 그리고 다시 한국으로 와서 한예종 영재로 한국종합예술학교에 붙었다. 그리고 2006년 불가리아 바르나 콩쿠르 주니어 은상을 받았다. 그는 심연희와 함께 나갔고 클래식발레 〈돈키호테(Don Quixote)〉, 〈잠자는 숲속의 미녀(The Sleeping Beauty)〉, 〈코펠리아(Coppélia)〉 세 개와 현대무용으로는 〈Pray(프레이)〉(이인수 안무)와 안남근 안무의 〈언 인바이티드(An invited)〉를 했다. 만약 솔로를 할 경우에는 클래식 여섯 개, 모던 두 개를 해야 한다고 덧붙였다. 그는 그때 2주 정도 바르나에서 지냈다고 기억했다. 그는 2007년 비엔나 콩쿠르 주니어 1위 등을 차지하며 '발레 신동'으로 불렸고 2009년 유스 아메리카 그랑프리 시니어 우승에 이어 2011년 보스턴 콩쿠르 시니어 금상 등을 받으며 촉망받는 발레리노로 떠올랐다.

필자는 그에게 이력이 화려한데 콩쿠르와 얽힌 에피소드는 없는지 물었다. 그는 초등학교 때 한국예술종합학교 예비학교(현 한국예술영재교육원)에서 만나 벌써 16년째 인연을 이어오며 2016년 유니버설 발레단 〈호두까기 인형(The Nutcracker)〉에서 프로로 데뷔한 뒤 첫 호흡을 맞춘 홍향기와의 이야기를 꺼냈다.

〈호두까기 인형(The Nutcracker)〉(2016) ⓒ 유니버설 발레단 제공

〈호두까기 인형(The Nutcracker)〉(최영규 · 홍향기) ⓒ 유니버설 발레단 제공

　　그들은 선화예중부터 한예종까지 오랜 기간 알고 지낸 사이다. "한국종합
예술학교 2학년 때 3년에 한 번 열리는 핀란드헬싱키 콩쿠르에 출전하러 홍
향기 누나와 〈에스메랄다(La Esmeralda)〉, 〈돈키호테(Don Quixote)〉 그리고 현
대무용도 만들어놨고 비행기 표도 끊어놨어요. 그런데 출국 닷새 전 교통사
고를 당해 무릎 인대 파열, 발 골절을 입었습니다. 대방역 근처 병원에 입원
하고 누나에게 전화를 걸었어요. 연습도 많이 했지만 도저히 걸을 수가 없었
습니다. 미안한 마음과 함께 전화를 걸었지요. '여보세요!' 하는 향기 누나 목
소리가 굉장히 안 좋았어요. 물어보니 향기 누나는 연습하다 발목이 돌아가

며 접질렸다고 했어요." 같은 시간에 일어난 신기한 우연이었다고 그는 기억했다.

"한 번은 중국 투어 갔을 때 저희가 낮과 밤에 두 번 공연할 때가 있었어요. 낮 2시에 하고 저녁에 또 공연이 있었거든요. 저는 저녁 공연 주역이었어요. 클래스 하고 집(호텔)에서 쉬려는데 갑자기 누가 다쳐서 제가 해야 되겠다는 거예요. 시차 적응도 안 돼서 호텔에서 쉬고 저녁 공연을 준비 하려 했는데 갑자기 나보고 해야 한다고 해서 의상 입고 무대로 가서 공연을 했어요."라고 회상했다.

그리고 필자는 그가 여덟 시간 리허설을 하고도 두 시간씩 남아서 무용 연습을 했다고 들었다. 지금도 그렇게 하냐고 물었다. "지금도 필요한 거 있으면 남아서 합니다. 왜냐하면 네덜란드 국립발레단(HET Nationale Ballet)이 레퍼토리가 계속 바뀌어서 어떤 경우는 리허설 하는 시간이 부족하다고 느낄 때가 있거든요. 그럴 때는 조금 더 완벽하게 하고 싶어서 혼자 남아서 공연 연습을 하고 가끔 부족하다고 느꼈을 때도 남아서 혼자 연습합니다."

네덜란드 국립발레단(HET Nationale Ballet)에 2011년에 들어가서 벌써 7년 차이다. 그에게 발레단 생활에 대해서 물어보았다. "보통 10시 시작해서 1시간 15분간 클래스를 해요. 그러면 11시 15분에 끝나요. 그리고 15분 쉬었다가 11시 30분부터 다시 리허설을 시작해요. 1시 반까지 하고 45분 점심시간을 가져요. 그리고 2시 15분에서 6시까지 연습을 하고 하루를 마칩니다."

공연 있는 날은 11시에 클래스를 시작하고 4시 15분에 리허설이 있고 8시 15분에 공연을 시작한다고 한다. 한국은 7시 반이나 8시에 공연을 주로 올리는데 여기는 8시 15분이라는 것이 색달랐다. 외국인들은 식사를 오래 하는 경우가 있는데 혹시 그런가 생각했다.

최영규 네덜란드 국립발레단(HET Nationale Ballet) ⓒ Altin Kaftim

지금 네덜란드 국립발레단(HET Nationale Ballet) 예술감독은 테드 브란센 (Ted Brandsen)이다. 작품의 성향을 물었다. "작품이 다양해요. 다양한 것을 많이 해서 그때그때 어떤 것이 들어오느냐에 따라 바꾸어서 해요. 여러 가지 색깔의 작품들이 엄청나서 소화를 잘 해야 돼요. 클래식만 잘 해서는 안 돼요. 그게 되게 힘들어요. 모던도 많이 하고 클래식도 되게 많이 합니다. 그래서 엄청 잘 해야 해요. 네오클래식도 그렇고, 아무튼 클래식과 모던이 매번 바뀌는 속에서 잘 해나가야 해요. 그게 힘들기는 하지만 발레단의 특성이 그런 작품들을 올리고 나면 그게 무용수들한테는 도전을 하게 해줍니다."

"그리고 클래스 선생님들은 다섯 분이 저희 발레단의 클래스를 맡고 계시죠. 선생님들은 그분들이 배워 오신 바탕의 기본(베이스)에 따라 달라요." 예를 들어 몇 분 소개해달라고 요청했다. "기욤(Guillaume Graffin) 선생님은 프랑스 스타일이에요. ABT에서도 계셨고 파리 오페라 발레단(Ballet de l'Opéra national de Paris)에도 있었어요. 그리고 리나트(Rinat Gizatulin) 선생님은 저희 발레단에서 30년 넘게 클래스를 계속 해 오신 분이에요."

이번에는 점심식사가 궁금했다. 그는 점심은 발레단에서 거의 먹는다. 45분밖에 시간이 없어서 바로 리허설을 진행해야 한단다. 그는 만약에 점심시간이 길면 밖에 나가기도 하겠지만 시간이 짧아서 보통 발레단에서 먹는다고 한다. 카페테리아가 있고 예전에 도시락을 싸 오기도 했는데 요즘은 공연도 많고 공연 외의 일도 많아서 여기서 샌드위치, 스프, 파스타, 샐러드 등을 먹는다고 한다. 단원들과의 생활을 물으니 1961년 창단된 네덜란드 국립발레단 (HET Nationale Ballet)은 80여 명의 무용수를 단원으로 두고 있는데 생일이라고 하면 축하하러 모이기 때문에 거의 한 달에 두세 번씩 모인다고 했다. 그래서 주말마다 거의 생일파티에 간다며 웃었다. 필자는 엄청 가족적이라고 생각했다.

필자는 발레단으로의 출근이 궁금했다. "지금 사는 곳에서 스쿠터로 10분 정도 걸리는데 처음에 여기 왔을 때는 거의 한 달 정도 자전거를 탔다가 너무 힘들어서 한 달쯤 지나서 바로 스쿠터를 샀습니다. 여기 온 지 7년 정도 됐으니까 꽤 오래 됐습니다. 지금은 검정색 스쿠터인데 네 번 정도 바꿨어요. 고장도 나고 누가 훔쳐 가서 잃어버리기도 하고 예전에 안 묶어놓은 채로 두었더니 누가 훔쳐갔어요. 그래서 그 뒤로는 바퀴 뒤에 자물쇠를 걸어두는데 그렇게 세워 놓으면 안 가져가요."

그에게 잘 하는 동작을 물어보니, 그는 딱히 하나를 기가 막히게 한다는 이런 생각은 없다고 한다. "모든 동작을 우아하게 장면에 맞추려고 해요. 예를 들어 〈지젤(Giselle)〉 가브리올 하는 거 하고 〈돈키호테(Don Quixote)〉에서 가브리올 하는 거 하고는 달라요. 역할에 맞게 음악에 동작을 모두 달리 표현하려고 많이 노력하고 있어요. 저는 신체 조건이 안 좋은 편이에요. 다리도 오다리인데 심해요. 모르시겠지만 그런 부분을 극복하려고 되게 많이 노력하고 지금도 몸에 대해서 공부하고 있어요. 아름다운 몸으로 만들려구요." 필자는 한국 공연 〈호두까기 인형(The Nutcracker)〉, 〈지젤(Giselle)〉 사진이 완벽하게 잘 나왔다고 했다. 그는 "예전에 사진을 보면 못 봐주는 사진들이 많았어요. 지금은 많이 좋아졌죠."한다. 실력은 사진을 찍어보면 안다는 말이 생각이 떠올랐다.

그리고 그는 네덜란드 암스테르담이 살기가 참 좋다고 한다. "한국은 인구 밀도가 되게 높고 어디든 사람이 많은데 여기는 되게 한가로워요. 그래서 혼자 생각하는 시간도 많이 있어요. 조용해서요. 발레단에서 보내는 시간이 많아서 저는 공원에 나가는 스타일은 아니지만요."

집에 있을 때에는 주로 뭘 하는지 물었다. "지금은 너무 바빠서 취미가 피아노 치는 건데 잘 치지는 못해요. 작년 3월에 피아노를 샀어요. 요즘은 너무 바빠서 먼지만 쌓이죠. 하지만 시간이 나면 가끔 쇼팽이나 이루마의 곡을 쳐요. 어릴 때부터 피아노 치는 걸 좋아했어요. 여덟 살 때 피아노를 6개월간 처음 배웠어요. 그다음에 배우진 않았어요. 하지만 그냥 심심할 때 치는 거

죠. 선화중학교 때도 쉬는 시간이면 달려가서 피아노를 치고 그랬어요. 피아노는 꾸준히 혼자서 그냥 즐기는 거죠. 요즘 뉴에이지 곡들도 치고 그래요."

필자는 그의 음악적 감성이 여러 예술적 재능에서 느껴지는 것 같았다

암스테르담의 날씨는 어떠냐고 묻자, "날씨는 항상 선선해요. 여름의 더운 날씨는 손에 꼽을 정도예요. 보통 선선하죠." 2017년 9월 지금 무대에 올리는 작품을 물었다. 지금 한스 반 마넨(1932~)[7]의 작품에 출연하고 있다고 한다. 그리고 여기도 창작발레 같은 경우에는 발레 마스터와 연습을 해 놓고 일주일 전에 안무자들이 직접 찾아온다고 한다. 웨인 클레인, 로열발레단의 웨인 맥그리거 그리고 펫 리얼 등을 만났다. 펫 리얼은 어떤 곳의 발레 단장이며 뉴욕시티 발레단에도 있었고 발란신과 직접 작업했던 사람이다. 발란신은 직속제자만 가르쳤다고 한다. 공연하면서 기억에 남는 공연에는 그는 모든 공연마다 배운 것이 많아서 하나를 뽑기는 좀 그렇지만 〈라 바야데르(La Bayadére)〉, 〈신데렐라〉와 〈돈키호테(Don Quixote)〉, 〈한여름 밤의 꿈〉 그리고 윌리엄 포사이드의 〈세컨 디테일〉, 웨인 맥그리거의 〈크로마〉를 들었다. 〈크로마〉는 낯설 수도 있지만 좋았던 작품으로 기억한다고 한다. 네덜란드 국립발레단(HET Nationale Ballet)은 국립 오페라 극장 안에 연습실이 있다고 한다. "요가나 피트니스센터 이런 것들도 있어요. 필라테스 기구들도 있고요." 최영규는 그것들을 하지는 않는다고 한다.

---

7) 네덜란드 국립발레단(HET Nationale Ballet)은 1961년 암스테르담 발레단과 네덜란드 발레단이 합병하여 생겨났다. 현재 한스반 마넨은 네덜란드 댄스 시어터와 네덜란드 국립발레단(HET Nationale Ballet)에서 상임안무가를 맡고 있으며 모던발레 안무가이며 예술감독, 사진작가로 다양한 활동을 하였다. 2017년 그의 85세 생일을 기념해 그의 대표작 〈메타포른(Metaforn)〉1965, 〈아다지오 함머클라비어(Adagio Hammerklavier)〉1973, 〈프랭크 브릿지 주제에 의한 변주곡(Frank Brige Variation)〉2005 등의 헌정공연 페스티벌이 개최되었다.

세계를 누비는 춤예술가들

그에게 7년간 머물면서 가장 힘들었던 때를 물었다. "스트레스 골절이 있었고 대학교 졸업할 때 무릎 부상을 2년 정도 앓았어요. 네덜란드에 입단해서도 끊임없이 아팠어요. 그래도 무용은 계속했어요. 거기서 MRI를 찍었는데 인대가 끊어지기 직전이라고 해서 제가 그 때 중요한 공연을 맡았었는데 2주뒤 그것을 하고서 수술하겠다고 했는데 발레단 측에서는 너무 위험하다고 못하게 했습니다. 그래서 그때 이곳에서 세 달 정도 쉬었습니다. 그때 나아지지 않는다면 무용을 그만하리라고 생각했죠, 무용을 그만하겠다고 한 생각은 그때가 처음이에요. 그때가 제가 가장 힘들었던 때로 기억합니다. 잘 견뎌냈다고 생각해요." 그는 이후 긍정적인 마인드를 갖게 됐고 긴장될 때 오히려 그걸 편하게 즐기려 했다고 한다.

마지막으로 무용하는 사람들한테 해주고 싶은 말을 묻자 "다들 사정도 있고 다른 사안도 있겠지만 발레 하면서 자기가 원하는 게 있다면 계속 끊임없이 노력하라 하고 싶어요. 노력이라는 게 똑같은 거를 계속 하라는 것이 아니라 어떻게 하면 자기가 조금이라도 오늘보다 더 나은 내일이 있나 발전하는 그런 생각을 많이 하는 게 도움이 많이 됩니다."

최영규는 무대에서 객석과 교감하는 공연을 할 수 있는 무용수가 되고 싶다고 말을 마쳤다.[13]

© Mirka kleemola

하은지

긍정의 발레리나

2003년 하은지는 〈에스메랄다(La Esmeralda)〉의 에스메랄다 역으로 동아콩쿠르 금상을 수상한다. 그 춤을 보고 매력에 빠져들지 않은 이가 없다. 하은지 하면 에스메랄다, 에스메랄다 하면 하은지로 불릴 정도다.

얼마 전 핀란드 국립발레단(Finnish National Ballet)은 세계적인 안무가 미하일 포킨(1880~1942)이 춘향전을 소재로 만든 발레 〈사랑의 시련(L'epreuve d'amour)〉(1936)을 리메이크(1956년)한 무용단으로 발표되면서 국내에서 화제가 되기도 했다. 핀란드에서 발레는 평일에도 대극장이 꽉 들어설 정도로 대중적이다. 하은지는 발레 사랑이 남다른 북유럽 핀란드에 한국인 최초로 입단한 인물이다.

하은지(1984년생)는 서울에서 태어났다. 네다섯 살 때부터 음악이 나오면 음악에 맞춰 느낌대로 춤을 추었다. 그녀는 어머니의 손을 잡고 간 문화센터에서 발레를 시작하게 되었다. 그녀의 아버지(하영덕)는 사업을 하시고 어머니(이미혜)는 평범한 주부였다.

하은지는 초등학교 5학년에 국립발레단 문화학교를 시작으로 재능이 빛을

핀란드 오페라극장 ⓒ 신소영

발하며 엘리트 코스를 차근차근 밟아갔다. "문화학교에서 한성희 선생님을 시작으로 김혜식·최태지 등의 선생님들께 중학교 1학년 때까지 배웠습니다. 그리고 초등학교 6학년에 1년 정도 문영철 선생님께도 배웠어요. 예원중학교를 들어가서는 김나영·김향좌·윤정림·이성희 선생님은 물론 한국예술종합학교 예비학교(현 한국예술영재교육원) 중학교 2학년 때부터 김혜식·김선희 교수님 등께 한국예술종합학교에 들어갈 때까지 배웠습니다. 서울예고에서 안윤희·이고은 선생님께 1학년 1학기까지 배우고 한국예술종합학교 영재로 합격해서 다니게 됐어요." 하은지는 한국종합예술학교 입학한 후 2002년 잭슨 콩쿠르 특별상을 시작으로 룩셈부르크·프라하·동아 콩쿠르에서 연속 금

세계를 누비는 춤예술가들

〈눈의 여왕(The Snow Queen)〉 ⓒ 핀란드 국립발레단 제공

상을 차지했다.

　그녀는 한국종합예술학교 재학 시절 해외 공연을 갔다가 미국 네바다 발레
단으로부터 스카우트 제의를 받아 2003년 8월 미국 네바다 발레단에서 활동
을 시작했다. 하지만 2004년 입단 7개월 때 사고로 무릎의 십자인대가 파열
됐다. "처음에는 크게 다친 줄 몰랐는데 도저히 일어설 수가 없어서 병원에
그대로 실려 갔죠. 수술 후 근육이 거의 없어져 원래 상태로 돌리는 데 힘이
들었습니다." 유연한 것이 장점이었던 그녀도 다리가 15도도 안 올라가 적잖
이 고생을 했다. 하지만 재활하면서 운 적은 있어도 발레 없이 살 수 없다는
것을 다시 한 번 절실히 깨달으며 9개월의 재활치료를 견뎌냈다고 한다. "발

〈인어공주(The Little Mermaid)〉 ⓒ 핀란드 국립발레단 제공

레리나에게 중요한 무릎을 수술했지만, 앞으로 무용을 할 수 있을까 하는 우려는 한 번도 안 했던 것 같아요." 긍정적인 성격으로 총 1년 6개월간의 힘든 시간을 지나 유니버설 발레단에 입단해서 착실히 자기의 입지를 다졌다.

유니버설 발레단 단원 시절에 그녀에게 기억되는 중요한 사건이 일어난다. 2007년 1월, 발레 올스타전이라고 불리는 '세계발레스타 페스티벌(예술의 전당 오페라극장, 1월 25~26일)'에 초청된 비엔나 오페라 발레단의 다닐 심킨(Daniil Simkin)은 한국의 하은지와 파트너가 되고 싶다고 요청한 것이다. 이 페스티벌은 러시아의 볼쇼이·키로프, 프랑스의 파리 오페라 발레 등 세계적인 발레단들의 주역들이 한 자리에 모이는 화려한 무대이다. 그녀는 국내에서 활동 중인 유일한 무용수로 〈파리의 불꽃〉으로 무대에 올랐다. 그리고 2007년

6월 뉴욕 국제 발레 콩쿠르에는 박귀섭과 함께 출전해서 여자 부문 금상과 남자 부문 동상을 각각 수상했다. 25개 팀이 출전했으며 먼저 서류와 비디오 심사를 거쳤다. 잘 하는 팀도 많고 한국 콩쿠르와 달리 3주에 걸쳐서 진행해서 부담감의 시간도 길었다. 또한 빨리 외워서 해야 하는 부분도 있어서 힘들었다. 이 콩쿠르를 계기로 국내파 하은지는 3년 만에 핀란드 국립발레단(Finnish National Ballet), 네덜란드 발레단 그리고 아메리칸 발레 시어터의 러브콜을 받았고 넓은 무대로 나갈 기회가 왔다. 그녀는 20대 중반이 무용수로서 굉장히 중요한 시기라 생각했다. 여러 조건을 비교하여 레퍼토리도 다양하고, 주역으로 무대에 설 기회도 많은 핀란드 국립발레단(Finnish National Ballet)을 선택했다.

그녀는 2007년 10월 핀란드 국립발레단(Finnish National Ballet)에서 일을 하기 시작해 벌써 10년이나 된다. 키가 큰 발레리나가 많은 핀란드 발레단(FNB)에서 작은 키임에도 불구하고 주역 무용수로서 충분히 그 역할을 해내고 있다. 핀란드 국립발레단(Finnish National Ballet) 케네스 그레이브(Kenneth Greve) 예술감독은 뉴욕 콩쿠르에서 그녀의 춤에 매료됐다. 뉴욕 콩쿠르에서 선보였던 컨템퍼러리 작품 〈물 위에 비친 그림자〉로 콩쿠르 종료 일주일 만에 그녀를 다시 핀란드 국립발레단(Finnish National Ballet) 무대에 세웠다.

2009년에는 핀란드 국립발레단(Finnish National Ballet) 주역이 되었고 2012년 종신단원, 그리고 2013년 최고 직책으로 오직 다섯 명에게만 주어지는 에투알이 되었다. 그녀는 "종신단원은 여성은 43세, 남성은 44세까지 발레단에 있을 수 있으며 은퇴 후 연금이 나온다."고 전했다.

핀란드 국립발레단(Finnish National Ballet)을 소개해달라고 했다. "전체 80명 단원이 있습니다. 클래스는 10시에 시작하여 5시까지 리허설을 하고 공연이 있는 날은 9시 반과 10시 클래스 중 선택해서 하고 11시부터 1시 반까지 리허설을 진행합니다. 그리고 휴식 후 오후에 오페라극장에서 공연 준비를 해요. 보통 한국보다 1시간 일찍 일을 시작하여 1시간 일찍 끝나는데 중간에 30분에서 45분 점심시간이 있지만 스케줄에 따라 달라지기도 합니다. 만약 1시간 반 이상 리허설을 할 때면 중간에 10분에서 15분 휴식을 주기도 해요. 핀란드 국립 오페라 메인 극장에서 주로 공연하고 가끔 오페라 안에 있는 작은 극장에서도 하고 야외 공연, 해외 공연 등도 있어요."

점심은 주로 발레단에서 먹는데 카페테리아가 잘 되어 있어 단원들 또는 오페라극장에서 일하는 사람들과 같이 식사한다. 그리고 단원 방 배정이 5명씩이어서 같이 방 쓰는 친구들과도 친하게 지낸다고 한다. 퇴근 후에는 발레단 친구들과 시간을 보내기도 하고 핀란드에 있는 한국 친구들을 만나기도 한다. 분위기는 가족적으로 연습할 때 서로 도와주기도 한단다.

핀란드 국립발레단(Finnish National Ballet)의 좋은 점을 묻자 다양한 장르와 좋은 작품을 할 수 있는 것과 많은 복지와 해택을 누릴 수 있다는 점이다. 발레슈즈는 기본이고 발레슈즈 리본, 고무줄, 반창고, 메이크업 도구, 헤어 제품을 다 제공 받고 1년에 정해진 한도 안에서 치료나 마사지, 치과 치료, 렌즈나 안경, MRI 촬영, 재활치료 등 많은 것을 제공받는다. 오페라와 연결된 병원이 있어서 그곳에서 진료를 무료로 받을 수 있고 발레단 안에 작은 병원도 있어 의사나 간호사의 진료를 받을 수 있다. 발레단의 클래스는 상주해 있는 선생과 게스트 선생이 2, 3주마다 번갈아 가며 수업을 진행한다. 케네스 그레이브 예술감독이 클래스를 하는 일은 거의 없고 리허설과 자신의 작품을 만드는 데 주력한다고 한다. 공연이 시작되면 그녀는 일주일에 평균 세 번 정도 무대에 선다. 공연하는 도중에도 2~3작품을 함께 연습한다.

〈호두까기 인형(The Nutcracker)〉 ⓒ 핀란드국립발레단 제공

체력적으로는 좀 힘들지만 이곳에서 다양한 작품을 접하는데 스타일이 다르고 작품을 세팅하러 오는 어시스턴트한테만 배우는 것이 아니라 거의 모든 안무가가 와서 직접 지도해주어서 너무 좋다고 한다.

이곳에서 전설적인 발레리나인 나탈리아 마카로바(Natalia Makarova)를 비롯하여 오하드 나하린(Ohad Naharin), 파트리스 바르(Patrice Bart), 웨인 이글링(Wayne Eagling), 크리스티안 슈푹(Christian Spuck), 조르마엘로(Jorma Elo) 등 유명한 안무가들을 직접 만나 교류가 하는 것이 큰 장점이라고 말한다. 그녀는 다양한 장르의 작품을 직접 추어보지 않고서는 알 수 없다, 처음에는 익숙하지 않지만 춤의 시야가 넓어진다고 했다.

2010년 하은지는 무리하여 예전에 다쳤던 무릎을 다시 수술하고 재활하는 시간을 가졌다. 그녀는 다시 무대로 돌아왔지만 아쉽게도 2012년 연말 〈호두

〈백조의 호수(Swan Lake)〉 ⓒ 핀란드 국립발레단 제공

세계를 누비는 춤예술가들

까기 인형(The Nutcracker)〉 출연 중 부상을 입어 다시 한 번 수술을 받았다. 작은 수술이었지만 미래를 위해 필요한 것이었다. 힘이 많이 들긴 했지만 정말 그만두고 싶다는 생각은 안 했다고 한다.

그리고 다시 〈백조의 호수(Swan Lake)〉(케네스 그레이브 재안무), 〈잠자는 숲속의 미녀〉(프티파 원안무, 자비에르 토레스Javier Torres 재안무), 〈미녀와 야수〉(자비에르 토레스 안무), 〈오네긴(Onegin)〉(존 크랑코 안무), 〈라 바야데르(La Bayadére)〉(프티파 원안무, 나탈리아 마카로바 재안무), 〈상승의 한가운데(In the Middle, Somewhat Elevated)〉(윌리엄 포사이드 안무), 〈멀티플리시티 : 침묵과 공(空)의 형상(Forms of Silence and Emptiness)〉(나초 두아토 안무), 〈인어공주(The Little Mermaid)〉(케네스 그레이브 안무), 〈눈의 여왕(The Snow Queen)〉(케네스 그레이브 안무), 〈세헤라자데(Scheherazade)(케네스 그레이브 안무), 〈Voluntaries〉(글렌 테틀리 안무) 등 무대에 올라 변함없이 춤을 추었다.

그녀는 몸을 소중히 하고 조심하며 신경을 많이 쓴다고 한다. "부상의 위험은 언제든 있어요. 제가 잘못하지 않아도 파트너의 실수로나 호흡이 맞지 않아 일어날 수 있거든요. 그것을 방지하기 위해 많은 리허설이 필요해요. 그녀는 몸이 허락할 때까지 무대에 설 것이라고 했다.

가장 기억에 남는 공연을 묻자, 2015년 3월에 올린 핀란드 국립발레단(Finnish National Ballet) 〈돈키호테(Don Quixote)〉 공연을 꼽았다. 자신도 주역이지만 다른 날 공연하기로 되어 있어서 같은 역을 맡은 동료의 무대를 보러 객석에 앉았다. 그런데 공연이 시작되고 얼마 되지 않아 케네스 그레이브 예술감독이 그녀가 있는 객석으로 왔다. 그날 공연의 주역 무용수가 공연 초반에 부상을 당했다. 그녀는 곧바로 분장실에서 의상을 갈아입고 한 번도 연습해본 적 없는 파트너와 공연을 했다. "제 파트너가 다쳐서 다른 무용수랑 갑

(위 아래) 돈키호테(Don Quixote)〉 ⓒ 핀란드 국립발레단(Finnish National Ballet) 제공

자기 공연한 적은 여러 번 있지만 제가 객석에 있다가 무대 위로 올라간 것은 처음이고 잊을 수 없는 기억일 것 같다."고 했다. 공연은 성공적으로 마쳤다. 핀란드는 물론 스웨덴의 신문까지 대서특필하며 언론의 주목을 받았다. 핀란드 국립발레단(Finnish National Ballet)에서 그녀는 승승장구했다. 하은지를 향한 표현을 살펴보면, 핀란드 헬싱키 일간지 ≪헬싱긴 사노마트(Helsingin sanomat)≫는 〈Voluntaries〉에서 "부드러우면서도 강함을 겸비한 무용수"로 평가했고 핀란드에서 발행되는 스웨덴어 신문인 ≪HBL≫은 〈잠자는 숲속의 미녀(The Sleeping Beauty)〉의 오로라 역에서 "어려운 기교를 잘 소화하고, 음악과 하나가 돼 춤추는 매력적인 오로라"라는 찬사를 보냈다. 해외 공연에 대해서는 마카오의 발레 매거진이 〈갈매기(The Seagull)〉(존 노이마이어)에서 가장 도드라지는 춤을 추는 무용수"라는 평가도 내렸다.[8]

어떤 역할을 맡든 그 역할에 빠져든다는 하은지는 몸도 유연하다. 그녀의 레퍼토리로 떠오르는 에스메랄다의 탬버린을 들고 다리를 들어 올려 차는 데벨로페 동작 등 다리를 드는 동작이 그녀의 주특기였다. 이제는 팔 동작의 섬세함은 물론 원숙해지면서 감정 표현까지 좋아졌다. 그녀는 표현력을 위해 상체와 팔 동작에 신경을 많이 쓰고, 표정에도 주의를 기울이며 배역을 소화해내기 위해 항상 노력한다고 한다.

핀란드 국립발레단(Finnish National Ballet) 수석 무용수인 미카엘 크르츠마르(Michal Krcmar)는 "그녀는 무대에서 너무나 자연스럽다는 게 강점이에요. 아주 환상적인 발레리나이고 멋진 사람이자 무용수예요." 한다. 핀란드 국립발레단(Finnish National Ballet) 예술감독 케네스 그레이브는 "하은지는 믿을 수 없을 정도로 연습벌레이다. 물론 신체적 재능도 뛰어나고 항상 즐겁게 춤

---

8) 연합뉴스 2009년 12월 7일자 참조.

추는데 이것이 그녀를 뛰어난 무용수로 만들어준다. 매우 영리하게 일을 한다.[9]" 그녀는 동료뿐만 아니라 핀란드 현지에서도 대중들의 인기를 누리고 있다. 하은지와 관련된 발레용품(발레슈즈)과 그녀의 사진, 캐릭터 상품들이 가장 먼저 팔린다.

그동안 그녀는 핀란드의 생활도 좋았지만 좋은 작품을 무대에 올려도 가족과 친구들에게 보여줄 수 없는 현실이 너무나 아쉬웠다고 한다. 핀란드 국립발레단(Finnish National Ballet)에 입단하고 1년가량 되었을 무렵인 2008년 그녀는 세계발레페스티벌 공연(6월 5~6일)에서 〈그랑 파 클래식(Grand Pas Classic)〉과 지리 킬리언의 〈작은 죽음(Petite Mort)〉으로 고국을 찾았다. 이후 한국 무대에 설 기회가 몇 번 있었지만 무릎 수술로 올 수가 없었다.

드디어 그녀가 2015년 한국을 방한해 '제12회 한국을 빛내는 해외무용스타 초청공연'(10~11일)에 참여했다. 7년 만에 한국의 아르코예술극장 대극장 무대에 섰고 그녀는 기뻤다고 했다.

필자는 그녀의 〈더블 이블(Double Evil)〉(요르마 엘로Jorma Elo)과 공연의 마지막을 장식한 〈돈키호테(Don Quixote)〉를 봤다. 멋진 눈빛과 통통 튀는 생동감 등으로 많은 관객들이 환호했으며 한층 성장한 그녀를 눈으로 확인했다.

2017년 핀란드 국립발레단(Finnish National Ballet)에서 하은지는 〈카멜리아 레이디(Lady of the Camellias)〉(발 카니패롤리Val Caniparoli)를 공연했다. 그리고 〈한여름 밤의 꿈〉(요르마 엘로), 〈호두까기 인형과 생쥐 왕〉(웨인 이글링Wayne Eagling 등), 〈지젤(Giselle)〉(파트리스 바르Patrice Bart), 〈돈키호테(Don Quixote)〉 (파트리스 바르) 등의 많은 공연을 마쳤다.

---

9) 2017년 〈청춘 세계로 가다〉 2017년 4월 23일 YTN 영상 참조.
　http://www.ytn.co.kr/_ln/0104_201704230554467740

그녀는 탄력 넘치는 춤, 풍부한 표정으로 북유럽의 작은 강국 핀란드에서 10년째 관객을 매료시키고 있다. 한국인 최초의 주역 무용수, 최초의 종신 단원 등의 기록은 그냥 얻어진 것이 아니다. 연습에 매달려 무엇이든 해내고 마는 노력이 빛을 발하고 있다.

"발레는 끝이 없어요. 계속해서 노력해서 앞으로 더 나아가고 내 안의 한계를 뛰어넘고 싶어요. 특별한 노력을 한다기보다 매일 꾸준한 노력을 계속하는 게 어려운 것 같아요. 쉬지 않고, 부상을 당하든, 기쁜 일이 있든, 슬픈 일이 있든 말이에요……."

E.F. 슈마허의 '작은 것이 아름답다'는 말처럼 작아서 더 아름다운 그녀인지 모른다. 깜찍한 얼굴에 작고 아담한 그녀, 긍정적으로 즐겁게 추는 모습이 매력적으로 다가온다.[14]

© Karolina Kuras

홍지민

시련을 딛고 일어서다

　　홍지민(1987년생)은 서울에서 태어났다. 초등학교 때에는 경기도 고양시에서 살다가 아버지를 따라 통영에서 잠깐 살기도 했었다. 그녀는 어린 시절에 정치가이자 시인 아버지와 방송작가 어머니로부터 예술적 영향을 받아서인지 초등학교부터 피아노, 발레, 미술, 플루트 등 여러 가지를 좋아해서 배웠다. 그러는 가운데 한양무용학원에서 만난 황지현 선생(중앙대학교 실기강사)은 그녀의 재능을 일찌감치 알아봤다고 한다.

　　발레를 좋아한 그녀는 반대가 심했던 부모님을 김리나 선생님과 함께 끊임없는 설득 후 예원학교에 진학했고 그곳에서 더 빛을 발했다. "예원학교 시절, 발레과 부장 김나영 선생님을 비롯해서 김향좌 선생님 그리고 윤정림 선생님께 발레를 배웠습니다. 2002년 중3, 열여섯 살에 홀로 캐나다 국립발레학교로 유학을 떠났고요. 러시아 발레학교도 갈 기회가 있었지만 다양한 프로그램을 배우는 학교를 선택했습니다. 캐나다 국립발레학교의 마비스 스테인스(Mavis Staines) 교장 선생님은 세계 발레계에서도 인정받은 분이었으며 이 학교는 예술가를 위한 교과 과정이 가능하다는 것이 흥미로웠어요. 그래

〈백조의 호수(Swan Lake)〉 한국을 빛내는 해외무용스타(2016) ⓒ 최시내

서 사진 수업도 받고 미술, 역사, 발레의 역사, 회화와 과학 등 여러 과목들을 배웠습니다. 저는 발레를 이바 드라우(Eva Draw), 데보라 헤스(Deborah Hess), 글렌 길머(Glenn Gilmour) 등의 선생님께 가르침을 받았고요. 특히 소렐라 엥글룬드(Sorella Englund) 선생님은 1년에 두 번 정도 학교에 오시는 객원 선생님이신데 주로 드라마와 표현(Drama and Expression)이라는 발레 연기 수업을 하셨어요. 소렐라 선생님으로부터 덴마크 왕립발레단의 주 레퍼토리인 어거스트 부르농빌(August Bournonville)의 〈라 실피드(La sylphide)〉 전막을 배웠습니다. 처음 선생님을 만났을 때부터 지금까지, 항상 저를 저보다도 더

세계를 누비는 춤예술가들

믿고, 제 예술세계에 영감을 주시며 함께 해주시는 분입니다."

홍지민은 캐나다 발레학교 졸업 학년에 악화된 건강으로, 그때부터 4년 정도 춤을 추지 못했다. 발목 건염에 시달렸고 혈액 순환도 잘 되지 않아 다리에는 퍼렇고 노랗게 핏줄이 드러났다. 외국 생활은 문화도 음식도 달라 몸이 힘들어 했는데 욕심만으로 했던 것이 무리를 가져와 전체적으로 몸 상태가 나빠졌다. 그때 의사 선생님들을 포함한 주변의 거의 모든 사람들이 그녀가 발레를 다시 못할 수도 있다고 생각했다. 이후 한국에 돌아왔고 그녀의 발레 슈즈는 더 이상 춤을 추지 않았다. 치료를 받고 있던 홍지민은 몸도 몸이지만 마음이 더 힘들었다고 한다. 자기 삶의 의미였던 춤과 꿈, 더 나아가 자기 자신을 잃어버린 것 같았다고 한다.

그녀는 빈센트 반 고흐를 좋아한다. 한국에 돌아와 무척 힘들었을 때 그녀는 울면서 자신의 방을 〈별이 빛나는 밤〉처럼 물감으로 칠한 적이 있었다. 아빠는 놀라셨지만 껄껄 웃으면서 "우리 딸은 예술가야."라고 했다고 한다. 그렇게 언제나 묵묵히 믿어주는 가족이 큰 힘이 되었다.

"소렐라 선생님은 내가 춤을 추기 위해 태어났고 특별한 예술가이기 때문에 시련과 고난이 찾아오는 거라고, 고통을 겪어 보지 못한 사람과 그 고통을 이겨낸 사람의 춤은 깊이가 다르다고, 덴마크에서 편지와 전화로 제 마음을 보듬어주었습니다." 춤추는 사람은 몸 관리도 중요하지만 마음 관리도 중요하다. 그녀는 아픈 과정을 거치면서 이런 생각을 했다. "나에게는 꼭 있어야 하는 시련이었구나, 빨리 지나가라. 이 시련에서 내가 무엇을 어떻게 해서 배울 수 있을까 긍정적으로 생각하려고 했습니다. 그리고 무조건 의사의 지시에 따라서 시키는 대로 최선을 다했어요."

그녀가 동기들보다 4년 늦게 발레단 오디션을 보러 다니기 시작할 때, 덴마크 왕립발레단(Royal Danish Ballet)은 자리가 없어서 오디션이 없다고 했다. "그렇게 유럽 발레단 오디션을 보던 중, 캐나다 국립발레단에서 연락이 왔어요. 카렌 케인(Karen Kain) 단장님께서 학교 때 저를 기억하시고, 제가 다시 춤을 춘다는 소식을 듣고 오디션도 안 본 상태에서 연수단원 계약을 제안하셨어요." 2010년 3월부터 그녀는 캐나다 국립발레단에서 생활을 시작했다. "캐나다에서 발레단과 개인적 생활도 안정이 잡혀가는데, 소렐라 선생님께서 소식을 전해주셨어요. 덴마크 왕립발레단(Royal Danish Ballet)에서 아주 오랜만에 공개 오디션이 있었는데 500명 넘는 지원자 중 여자 무용수는 한 명도 못 뽑아서 (빈) 자리가 있다고 하셨어요. 이미 캐나다 국립발레단과 다음 시즌 계약이 되어 있었지만, 오래전부터 꼭 춤추고 싶었던 발레단의 오디션 기회를 보지도 않고 포기하면 나중에 후회가 될 것 같아 덴마크행 비행기표를 끊고 오디션을 보러 갔습니다." 그렇게 홍지민은 2014년 8월부터 덴마크 발레단에서 새로운 시작을 하여 지금 네 번째 시즌을 맞이하고 있다.

덴마크 왕립발레단(Royal Danish Ballet)은 1726년에 설립되었으니 세계에서 두 번째로 오래된 발레단으로 역사가 굉장히 깊은 발레단이다.10) 덴마크 왕립극장(The Royal Danish Theatre)은 올드 스테이지(The Old stage), 오페라 하우스(The Opera House), 덴마크 왕립 플레이하우스(The Royal Danish Playhouse)로 구성되어 있다. 발레단은 가장 오래된 극장인 올드 스테이지(1748년 건립)에 상주한다. 모든 연습과 공연은 이 극장에서 이루어지며, 일 년에 한 번씩 오페라 하우스와 플레이 하우스 무대에 오른다.

---

10) 파리 오페라 발레단 1671년, 덴마크 왕립발레단 1726년 창설—왕실극장 건축된 후 1748년 정착, 마린스키 발레단 1740년대, 스웨덴 왕립발레단(Royal Swedish Ballet) 1773년, 볼쇼이 발레단(Bolshoi ballet)이 1780년에 설립되었다.

세계를 누비는 춤예술가들

ⓒ Selina Meier

　덴마크 왕립발레단(Royal Danish Ballet)은 연습실과 공연장이 같은 건물에
있어 무대 리허설도 더 많이 할 수 있다는 장점이 있다. 캐나다 국립발레단
은 극장을 오페라단과 같이 쓰기 때문에 연습은 극장이 아닌 따로 떨어진 발
레단 건물에서 하고 공연이 있을 때만 극장으로 옮겨 간다. 홍지민의 말을
들어보면, 모든 연습을 완성도 있게 마치고 무대에 오르는 것을 캐나다 발레
단에서 배웠다면, 여러 작품이 같은 시기에 올라가는 덴마크 발레단의 일정
안에서는, 길지 않은 연습 기간에 완성도 있는 무대를 위한 집중력을 갖추게
된다고 한다.

　　　　　　　　　　　　　　세계를 누비는 춤예술가들

〈내장(Viscera)〉(홍지민, 율릭) 한국을 빛내는 해외무용스타(2016) ⓒ 최시내

　　하루의 시작은 어느 발레단과 마찬가지로 발레 클래스로 시작하며 월요일 부터 토요일까지 거의 같은 일정이다. 공연이 있든 없든 항상 오전 9시 55분 부터 11시 15분까지 발레 수업이 있다. 홍지민은 보통 9시 이전에 극장에 출 근해 몸을 풀고 클래스 준비를 한다. 그리고 11시 25분부터 1시 15분까지 리 허설이고, 1시 15분부터 2시까지 점심시간, 2시부터 4시까지 연습을 한다. 4 시 15분부터 6시 15분까지 추가 연습이 있을 때도 있다. 그리고 공연은 8시 부터 한다.

⟨Rystet Spejl⟩ ⓒ Per Morten Abrahamen

세계를 누비는 춤예술가들

그녀는 별도의 운동으로 필라테스와 요가를 한다. 필라테스는 보통 발레 수업 전이나 리허설 쉬는 시간에 하고, 발레단 연습이 끝나면 요가를 하러 간다. 요즘에는 펠덴크라이스(Feldenkrais)를 시작했다. 몸을 좀 더 섬세하게 움직이는 데 도움을 주는 운동이라고 한다. 시즌 오프 때에는 자이로토닉, 필라테스, 그리고 아쿠아 트레이닝을 병행하면서 몸의 균형을 잡는다.

요즘 출근할 땐 가방에 뭘 챙기는가를 물었다. "극장 분장실은 무용수 2인이 쓰는 방인데, 거기에는 세면대와 작은 침대까지 갖춰져 있는 저희만의 공간으로, 제 집보다 제 물건들이 많은, 극장의 제 방입니다. 그래서 가방 안에는 극장출입카드, 분장실 키, 지갑, 핸드폰, 헤드폰, 립밤만 들고 다닙니다." 홍지민은 자전거를 타고 출근하기 때문에 자전거 바구니에 텀블러에 든 차와 과일을 담아 온다고 했다.

홍지민의 강점은 서정성이라고 사람들이 말한다. 그런 이유를 묻자 어려서부터 음악을 좋아해서, 음악성이 좋은 것이 장점이라고 하였다. 캐나다에서도 덴마크에서도 시간 날 때마다 교향악단 콘서트에 간다는 그녀이다. 그래서 그녀는 춤을 출 때 음악이 어떻게 추어야 하는지 말해준다고 한다. 순간 그녀가 좋아하기도 하지만 공을 들여 취미 생활을 가꾸어 나간 것이 그녀의 좋은 감각을 더 불러일으키는 게 아닌가 하는 생각이 들었다.

"표현력이 좋은 건, 음악을 따라가고 거기에 저를 맡기는 모습 때문에 사람들이 그렇게 보는 것이 아닐까요?"라고 그녀는 말했다.

신체의 어떤 조건이 좋은지를 물으니 턴아웃이 잘 되어 있고 유연하지만, 그만큼 그 턴아웃과 유연성을 컨트롤 하는 힘을 기르는 노력이 더 필요하기도 하다고 한다.

덴마크 발레단에 입단해서 좋은 점은 일단 발레단이 전통이 깊고, 부르농빌이라는 뿌리가 있다고 하며 그 뿌리와 함께 또 다른 작품들을 접할 수 있는 기회가 많다고 한다.

현재 덴마크 왕립발레단(Royal Danish Ballet)의 예술감독은 니콜라이 휘베(Nikolaj Hübbe, 1967~)이다. 그는 덴마크인으로 덴마크 왕립학교를 졸업했으며 뉴욕시티 발레단에서 프린서펄로 활동했다. 뉴욕시티 발레단에서 활동한 경력이 있는 필자는 그가 전통발레는 물론 다양한 종류의 발레에도 식견이 있으리라는 생각이 들었다.

그녀는 자유로운 분위기 속에서 무용수가 자기계발을 할 수 있는 방법이 여러 가지가 있고 유럽 중심에 있어서 여러 가지 문화를 접할 기회가 많다는 장점도 있다고 한다.

기억에 남는 공연을 묻자, 2016년 여름에 14년 만에 한국에서 처음으로 공연한 '해외무용스타 초청공연' 무대를 손꼽았다. 프로 발레리나가 되기까지 길이 순탄하지 않았고, 항상 함께해주고 도와주신 많은 분들이 많았는데 감사함을 춤으로 전할 수 있었다고 한다. 그리고 그 공연을 준비하면서 캐나다에 계시는 에블린 하트(Evelyn Hart) 선생과 다시 함께 연습할 수 있었던 것도 행복했다고 한다.

발레단 공연들 중 가장 기억에 남는 건, 덴마크 왕립발레단(Royal Danish Ballet) 첫 시즌에 공연한 덴마크 안무가 하랄 라네르((Harald Lander)의 〈에튀드(Études)〉와 오거스트 부르농빌의 〈라 실피드(La sylphide)〉 공연이다. 그리고 1836년 덴마크 왕립극장에서 초연[11]된 후 수차례 제가 발을 딛고 있는 그

---

11) 매혹적인 낭만발레 부르농빌의 〈라실피드(La Sylphide)〉는 1836년 11월 28일 덴마크에서 초연되었으며 그의 매력적인 제자 루실그랑(Lucile Grahn)이 맡았다. 필립포 탈리오네가 그의 딸을 위해 1832년 만든 프랑스의 원작 〈라실피드〉와 달리 제임스 역 남성의 춤을 부각시켰고 슈니츠호퍼의 음악 대신 헬만 뢰벤스크졸트(Herman Lovenskjold)의 음악을 사용했다. 이찬주(2000), 『춤—all that dance』, 이브출판, p. 350.

© Karolina Kuras

홍지민

무대에서 수많은 무용수들이 춤 춰왔던 그 발레들을 그 자리에서 춤추고 있다는 생각에 소름이 돋았다고 한다. "저번 시즌에 저희 발레단 프로그램 중 자이언트(Giant Step)이라는 프로그램으로 〈트리플빌〉 공연이 있었는데, 저는 그때 아크람 칸(Akram Khan)의 〈버티컬 로드(Vertical Road)〉와 지리 킬리언(Jiri Kylian)의 〈폴링 엔젤스(Falling Angels)〉를 췄습니다. 두 작품을 20분의 쉬는 시간 앞뒤로 췄는데, 제 한계를 매일같이 조금씩 늘려가는 연습기간과 또 공연기간은 정말 소중한 경험이었고 기억에 많이 남습니다."

오귀스트 부르농빌(1805-1879)의 교수법은 이탈리아의 체케티, 러시아의 바가노바, 영국의 RAD(Royal Academy of Dance)와 함께 세계 4대 교수법(method)에 속한다. 오귀스트 부르농빌은 1829년부터 1877년까지 예술감독으로 덴마크 왕립발레단(Royal Danish Ballet)을 이끌었으며 화려한 무용과 표정이 풍부한 무언극을 바탕으로 하는 덴마크 발레 양식을 확립했다.[12] 필자는 덴마크의 가장 오래된 극장에서 발레가 터를 잡고 그들의 전통을 지켜나가고 있었다고 느껴졌다.

이제는 홍지민은 덴마크의 생활도 어느 정도 적응이 되었고 아침에 출근할 때 극장 앞을 지나갈 때면 이 생활을 할 수 있다는 것에 항상 감사한 마음이 든다고 한다. 그녀는 처음에는 발레단만 보고 와서 코펜하겐에서 어떤 생활을 할지 생각도 못했는데, 운이 좋았다고 한다. 코펜하겐에 있으면 마음이 편하고, 자전거를 타고 출퇴근하는 것도 좋고, 여유 있고 평화로운 분위기가 자신과 잘 맞는 듯하다고 한다.

이번 시즌을 시작하면서 홍지민은 덴마크 왕립발레단(Royal Danish Ballet)

---

12) 앙트완 부르농빌(Antoime Bournonville : 1760~1843)이 예술감독을 맡았을 때 그의 아들 오귀스트 부르농빌(August Bournonville)은 파리오페라 발레단 단원이자 덴마크 발레단의 객원무용수로 활동하기도 했다.

의 종신단원이 되었다. 그녀는 2017년에 계획된 다음 공연을 앞두고 있었다.

덴마크 왕립발레단(Royal Danish Ballet)은 지리 킬리언의 4개 작품을 공연하는 프로그램으로 〈시편교향곡(Symphony of Psalms)〉, 〈사라방드(Sarabandes)〉, 〈폴링 엔젤스〉, 〈27분 52초(27' 52")〉를 준비하고 있다. 그녀는 〈폴링 엔젤스〉와 〈27분 52초〉에 출연한다. 그리고 그 연습과 함께 이번에 니콜라이 휘베 예술감독 버전의 〈레이몬다〉 작품이 세계 초연되는데, 거기서 클레먼스(Clemence) 역을 맡았다. 그래서 고전발레인 〈레이몬다〉와 모던발레인 킬리언의 작품을 함께 접해서 행복하다고 한다. 이번 시즌에는 작년에 했던 아크람 칸의 〈버티컬 로드〉에 다시 출연한다. 겨울에는 발란신의 작품과 〈호두까기 인형(The Nutcracker)〉 공연이 있고, 그 후에는 〈백조의 호수(Swan Lake)〉, 그리고 영국인 안무가 리엄 스칼렛(Liam Scarlet)이 발레단에 와서 전막 발레를 안무하고 시즌 막바지에는 부르농빌 축제가 있다.

2016년 한국 방문 당시, 홍지민은 부상 후의 재기에 성공한 인터뷰가 화제가 되어 어떤 학교 선생님은 청소년기 극복에 관한 주제로 수업시간에 그녀의 이야기를 소개한다. 부상에 대한 그녀의 생각을 물었다. 기초를 잘 다져도 부상의 위험이 따르는데 반복적인 동작이 이유가 될 때도 있고, 사고가 있을 수도 있다. 가장 큰 것은 부상에 대한 두려움을 떨쳐내는 것이었다고 한다. 오랫동안 쉬어야 했었기 때문에, 또 그런 일이 생길까봐 무섭기도 했다고 한다. 하지만 인생도 그렇고 춤도 그렇고 두려움을 안고는 제대로 한 발자국도 나아갈 수 없는 걸 알기에, 과거를 보내고 현재를 살아가는 노력을 한다고 한다.

홍지민은 후배 발레리나들에게 해주고 싶은 말을 건넸다. 살가운 느낌이 담겨 있었다.

"다른 사람과 자신을 비교하지 마세요. 모든 사람은 각자의 타임라인이 있습니다. 내 길을 뚜벅뚜벅 걸으면서 내가 나를 포기하지만 않으면 아무리 돌아간다고 해도 꼭 목적지에 다다를 수 있을 것입니다. 내가 할 수 있다는 것에 대한 믿음을 가져야 합니다. 그리고 연습실과 무대 밖의 내 삶도 들여다보세요. 내가 평소 어떤 생각을 하고, 어떤 말을 하며, 어떠한 감정들이 오고 가는지요. 내 삶이 무대에 고스란히 나오게 되어 있다고 생각해요. 다른 사람의 마음을 움직일 수 있는 예술가들은, 그들의 삶의 향기가 아름다워 다른 사람들에게까지 전달될 수 있습니다."

홍지민은 그녀의 마음을 항상 가고 싶은 길로 이끌어주는 글귀가 있다. 무위당 장일순 선생[13]의 "잘 쓰려는 생각을 싹 버린 마음으로 쓰라는 것이다. 거기 생각은 하나도 없고 다만 정성만이 있는 상태라고나 할까. 남이 어떻게 생각할까 이런 생각이 들면 바로 붓을 꺾어야 해."라는 말이다. 모든 게 비워지고 "정성만이 있는 상태"로 삶을 살아가고 싶고 마음이 흔들릴 때면 이 글귀를 읽는다.

그녀의 말에서 그저 곧게 걸어가는 그녀의 모습이 보이는 듯했다.[15]

---

13) 장일순(張壹淳, 1928~1994). 대한민국의 사회운동가, 교육자이며 생명운동가이다. 도농 직거래 조직인 한살림을 만들었고 생명운동을 했다. 출처_위키백과사전. https://ko.wikipedia.org/wiki/%EC%9E%A5%EC%9D%BC%EC%88%9C

〈돈키호테(Don Quixote) - 에스파다〉 ⓒ 정한솔 제공

정한솔

비상하는 작은 거인

현재 조프리 발레단에서 활약하고 있는 정한솔, 그는 2017년 제14회 '한국을 빛내는 해외무용스타 초청공연'에서 〈파리의 불꽃〉이란 작품을 통해, 540도 회전 기술을 선보이며 관객의 시선을 사로잡은 젊은 춤꾼이다. 정한솔은 들던 대로 좋은 인상을 가진 청년이었다. 인상이 참 좋다고 말을 건네자 정한솔은 수줍은 미소를 지으며 손을 가로 저었다. 그 모습 또한 풋풋하고 순수하게만 느껴졌다. 우선 그에게 평소 궁금했던 것부터 질문했다. 정한솔에게 언제 어떻게 무용을 시작하게 되었는지 물으니, 다섯 살 무렵 TV 속 발레 공연을 보고 무용을 시작하게 되었다고 말했다. 어린 정한솔은 무대에 오른 눈부신 왕자님에게 마음을 빼앗겼다고 한다. 그리고 곧장 어머니를 졸라, 당시 광주 신세계 백화점 문화센터에서 발레를 시작했다. 그는 그 길로 국립발레단의 영재원에서 1년을 거쳐 선화예중과 예고를 졸업하였다.

정한솔은 실력도 출중했다. 고등학교 2학년 재학 시에는 서울 국제콩쿠르, 코리아 국제콩쿠르, 동아콩쿠르와 발레협회에서 주최하는 콘테스트에 출전했고, 동아콩쿠르에서는 학생부 1위와 발레협회에서는 금상이라는 쾌거를 거두

어린시절 ⓒ 정한솔 제공

었다. 하지만 그에게 늘 좋은 일만 있었던 건 아니었다. 정한솔이 서울 국제콩쿠르에 참가하는 날에 어머니(이영미)가 위암으로 수술을 받기도 했다. 그는 어머니의 병환이 자신을 단단하게 다져주었다며 지난날을 회상했다. "사실 제 집안에는 예술하는 사람이 없어요. 사촌 형이 한 명 있는데, 제가 무용하는 모습을 보고서 따라 현대무용을 시작했죠."라고 말했다. 예술가 집안에서 많은 훌륭한 예술가가 나오는 법이지만, 정한솔의 경우는 달랐다. "열심히 하는 것은 아버지(정현준)를 닮은 것 같아요."라는 그의 말처럼, 정한솔은 자신의 의지와 노력, 부모님에게 물려받은 끈기로 이 자리까지 온 것이다. 하지만 부모님을 닮아 아쉬운 것도 있다고 했다. "사실 제가 키가 참 작아요. 열심히 노력해도 신체 조건은 어떻게 할 수 없잖아요."라며 아쉬움을 표했다.

정한솔은 고등학교 재학 당시 이준규 선생의 도움으로 코리아국제콩쿠르, 동아콩쿠르, 발레협회 등 여러 콩쿠르에 참가해 상을 받았고, 그로부터 얻은 자신감으로 한국예술종합학교의 시험을 봤다. 하지만 입학시험에 탈락하여 아쉽게 진학하지는 못했다. 시험에 탈락한 이유로는 실력이 가장 큰 비중을

세계를 누비는 춤예술가들

차지하겠지만, 그는 그의 작은 키도 마음에 걸렸다고 한다. 정한솔은 원하는 대학에 진학하지 못해 속이 많이 상했지만, 다시 마음을 가다듬고 세종대에 입학하게 되었다. 그리고 그곳에서 서차영 교수를 만나 다양한 경험을 쌓게 되었다. 정한솔은 대학교 2학년 재학시절에는 2012년 러시아 페름 아라베스크 콩쿠르(파이널), 2012년 코리아 국제콩쿠르에, 3학년 때는 모스크바 콩쿠르(파이널), 4학년 때는 잭슨 콩쿠르에 참가

조프리발레단 연습실 ⓒ 정한솔 제공

하여 금상을 받았다. 그는 그간의 실력과 성과를 인정받아 일찍이 대학 2학년 때 군 면제 혜택을 받았다고 한다. "잭슨 콩쿠르에 참가해서 한국인 최초로 금상을 받았어요. 저에게는 작은 키라는 콤플렉스가 있지만, 늘 그 부분을 염두에 두고 노력했기 때문에 제가 이 자리까지 올 수 있었던 것 같아요."라고 정한솔은 얘기했다. 그도 그럴 것이 남들보다 부족한 부분을 채우기 위해, 피루엣도 남들이 다섯 바퀴를 돌면 자신은 무조건 여덟 바퀴를 돌았다고 한다. 정한솔을 보며 노력과 의지가 신체 조건도 뛰어넘을 수 있다는 것을 느꼈다.

〈해적〉 ⓒ 정한솔 제공

　정한솔이 출전한 잭슨 콩쿠르는 4년에 한 번씩 열리는 유명 콩쿠르 중 하나이다. 그는 1학년 때는 19세의 나이로 나이 제한에 걸려 콩쿠르에 나가지 못했다고 한다. 그리고 3년을 기다려 참가한 잭슨 콩쿠르를 통해 해외 진출을 꿈꾸게 되었다. 2014년에 출전한 이 콩쿠르에는 조프리 발레단의 예술감독 애슐리 휘터(Ashley Wheater)가 심사위원으로 나왔는데, 이때 정한솔이 1등을 거머쥐었으며, 이에 스칼라십처럼 애슐리 휘터의 선택을 받게 되었다. 정한솔은 이듬해인 2015년 7월 조프리 발레단과 계약을 하고 시카고로 떠나게 되었다. TV 속 무대에 선 왕자님을 선망하던 어린 소년의 꿈이 이루어진 것이다.

시카고에 도착한 정한솔에게 닥친 문제는 의사소통이었다. 처음에 거주할 곳을 찾던 그는 친척이 연결해준 부동산의 소개를 받고 조프리 발레단 바로 근처에서 살았다고 한다. 정말 호텔처럼 잘 갖춰진 숙소의 월세는 무려 1,726달러에 달했다. 적지 않은 큰돈이었지만 주변의 시세에 대해 전혀 몰랐기 때문에 일 년간을 그곳에서 지냈다. 시카고에서 어느 정도 살다가 알게 된 얘기였지만, 그의 친구들은 그가 정말 돈이 많은 부자인 줄 알았다고 한다. 현재는 교회에서 만난 한국인 친구와 적당한 가격의 집으로 옮겨 함께 살고 있다. 출근할 때는 지하철을 이용하여 웨스턴 역에서 조프리 발레단이 있는 워싱턴 역까지 여섯 정거장 정도를 거친다. 아무것도 모르고 무작정 시카고에 도착해 부촌에 살던 청년은, 이제 시카고의 생활에 적응하여 또 다른 인생을 살아가고 있다.

정한솔에게 현재 몸담고 있는 조프리 발레단에 대해 소개해달라고 말했다. 조프리 발레단은 1956년 뉴욕에서 결성되어, 문화예술을 발전시키려는 시카고의 노력으로 1995년 이곳으로 옮겨왔다고 한다. 시카고에서는 〈호두까기 인형(The Nutcracker)〉 공연이 11월 말부터 12월까지 잡혀 있고, 정한솔은 크리스마스 시즌 약 31회 정도 무대에 오르는데, 매번 극장이 관객들로 꽉 차는 것이 처음에는 정말 신기했다고 한다. 지금은 이 모든 게 예술과 문화를 사랑하는 시카고 사람들 덕분이라는 것을 알게 되었다고 한다. 정한솔은 조프리 발레단의 이야기를 이어갔다. 조프리 발레단의 정단원은 대략 43~45명이며, 세컨드 컴퍼니는 열 명 정도라고 한다. 〈지젤(Giselle)〉 전막을 공연할 때는 조프리 스쿨에서 고학년 학생들이 군무진으로 참여하기도 한다고 하니 그 규모가 어느 정도인지 짐작되었다.

조프리 발레단의 하루 일과는 일찍 시작된다. 오전 9시 45분에 클래스가 시작해 11시 15분에 끝나고, 15분 정도 휴식을 취한 뒤 11시 30분부터 오후 2시 30분까지 클래스가 이어진다. 그리고 2시 30분부터 1시간 동안은 점심 식사 시간이다. 식사가 끝난 뒤부터 6시 30분까지는 리허설을 한다. 드물게 공연 연습이 없는 날은 3시 30분에 하루 일과가 종료될 때도 있다고 한다. 정한솔은 조프리 발레단이 한국 발레단과 다른 이유가 또 있다고 했다. "색 다른 것은 급여가 주급으로 지급된다는 거예요. 매주 통장에 돈을 넣어줘요." 라며 웃었다. 조프리 발레단은 등급도 없고 승급시험도 없다고 했다. 하지만 각자 맡은 배역에 따라 주급은 다르게 책정된다. 정한솔은 올해 9월부터 조 프리 발레단 입단 3년차가 된다. 2년차부터 주급이 많아져 조금씩 오르고 있 다고 한다. 그는 점프와 회전, 그의 시그니처와 같은 540도 회전처럼 역동적 인 움직임이 장점이다. 이 장점을 살려 모던 발레 공연에서는 다양한 시도를 즐기며, 클래식 공연에서는 솔리스트 단계의 역할을 맡고 있다.

정한솔은 조프리 발레단에 입단한 2015년부터 2016년까지는 9월 〈마마투 스〉를 시작으로, 10월에는 존 노이마이어의 〈실비아〉에서 목동과의 파티 신 을, 12월에는 〈호두까기 인형(The Nutcracker)〉에서는 프리츠, 스노우 왕자, 쥐, 중국차 역할을 맡았다. 지리 킬리언의 〈포가턴 랜드(Forgotten Land)〉에서 는 핑크와 애쉬튼을, 〈신데렐라〉에서는 제터 역을 맡아 열연했다. 2016년부 터 2017년까지는 파스토르(Pastor)의 〈로미오와 줄리엣〉에서 몬테크리스토맨 1과, 크리스토퍼 윌던의 〈호두까기 인형(The Nutcracker)〉의 새 버전에 참가했

(위)
〈Joy〉 안무가
알렉산더 에이크만과
조프리발레단 연습실
(아래)
조프리발레단 연습실
ⓒ 정한솔 제공

정한솔

고, 웨인 맥그리거의 〈인프라〉에서는 조나단 역을, 〈마닌예즈〉에서는 레드보이의 역을 맡았다. 조프리 발레단의 예술감독 애슐리 휘터는 샌프란시스코 발레 세컨드 컴퍼니와 아카데미 디렉터를 지냈다. 그가 선호하는 작품 성향은 유리 포소코브의 〈미라클러스 만다린〉, 크리스토퍼 윌던의 〈신데렐라〉, 휴스턴 발레 단장의 안무 〈마닌예즈〉를 무대에 올린다. 정한솔은 조프리 발레단의 가장 큰 장점은 〈만다린〉, 〈조이(Joy)〉, 〈마마투스〉, 〈티칭 포인트〉 등의 초연을 만난 것처럼, 지속적으로 새로운 창작 모던발레와 클래식발레를 골고루 접할 수 있는 기회가 주어진다는 것을 꼽았다.

정한솔에게 조프리 발레단에서 어려운 점은 없었는지 물었다. 그는 평소 접해보지 못했던 모던발레가 어려웠다고 한다. 한국에서 국제콩쿠르에 출전했을 때 현대무용도 해봤지만, 모던발레는 많이 접해보지 않아 생소했다고 한다. 그는 자신의 몸을 어떻게 움직이고 써야 하는지가 어려웠다고 한다. 한국에서는 방법 자체를 알려주지만, 이곳에서는 스스로 자신의 것을 표현해보라고 지시했다. 정한솔은 자신의 발레가 무엇인지부터 생각해야 했다. 발란신 작품 역시 한 번도 겪어보지 못한 스타일이었다. 새로운 장르에 적응하는 것도 버거운데, 자신만의 스타일을 만들어내야 하니 더욱 적응하기가 어려웠다. 정한솔은 한국에서 주로 러시아 스타일을 배워왔고, 시카고에서 새로운 미국 스타일을 접했다. 러시아 스타일과 미국 스타일은 기본적으로 아예 다른 느낌으로 그에게 어려움을 안겨주었다. 조프리 발레단의 예술감독 애슐리 휘터(Ashley wheater)는 스코틀랜드 출신이다. 그리고 마스터는 니콜라스 블랑코(Nicolas blanc), 아담 블라이드(Adam Blyde)로, 블랑코는 프랑스 출신으로 클래스도 프랑스풍이 많이 섞여 있고 다른 마스터는 미국인이다. 그 외 발레미스트리스로 수잔 로페즈(Suzanne Lopez)가 있다.

조프리 발레단 단원들과 함께 ⓒ 정한솔 제공

그래서 발레단에서는 프랑스와 미국 스타일이 섞여 있어 발과 팔을 자유롭게 많이 쓰는 것을 선호하고, 예술감독은 콕 집어 말하긴 어렵지만 그만의 스타일이 있어 흥미로운 편이라고 한다. 이들은 새로운 시도를 다양하고 폭넓게 하기 때문에, 정한솔 자신의 스펙트럼도 덩달아 넓어지는 것 같다고 한다. 하지만 그 과정은 쉽지 않았다. 머리로는 이해하기 쉬워도 몸으로 받아들이기란 여간 어려운 일이 아니기 때문이다. "사실 춤이라는 것은 발만 담그고 뺄 수가 없잖아요. 아주 깊이 들어가야지만 몸에 배어 드러나는 거니까요. 그래서 연습을 죽어라 했어요. 남들보다 더 많이, 더 오래 연습했어요. 동작을 머리로 그리면서 생각하고 다시 몸으로 표현했죠."라며 그가 웃어 보

〈호두까기 인형(The Nutcracker) – 러시아춤〉 ⓒ 정한솔 제공

　　　　　　　　　　　　　　세계를 누비는 춤예술가들

였다. 지금처럼 편안하게 웃기까지 얼마나 피나는 노력을 해왔을까 싶어 기특하면서도 마음이 아렸다. 수년간 몸에 밴 스타일을 바꾸기 위해 정한솔은 다른 단원보다 몇 배의 노력을 해왔을 것이다.

그에게 조프리 발레단의 스타일에 대해 더 물었다. 그는 앞서 얘기한 것처럼 팔을 많이 이용하는 부분이 혼란스러웠다고 한다. 정한솔이 배워왔던 러시아 스타일은 신체의 모든 부분을 규격대로 정확하게 이용한다. 실제로 그가 글리사드(glissade-5번 자세에서 미끄러지는 스텝)와 아쌍블레(Assemble-한 발로 차서 양발이 동시에 모아서 착지하는 동작)에서 팔의 위치는 어느 정도가 제일 좋은지를 규격화해서 배웠다. 그런데 미국은 전혀 이런 부분을 신경 쓰지 않는다. 팔은 그저 무용수가 쓰고 싶은 대로 쓰면 그만이다. 미국 스타일이 중점을 두는 것은 '아름다움' 그 자체에 있다고 한다. 규격보다는 미의 추구, 감성의 전달을 더 신경 쓰는 것이다. 정한솔의 설명을 들으면서 자신의 몸에 딱 맞게 정해진 것을, 새로운 방식에 맞춰 수용하고 바꿔가는 것이 얼마나 어려웠을까 싶었다. 그리고 미국은 동작이 조금 더 빠르다. 탄쥬(Tendu-발을 포인트로 밖으로 뻗었다 들어오는 동작)를 해도 좀 더 빠르게 쓴다. 음악을 좀 더 당겨서 쓰기 때문이다. 정한솔은 한국에서 정박을 주로 쓰며 그것이 몸에 배어 있었는데, 이곳은 엇박을 쓰고 심지어 음악도 당겨서 쓰기 때문에 어려웠다고 한다. "테크닉을 멋지게 선보이려 할 때, 저는 주로 정박에 맞춰 춤을 췄기 때문에 엇박 자체가 어색했어요."라며 정한솔은 몸의 반응을 바꾸어내는 스타일의 변화가 어려웠고, 또 가장 그에게 큰 부분이었다고 말해주었다.

그에게 요즘 시카고 생활이 어떤지를 물었다. 처음에는 브라질 출신의 에디슨 바라도사(22세)가 많은 도움을 주었다고 한다. 정한솔은 에디슨 바라도사의 세컨드로 들어가서 동작을 외웠는데, 의사소통이 이루어지지 않아 정말 답답하고 힘들었다고 그때를 회상했다. 그때는 'Sorry', 'Thank you', 'Hello.'만 주구장창 말했다고 한다. 하지만 의사소통의 벽을 뛰어넘고, 두 사람은 춤으로 대화를 했다. 정한솔은 그에게 동작의 디테일한 부분부터 순서, 박자, 카운트에 큰 도움을 받았다고 한다. 지금은 그를 비롯하여 모든 단원들과 친하게 잘 지내고 있으며, 점심도 함께 먹을 정도로 가까운 사이가 되었다. 어떤 걸 주로 사 먹는지도 궁금했다. 주로 15불 정도 주면 사먹을 수 있는 판다 익스프레스에서 중국 음식인 볶음밥이랑 오렌지 치킨을 먹거나, 콜롬비아 샌드위치로 점심을 해결하고, 저녁에는 모두 모여 칵테일이나 맥주를 즐긴다고 한다. 조프리 발레단은 여러 국적의 단원들이 많이 모여 있는데 스페인, 브라질 등의 미국 외 국가 출신들이 많아서 서로 잘 챙겨주는 편이라고 한다. 가끔 한국이 그리울 때면 삼겹살을 파는 한국 식당에도 가고, 한국 카페나 한국 영화 상영관도 찾는다. 정한솔은 어렸을 때부터 아침에는 꼭 밥을 먹던 습관이 있어, 밥과 김치를 먹은 다음에 열심히 양치질을 하고 연습에 참가한다고 한다. 그래도 요즘은 외국에서도 김치가 많이 받아들여진 것 같다고도 한다.

인터뷰를 마치기에 앞서 그에게 미래의 정한솔을 꿈꾸는 후배들을 위한 한마디를 요청했다. 그는 기본과 테크닉을 함께 중요하게 생각해야 하며, 클래스와 연습을 소홀히 하지 말라고 전했다. "저는 아직도 턴아웃이 잘 안 돼요. 골반이 약간 말려 있어서 그런 것 같긴 한데, 늘 기본이 일정 수준까지 도달해 있을 수 있도록 꾸준히 연습해요."라고 본인의 경우를 예를 들어 설명했다. 그의 눈이 빤짝거리며 빛났다. 정한솔은 지난해 시카고로 들어오며 바람이 너무 세차게 불어, 비행기가 착륙하지 못해 기내에서 30분간 머무른 적이 있었다고 했다. 말 그대로 '윈디 시티(Windy City)' 시카고였다.

〈악마의 선율 파가니니〉(2017, 김지안 안무) ⓒ 박귀섭

정한솔은 바람의 도시에서 창과 방패처럼 기본과 테크닉을 겸비하고, 더 높게 날아오를 준비를 하고 있다. 인터뷰를 마치며 바라본 그의 뒷모습은 어떤 무용수보다 더 크고 높게만 보였다. 작은 거인 정한솔, 그가 시카고를 넘어 더 높게 비상할 그날을 기원하며, 젊은 무용수에게 응원의 마음을 담아 지면에 함께 실어본다.[16]

6장
자유로운
실험 정신

〈지젤(Giselle)〉 ⓒ 와이즈발레단 제공 / 김윤관

김세연

뮤즈에서 안무가로의 발돋음

　　김세연은 탁월한 신체 조건과 춤 실력으로 유수의 발레단을 두루 거쳤다. 2017년 6월 그녀는 〈죽음과 여인〉을 선보이면서 안무가로서 새롭게 시도하고 있다. 2017년 그녀는 마포문화재단 10주년 기념공연 〈지젤(Giselle)〉 주역으로 9월 15일 무대에 오르려 고국을 찾았다. 스페인으로부터 귀국해서 그녀는 곧바로 와이즈 발레단(단장 김길용) 연습실로 왔다면서도 힘든 내색 없이 적극적으로 인터뷰에 응해줬다. 필자는 인터뷰 도중 그녀의 묘한 매력으로 이끌려 가고 있다는 생각이 들었다.

　　김세연은 서울에서 딸 부잣집의 다섯째 막내로 태어났다. 어린 김세연은 TV에서 체조의 여왕을 보았다. 1976년 몬트리올 올림픽에서 최초로 10점 만점을 기록한 루마니아의 체조 선수 나디아 코마네치다. 어린 김세연은 바로 그런 선수의 동작을 따라 하고 구르기도 하고, 몸을 늘리는 스트레칭도 좋아하는 아이였다고 한다. 그녀에게 무용을 어떻게 시작하게 되었는지 물으니, 학동초등학교 2학년 때 친구 집에서 생일 파티를 하던 중 무용학원 간다는 친구를 따라 갔다가 시작하게 되었다고 말했다. 그래서 논현동에 있는 이화

〈돈키호테(Don Quixote)〉ⓒ 유니버설 발레단 제공

　　　　　　　　　　　　　세계를 누비는 춤예술가들

무용학원 김금선(김미연) 선생에게 발레를 배웠고 선화예술학교에 입학했다. 선화예술학교 제2회 졸업생이던 김금선 선생의 영향으로 그곳을 진학한 걸로 기억했다. 선화예술학교에서 그녀는 주디 브린·최민화·김인희 선생에게 수업을 받았다. 그리고 중학교 2학년 때 워싱턴 키로프아카데미를 가기 위한 개인 오디션의 기회가 주어졌다. 김세연, 이원철이 러시아의 명성 높은 심사위원들에게 뽑혔다. 이것이 처음 열리는 오디션이었는지 궁금했다. 전(前) 학년에서는 황혜민, 그리고 그 전에 강예나, 그 후에 엄재용도 선정되었다고 한다. 선화예술학교의 지원이 현재 한국의 세계적인 발레리나들의 기초를 다지는 발판이 되었다는 생각이 들었다.

그곳에서 올레그 비노그라도프와 그의 부인이 교장과 교감으로 계셨고 담임은 알라 시조바 선생님으로 마린스키 발레단과 키로프 발레단에 계셨던 저명한 스승들로부터 5년간 사사하고 고등학교를 마쳤다. 그리고 졸업과 동시에 유니버설 발레단의 입단을 권유받고 오디션을 통해 들어갔다. 그녀는 유니버설 발레단과 98년 여름에 계약하고 99년에 1월 입사하며 객원 무용수를 시작으로 2004년까지 활동했다. 김세연은 코르 드 발레(군무)부터 시작했지만 주역 무용수로서의 승급은 누구보다 빨랐던 것으로 기억한다. 그녀는 "유니버설 발레단이 그 당시 〈백조의 호수(Swan Lake)〉, 〈라 바야데르(La Bayadère)〉, 〈돈키호테(Don Quixote)〉, 〈지젤(Giselle)〉, 〈심청〉 등 공연이 많아져서 기회가 좋았어요."라고 겸손하게 말했다.

그리고 김세연은 스위스 취리히 발레단(Ballett Zürich)과 계약을 한다. 보스턴 발레단은 그 전에 먼저 계약을 하게 됐는데 스위스 취리히의 하인츠 쉬펄리(Heinz Spoerli, 1940~) 예술감독의 적극적인 권유로 취리히발레단과 더 높은 직급으로 서둘러 계약을 하게 되었다. 하지만 보스턴 발레단과의 계약을 깨뜨리지 않으려고 그곳에 짧게 있었다고 했다. 2004년 1월부터 6월까지였다. 그리고 취리히 발레단에서는 주역 무용수로서 활동했는데 주역 무용수의 직급은 솔리스트였고 월급은 각자의 기량과 역할에 따라 달라진다고 한다. '시립 극장 발레단(Ballett des Stadttheaters)'으로 시작한 취리히 발레단은 스위스 오페라하우스 안에서 활동하며 예술감독의 안무 작품 위주로 무대에 오른다. 2004년 7월부터 2007년 7월까지 꼬박 3년 동안 취리히 발레단에 있었다. 김세연은 당시의 하인츠 쉬펄리 예술감독의 뮤즈로 많은 창작발레에 참여했다. 하인츠 쉬펄리는 1996년부터 2012년까지 취리히 발레단의 예술감독으로 재직했다. 이어 김세연은 네덜란드 국립발레단(HET Nationale Ballet)의 다양한 레퍼토리를 소화하고자 취리히 발레단에서 이적한 뒤 2007년 8월부터 2011년 8월까지 세컨드 솔리스트로 활동했다. 네덜란드 국립발레단(HET Nationale Ballet)은 단체도 크고 공연 횟수도 많으며 보유하고 있는 레퍼토리도 많다. 많은 발레리나들의 가고 싶어 하는 선망의 발레단 중 하나이다. 그곳에서 김세연은 발레리나로서만이 아니라 조안무로서 경험을 닦았다. 지금의 작품을 만들 때 프로듀싱하는 데 당시의 작업이 많은 도움이 된다고 한다.

네덜란드 국립발레단(HET Nationale Ballet)에서 다시 스위스 취리히 발레단으로 옮겨 2011년 10월부터 2012년 7월까지 일 년간 활동했다. 이 기간은 하인츠 쉬펄리의 은퇴공연이 일 년간 투어로 진행하는데 그의 뮤즈로서 그녀가 맡았던 옛날 작품의 주역을 다시 맡아 공연해달라고 했기 때문이다.

현재는 스페인 국립무용단에서 2012년부터 지금까지 활동하고 있다. 이곳으로 옮긴 이유를 묻자, 컨템퍼러리 작품이 강한 이곳에서 클래식발레와 컨템퍼러리 발레를 함께 소화할 수 있는 무용수를 찾고 있었고, 새로운 예술감독 호세 카를로스 마르티네즈와의 작업에 흥미를 느껴 입단을 결정했다고 한다.

〈그랑파 클라식〉 ⓒ 네덜란드 국립발레단(HET Nationale Ballet) 김세연 제공

〈지젤(Giselle)〉(김세연 · 강준하) ⓒ 유니버설 발레단 제공

스페인 국립무용단(The Spanish National Dance Company)은 50~60명가량의 단원들로 군무, 솔리스트, 주역 무용수, 그리고 프리메라 피규라로 구성되어 있다. 그녀의 등급은 프리메라 피규라(primera figura)이다. 이는 주역 무용수보다 한 단계 위인 최고 무용수를 일컫는 말이다. 현재 프리메라 피규라는 남녀 각 한 명, 즉 김세연과 알레산드로 리가(Alessandro Riga) 두 사람밖에 없다. 그녀는 "이렇게 조금 더 높여서 예우를 해주니 너무 감사하죠."라고 덧붙였다. 외국에서는 우리가 흔히 듣는 축구 스타는 물론 무용수도 새로운 단체로 이적하는 것이 결코 어려운 일은 아니다. 하지만 이적에는 실력이 뒷받침되어야 한다는 생각이 들었다.

스페인 국립무용단에서 김세연은 벌써 5년을 보냈다. 이 발레단의 재미나고 새로운 이야기를 들을 수 있을 것이란 기대에 찼다. 스페인 국립무용단은 국가 산하단체로 그녀는 국가공무원에 속한다. 그렇기 때문에 다른 공무원들과 주 5일 근무로 일하는 시간이 같다. 이는 좋을 수도 있지만 안 좋을 수도 있다고 한다. 왜냐하면 일하는 시간의 양이 적단다. 무용수들은 몸을 쓰는 직업인데 몸을 훈련하는 면이나 무용작품의 작업을 할 때 아쉬울 때도 있다고 한다.

스페인 국립무용단의 하루 일과는 보통 10시에 시작해서 4시 30분에 끝나고 점심식사 시간을 30분만 가진다. 공연이 있는 날에는 2시 정도에 시작해서 3~4시간 리허설을 하고 1시간 쉬고 공연에 들어간다. 스페인 하면 낮잠 자는 시간인 시에스타를 떠올리지 않을 수 없는데 무용단에도 있는지 물었다. 점심시간을 짧게 잡고 4시 30분에 끝나서 무용단에는 적용되지 않는다고 한다.

그녀에게 스페인 생활이 어떤지를 물었다. "많은 사람들이 취미와 공부를 함께 할 수 있어요. 마드리드에는 너무 배울 게 많아요. 미술을 한다든가 음

〈장미의 죽음(La rose Malad)〉스페인 국립무용단 © Alberto Rorigalvarez

악, 도자기, 나무공예 등 워크숍 등이 있는 수업이 굉장히 많아요. 한 수업당 단체 수업일 경우 20~40유로, 그리고 필라테스같이 몸을 가지고 하는 거는 40유로 정도 합니다."

김세연은 스페인 국립무용단이 특이한 게 있다고 했다. 그녀가 몸담고 있는 스페인 국립무용단과 스페인 국립발레단이 같은 건물에 있다. 그런데 스페인 국립발레단[14]에서는 스페인의 전통춤을 추고, 스페인 국립무용단은 발

14) 스페인 전통춤인 플라멩코, 호타 등의 여러 가지 춤을 추는 단체는 '스페인 국립발레단'

세계를 누비는 춤예술가들

레와 컨템퍼러리 같은 현대 춤을 춘다며 웃었다. 이곳의 춤꾼들은 전통 춤과 발레를 같이 하다가 그중에서 골라서 이 무용단 중 하나를 선택한다. 그래서 스페인 국립무용단에도 스페인의 감성이 녹아든 춤을 춘다고 한다. 그래서 진짜 멋있고 그런 것들이 특이하다고 할 수 있단다.

그리고 유명한 스페인 국립무용단의 나초 두아토 전(前) 예술감독과 작업한 무용수들이 아직도 많이 남아 있고, 현재 호세 카를로스 마르티네즈 예술감독은 파리 오페라 발레단(Ballet de l'Opéra national de Paris)의 에투알 출신으로 클래식발레를 했던 사람이며 안무와 연출을 겸한다. 김세연은 클래식발레에서 현대춤까지 폭이 넓은 무용단에서 이들과 작업한다는 것이 굉장한 이점이라고 한다. 그동안 예술감독 호세 카를로스 마르티네즈의 작품 〈소나타(Sonatas)〉, 〈돈키호테(Don Quixote)〉, 〈레이몬다(Raymonda)〉, 그리고 〈지젤(Giselle)〉을 비롯해 조지 발란신의 〈후 케어즈(Who Cares)〉, 〈알레그로 브릴리언트(Allegro Brilliante)〉15), 롤랑 프티의 〈장미의 죽음(La rose malade)〉, 벤 스티븐슨의 〈쓰리 프렐류드(Three Preludes)〉 등을 공연했다.

스페인은 날씨가 좋고 사람들이 한국 사람들처럼 비슷한 따뜻한 정감을 가지고 있다. 날씨가 좋아 레티로 공원으로 산책들을 많이 간다고 한다. 그리고 먹을거리가 풍부하고 수박, 배추 같은 게 많고 저렴하다. 스페인 사람들도 마늘을 좋아하고 해산물로 새우와 오징어를 즐겨 먹는다. 퇴근 후 김세연은 집에서 키우는 강아지, 고양이와 주로 지내고 한국 음식을 좋아해 주로 한식을 해 먹는다.

이라는 호칭을, 전통 발레와 컨템퍼러리 춤을 추는 단체는 '스페인 국립무용단'이라는 호칭을 사용한다.

15) 〈알레그로 브릴리언트(Allegro Brillante)〉(1956)는 조지 발란신의 작품으로 그는 차이코프스키 음악 속에 활발한 발걸음을 담아 발레의 강하고 정확한 타이밍, 그리고 제스처로 자신이 고전발레에 대해 알고 있는 모든 것을 담아냈다고 한다.

〈Mozart〉 하인즈 쉬펄리안무 취리히발레 ⓒ 김세연 제공

한국에서 고추장, 된장을 가져가기도 하고 중국 슈퍼마켓에서 한국 재료를 팔기도 한다. 그녀는 자동차를 갖고 있지 않고 대중교통으로 버스를 이용한다. 출근할 때는 버스를 이용하여 엠바하도레스에서 스페인 국립무용단이 있는 레가스피(Legazpi)까지 20분 정도 걸린다. 비용은 1달러 90센트 정도가 든다고 한다.

스페인에서의 에피소드를 그녀에게 하나 들려달라고 요청했다. "제가 부상으로 수술을 하고 병원에 있어야 되잖아요. 스페인은 사회주의 국가이기 때문에 전 국민이 의료 보험이 다 돼서 돈을 아무도 안 내고 모두 다 공짜로 해요. 물론 저는 국립무용단이고 해서 1인실을 제공해줬지요. 그런데 어디 가서 검사를 받는 게 참 어려웠어요. 스페인 말을 못하니까. 병원에 입원하기 전에 와서 접수도 해야 하고 수술이 끝나고 입원해서 치료도 받아야 하고 퇴원하고 재활치료도 해야 하는데 말이에요. 지금은 스페인어가 잘 되지만 그때는 언어가 안 돼서 힘들었지요. 그것이 기억에 많이 남아요."

그녀에게 외국 생활을 오래 했는데 불편한 점을 물었다. 그녀는 가족이나 친구, 선생님을 자주 못 본다는 것과 그들의 좋은 일과 슬픈 일에 함께하지 못하고 전화 통화를 하고 지켜보기만 한다는 것 그리고 무엇보다 다급한 큰일이 생겼을 때는 멀리서 비행기를 타고 가야 한다는 것을 꼽았다.

김세연의 강점을 말해달라고 하자, 자신이 '오픈되어' 있는 것이라 한다. 그리고 잘 하는 동작은 밸런스와 아다지오이며 비교적 신체 조건이 좋은 편이라고 한다. 요즘은 그녀는 춤을 추면서 예술적인 면에 신경을 더 쓰는 것 같다고 왜냐하면 무용수로서는 적지 않은 나이다 보니 테크닉보다 예술적인 면에서 연기나 음악의 느낌을 몸으로 표현하고 음악에서 들리는 감정을 관객에게 잘 전달하는 것이라 한다.

〈죽음과 여인〉 연습과정

　스페인 국립무용단의 스타일에 대해 물었다. "호세 마르티네즈는 굉장히 프렌치 스타일이에요. 파리 오페라 발레단(Ballet de l'Opéra national de Paris) 출신이어서 작품도 굉장히 프랑스풍이고요. 화려하다기보다 담백하고 우아해요. 러시아 학교에서 공부했던 스타일과 비교해보면 러시아 동작들이 사지를 쭉쭉 뻗는 큰 동작이 중점이라면 프랑스풍은 좀 더 안쪽으로 섬세하고 동작이 빨라요, 잔 스텝을 하고요. 러시아는 스텝이 큰 편이에요. 기억에 남는 작품 〈장미의 죽음(La rose Malad)〉은 말러의 5번 교향곡 중 '아다지에토'에 맞춰 추는 춤이에요. 롤랑 프티가 스페인 국립무용단 마야 플리세츠카야 전 예술감독을 위해 만든 작품이죠. 장미와 장미가 너무나 사랑하지만 그로써 병들고 아파 끝내 죽게 되는 어떤 것을 소재로 한 듀엣으로 한국에서 에스테반 베를랑가(Esteban Berlanga)와 추었고 요즘 많이 추는 작품이에요. 에스테반은 동료인데 주역무용수예요."

그 밖에 좋아하는 작품이 있는지 물었다. 하인츠 쉬펄리가 은퇴할 때 한 '하인츠 쉬펄리의 갈라' 공연으로 그가 만든 여러 작품을 무대에 올리는데 〈첼로 모음곡(Cello Suites)〉, 〈한여름 밤의 꿈〉을 특히 좋아한다고 한다.

"지금은 스페인에 엄청 적응이 많이 됐지요. 처음에는 스페인 말을 못해서 소통이 안 됐어요. 인생에서 어떤 변곡점은 2016년에서 17년 사이에 안무를 하게 된 거죠. 처음에 무릎 수술은 2009년 네덜란드 국립발레단(HET Nationale Ballet)에서 〈라 바야데르(La Bayadére)〉를 공연하다가 무릎 연골에 부상을 입었고요. 2014년과 2015년 오래 춤을 추다 보니 발목이 안 좋은데 계속 춤을 추어 발가락이 안 움직일 정도로 악화되어 곤란했지요. 부상이 회복되지 않은 상태에서 연습과 공연을 강행하면서 악화되었고 수술을 해야 했어요. 의사들이 수술을 하면 큰 점프를 못 할 거라고 해서 수술을 계속 미뤘지요. 수술하면 그만둬야 한다는 생각이 들었어요. 그때 용기를 내어 수술을 했고 회복기에 쉬면서 안무하는 상상을 하게 되고 여러 작품의 구상이 떠올랐지요. 2015년에 발목, 2016년에 무릎을 수술하면서 안무 구상을 많이 하게 된 거죠. 그때도 춤은 추기는 했었어요. 지금은 다행히 완쾌가 되어 더 춤을 더 많이 추고 있네요. 2011년에 은퇴를 생각하기도 했어요. 그런데 막상 은퇴를 피할 수 없을지도 모르는 상황을 지나고 보니 생각이 달라졌어요. 그래서 저는 춤을 오래 출 것 같아요. 그리고 또 하나의 변곡점은 스위스 취리히 가기 전(前)과 가고 나서예요. 하인츠 쉬펄리가 저를 데리고 창작 작업을 많이 했어요. 그때부터 안무가가 무용을 만들 때 제가 재료가 되어서 배우기 좋더라구요. 얼마 전부터 다른 사람을 데리고 안무할 때 하인츠 쉬펄리에게 배운 것을 저도 그대로 하더라고요. 김주원 씨랑 작업을 할 때도 그렇게 했어요." 필자는 뮤즈에서 안무가로의 발돋움을 하게 된 것이라 생각했다.

"전 스위스 발레단에 하인츠 이분한테 영향을 받았어요. 작업방식을 너무 자연스럽게 제가 그대로 하게 됐어요." 그의 뮤즈로서 그녀에게 하인츠 쉬펄리의 안무 스타일에 대해 더 물었다. "이분은 음악을 가장 중요히 생각해서 음악에서 영감을 받아 안무를 시작하세요. 저도 그렇구요. 스토리보다 음악을 고르고 만약 소재가 있다면 소재가 맞는 음악을 선택하죠. 음악이 아다지오가 있고 역동적인 부분이 있으면 그걸로 구성이 나눠지기도 하죠. 이 예술 감독은 구성을 앞뒤로 맞춰서 먼저 구성을 하거든요. 아다지오 이 부분은 한 명, 커플, 트리플 이런 식으로 음악 본연의 구성에 따라 음악을 따라 미리 구성을 해놓으세요. 그런 면에서 저도 음악을 들으면 여기서는 군무가 나와야 되겠다, 그런 생각을 해요. 또 제가 많이 신경을 쓰는 게 하인츠가 비주얼적으로 아름다운 거를 좀 많이 좋아했던 거예요. 미적으로요. 얼굴도 예뻐야 되고 몸도 굉장히 조각 같은 것을 추구한다고 할까요. 그리고 그것이 조명이랑 도구랑 다 연관이 되지요. 그런 면에서 제가 많이 배우게 된 거죠. 저의 안무 데뷔작은 〈베토벤 프리즈〉로 볼 수도 있고 그 전에 콩쿠르 나갈 때 같이 춤추는 사람과 만든 것일 수도 있어요. 사실 데뷔작을 말하기가 애매한데 저는 제가 출연한 것이 아니라 온전히 무용수를 데리고 한 것으로 말하고 싶어요. 그런 의미에서 2017 대한민국 발레 축제에서 〈죽음과 여인〉을 저의 안무 데뷔작에 해당된다고 말하고 싶습니다."

2011년 LIG문화재단 후원의 〈플라잉 레슨〉이 굉장히 이슈화됐는데 어떻게 기획되었는지 물었다. "현대발레로 된 안무작 여섯 개를 가지고 만들었는데 한 작품씩 하는 것이 아니라 쭉 이어지게 한 거죠. 그중 국립발레단에서 한 〈발레 101〉은 에릭 고티에의 작품으로 독일 슈투트가르트에서 만들어졌지요.

그리고 그중에 세 작품이 신작이었어요. 그 신작을 만든 사람은 그때는 네덜란드 국립발레단(HET Nationale Ballet)의 신진 안무가였지요. 지금은 조금 더 올라가서 어소시에트된 젊은 안무가의 작품이었죠." 안무가의 이름은 애너벨 오초아, 황호 아르께스, 피터 령이다. 스페인 국립무용단은 연습실 환경은 좋지만 전속(메인) 극장이 없다. 주로 서는 극장은 (마드리드) 왕립 극장(Teatro Real), 사라수엘라 극장(Teatro de la Zarzuela)에 많이 오르지만 테아트로 파본(Teatro Pavón) 등 스페인 전국의 극장도 고루 돈다.

인터뷰를 마치기에 앞서 그녀에게 춤추는 이들에게 해주고 싶은 말을 요청했다. "춤을 오래 춰라. 그렇게 말해주고 싶다. 잘 하고 못하고를 떠나서 겪지 않은 것이 많은 게 있는데 떠나는 게 정말 아깝다"고 전했다.

김세연이 많은 발레단을 거친 것이 도전정신이었는지 물었다. 그녀는 도전이라기보다 배우는 걸 굉장히 좋아하는데 한 곳에서 어느 정도에서 배웠다 싶으면 또 다른 것을 하고 싶었다고 한다. 그녀의 궁금함을 배워가는 열정이 많은 자산이 되었을 것이다. 한 단계 더 나아가 이제 한국에서 좋은 안무가들이 배출되기를 기다린다. 안무가로서 발돋움을 시작한 그녀에게 많은 경험이 자양분이 되기를 기대한다.[17]

〈폴, 나비를 잡아라〉 ⓒ 오영훈 제공

오영훈

다양한 춤 작업을
시도하는 안무가

오영훈(1982년생)은 서울에서 태어나 문정동에서 살았다. 위로는 형이 한 명이 있다. 그는 문정초등학교를 거쳐 문정중학교까지 운동에 제법 소질이 있어 태권도와 검도를 하며 지냈다.

뜻밖에도 부산에서 예고를 다니며 무용을 전공한 사촌누나(이미연)는 그의 또 다른 능력을 알아보고 남자 무용수가 전망이 좋을 것이라며 무용을 권유했다. 그는 "중학교 2학년 2학기 9월 2일 무용을 처음 시작했어요."라고 정확히 날짜까지 기억했다. 그의 인생에 중요한 시작이었기 때문일까? 어머니(최춘식)가 집에서 가까운 곳을 찾아 수소문해서 그와 함께 들른 곳은 둔촌동의 세종무용학원이었다. 그곳에서 최병희 선생에게 무용을 배웠다. 현대무용을 위주로 한 학원이었지만 한국무용, 현대무용, 발레를 골고루 배웠다. 단지 현대무용 수업이 한 클래스만 더 많았다고 회고했다. 최병희 원장이 남성이어서 그런지 무용학원에는 형들이 4~5명 정도 있었고 춤을 추다 보니 춤도 좋았지만 형들과도 스스럼없이 잘 지냈다.

〈Who You Arrived〉 ⓒ 차영진

세계를 누비는 춤예술가들

그는 가락고등학교 3학년 때 대학입시를 두고 시험을 봤다. 이곳의 형들은 주로 세종대와 중앙대를 갔다. 그 당시 가군·나군·다군 등이 있던 시기로 여러 학교를 지원할 수 있었다. 입시가 끝나고 중앙대 이정희 교수는 그가 "우리 대학교 오면 좋겠다"고 했단다. 대학들은 여러 군데이고 좋은 학생들을 원하고 적극적으로 러브콜을 보내는 일은 당연한 일이다. 학교를 빛내줄 좋은 인재들이 신입생으로 와주기를 바란다. 그는 시험도 잘 본 덕분에 장학금도 받았다. 2005년 대학을 졸업 후, 그는 1년간 모교에서 실기 강사를 맡으며 학생들을 돌보는 일을 겸했다. 그리고 한국예술종합학교 실기과 전문사(대학원 과정)에 입학했다. 당시 한국예술종합학교는 대학원을 인정하느냐 못하느냐로 시끄러웠고 모든 것이 그에게는 혼란스러웠다고 한다. 그는 1학년만 다니고 강혜련 교수가 있는 경기대 대학원으로 옮겨가 석사를 마쳤다. 거기서 만난 미학을 가르쳤던 장경린 교수는 그의 무용 인생에 새로운 사고를 심어주어 새로운 삶으로 방향을 틀게 된다.

"장경린 선생님은 특이한 이력을 소유한 분이었습니다. 무용이 아닌 신기하게 은행권에 있었던 경력이 있고 시집도 냈으며 그림도 그리셨어요. 자유로운 그의 삶에 흥미를 가졌습니다. 모든 사람이 똑같이 무용을 전공하여 대학, 대학원을 거쳐 박사를 받고 교수의 길을 바라보는 것이 다는 아니구나. 나의 인생도 이러한 대열에 어느덧 끼어 걸어가고 있었다는 생각을 했습니다." 오영훈은 장경린 선생의 영향을 받으면서 외국에 나가서 자유롭게 춤추고 다양한 예술 활동을 해보고 싶었다. 하지만 한국은 군대가 있어서 외국을 가서 활동을 하려면 이 문제가 해결되어야만 했다. 그는 많은 콩쿠르에 나갔고 은상, 동상을 탔지만 꼭 아쉽게 면제를 못 받았다. 심지어는 서울무용제에서 면제를 받을 수 있는 연기상을 받았음에도 불구하고 그해 갑자기 군법이 바뀌어서 인정이 된다, 안 된다를 반복하다 결국 인정이 안 되는 것으로 결론이 났다. 많은 관계자들 및 평론가들이 많이 안타까워했다는 후문이다.

어느덧 콩쿠르로 시간을 보낸 그는 서른 살이 넘어 군대를 입대했다. 그때 시간이 너무 아쉬웠다는 생각을 많이 했다고 한다. 남보다 6~7년 군대를 늦게 가서 서른한 살 겨울에 제대를 하니 벌써 서른두 살이다. 많은 오디션에서 나이 제한도 걸리고 여러 제한들이 점차 걸림돌이 되어 갔다. 무용이 잘 되는 한창 젊은 좋은 시기를 놓친다는 게 참 아쉬웠다는 걸 많이 느꼈다고 한다. 하지만 다행히 공익요원으로 지냈다. 물론 자유롭게 활동할 수는 없었지만 최대한 춤을 놓지 않으려 했다. 군대에 가기 전 안무가 이영일의 M댄스 컴퍼니에서 활동할 때 만난 동료이자 후배인 정석순과 함께 공익요원을 하면서 틈틈이 춤을 만드는 작업에 참여했다.

"2006년인가 7년에는 정석순이 만든 〈For Whom〉에 출연했습니다. 2010년 즈음 만들었던 〈For Whom–Paradise Edition〉에서 듀엣으로 출연했고 지금까지 꾸준히 국내외 무대에 초청되고 있다. 석순이랑 두세 작품을 했습니다."

그는 〈For Whom〉, 〈For You〉, 〈For Whom Paradise〉 정석순이 몸담았던 한성대학교 동문 무용단인 지구댄스시어터 공연에도 함께 출연한 바 있다 (정석순은 현재 프로젝트 S 예술감독으로 있다.).

오영훈은 제대하고 2주 만에 영국 런던으로 훌쩍 떠났다. 그가 놓쳐버린 아쉬운 시간을 조금이라도 만회하려 서둘러 떠난 듯했다. 그가 다닌 '더 플레이스(The Place)'는 런던에 있는 무용공연센터이다. 클래스 가격도 싸고 매주 클래스가 시작되는 월요일에 들어가서 그 주에 들어온 무용 선생이 좋으면 금요일까지 계속 수업을 들을 수 있어 좋았다고 한다. 그리고 부족했던 언어 공부도 런던에서 시작했다. 학생 비자를 받을 수 있어서 총 10개월을 머물렀

〈You Who Arrived〉ⓒ Chat Travieso

오영훈

는데 6개월 동안은 오디션을 보면서 지냈다. 여기저기 오디션을 봤는데 안 되어서 실망도 했다. 한 번은 모처럼 '스웨덴의 국립무용단'이 됐다고 연락이 왔다가 한두 달 기다리라고 하고서는 답이 없었다. "나중에 허성임 누나(그 당시는 영국에서 만났고 벨기에서 활동했다.)는 연락이 안 오면 어떻게 되었나를 본인이 직접 알아봐야 한다고 했습니다. 경험과 노하우 부족으로 그 기회를 놓친 셈이 되었지요."

때마침 영국에서 열린 이탈리아 무용단 '아르테미스 단자' 1차 오디션에 통과했다. 그리고 이탈리아로 가서 2차 오디션을 봐야 했다. 그들이 비행기 표를 제공했고 드디어 합격했다. 단원으로 입단을 위해서는 워킹 비자가 필요해서 곧바로 한국으로 돌아갔다. 3개월가량 지내면서 이탈리아 무용단에 연락해서 증명서류 부탁해서 떼고 영문 번역하는 등 모든 것을 스스로 다 알아보고 진행했지만 대사관과 무용단 측이 얼마나 더디게 일을 처리하는지 오영훈은 답답했다. 연습 일정을 겨우 2주 남겨놓고 모든 서류가 겨우 구비됐다. 그런데 무용단 측에서 사정상 연습을 2주 빨리 시작한다는 연락이 왔다. 그는 워킹 비자 때문에 바로 갈 수 없었는데 무용단 측은 늦게 합류를 하면 페이를 깎겠다고 했단다. 당초 제공하겠던 항공권도 무효화했다. 그는 갑자기 일정을 바꾸고, 회신에 느리고, 말을 바꾸는 등 무용단의 처우가 공정하지 않다는 생각이 들었다. 그래서 안 가겠다고 대답했다. 여러 번의 오디션 끝에 얻은 결과인지라 아깝기도 했지만 대한민국 무용수로서 자부심을 갖고 부당한 처우에는 반기를 들어야 하는 것이 맞는다고 그는 생각했다고 한다.

2013년 오영훈은 방향을 미국으로 바꾸었다. 그가 춤의 기본기가 좋고 테크닉이 뛰어난 스타일이라 뉴욕에서 좋아하는 방향성을 갖고 있다는 친구의 권유와 예술의 메카인 뉴욕에서 활동해보고 싶은 생각을 했다고 한다. "뉴욕

〈For Whom Paradise〉ⓒ Oilver Cimafranc

오영훈 273

〈For Whom Paradise〉ⓒ Oilver Cimafranc

은 현대무용이 꽤 강했던 곳이에요. 줄리어드와 뉴욕대(NYU)도 있고 엘빈 에
일리, 머스 커닝햄과 저드슨 교회를 통해 포스트모더니즘이 출발한 곳이기도
합니다."

　미국 비자를 받기 위해 그는 댄스센터(Dance center) 가는 것으로 비자를 받
아 'DNA(Dance New Amsterdam)'를 다녔다. 한때는 '댄스 스페이스 센터(Dance
Space Center)'라고 불리며 맨해튼에서 가장 유명한 댄스센터였던 곳이다.

　그런데 그가 미국에 들어오자마자 댄스센터는 파산했다. 그가 지불했던 댄
스센터의 학원비는 다 사라지고 한 푼도 돌려받지 못했다. 그즈음 그는 중국
계 안무가 나이니 챈(Nai-Ni Chen)의 무용단에서 일을 하기 시작했다. 돈을

좀 많이 주는 곳이었고 활동을 활발하게 하려던 차에 설상가상으로 왼쪽 다리 인대를 다쳤다. 힘든 일들의 연속이었다. 하는 수 없이 그는 다시 한국으로 돌아가야 했다.

한국에서 치료를 받고 다시 한 번 힘을 내어 이번에는 학생 F1 비자로 바꿔서 다시 미국에 갔다. 무용수가 아니라 어학원 학생으로 뉴욕에 발을 디뎠다. 몸이 회복될 때까지 영어를 차근차근 공부해야겠다는 생각이 들었기 때문이다. 여기 와서도 지속적으로 다리를 치료했지만 빨리 낫지 않았다고 오영훈은 당시를 떠올렸다. 제대로 회복되는 데 10개월 정도 걸렸다. 6개월쯤 치료를 받을 때 정석순이 뉴욕으로 공연을 하러 왔다. 모처럼 친구와 만나 2~3년 〈For Whom Paradise〉 공연을 함께 했다.

2014년도에 오영훈은 자신만의 컴퍼니인 '댄스 트러블러(Dance Traveler)'를 조직했다.

그의 안무 데뷔작은 〈공기의 노예(Slave of the Air)〉로 2014년 11월 한국 뉴저지 주 버갠 퍼포밍 아트 센터(The Bergen Performing Arts Center : bergen PAC) 무대에 올렸다. 오영훈, 유가원, 김유식, 에밀리가 출연했다. 이전에도 안무작은 많이 참여하였지만 이 공연을 계기로 정식으로 무용단을 설립했다. 무용단 창단 이후 2015년부터 오영훈은 뉴욕에서 더욱 활발한 예술 활동을 시작한다.

뉴욕 한국문화원에서 주최한 '오픈 스테이지(Open Stage)'로 이영일, 이보경(뉴욕 거주), 오영훈 세 명이 무대에 올랐다. 그해 또 다른 오픈 스테이지의 작품 〈I FEEL YOU〉를 무대에 올렸다. 이도엽이 연출로, 천주은이 공동안무로, 춤꾼으로는 김지연과 영국인 남성 콘래드 A 테일러(Conrad A Taylor)가 참여하였다. "미디어는 김주완, 기획은 박신애가 맡았고 안무자인 나를 포함하여 무용수 세 명으로 미디어와 춤의 콜라보레이션을 이룬 작품이었습니다.”
그해 연말에는 정석순과 오영훈 출연의 〈For Whom Paradise〉으로 92Y 하크니스 댄스센터(92Y Harkness Dance Center) 무대에 섰다. 극장의 주말 프로그램인 ‘디그 댄스(Dig Dance) 시리즈’ 중 ‘춤추는 한국(Dancing Korea)’ 프로그램이었다.

2016년에는 그의 오랜 파트너 정석순과 함께 라마마 극장(La MaMa) 무대에 섰다. 이 극장은 중견 이상 되어야만 설 수 있는 극장이며, 우리나라 무용단으로 정식 초청된 것은 이번이 처음이었다. ‘라마마 무브스!(La MaMa Moves!)’의 일환으로 공연된 작품 〈For Whom〉은 그 둘이 함께 오랫동안 춰온 〈For Whom—Paradise〉가 1부, 〈For Whom—Heroes〉가 2부로 구성되었으며 정석순, 표상만과 함께 출연했다.

한편 한국에서는 전북대 김원 교수가 조 라비노비츠(Zoe Rabinowitz), 팀 모처(Tim Motzer)와 오영훈을 불러 모아 만든 작품으로 국제현대무용제(MODAFE)에 공식 초청되었다. 김원 교수가 뉴욕으로 와서 오영훈과 라비노비츠와 함께 2주간 〈나란히 +(Alongside plus)〉를 연습하면서 공동으로 안무하며 라이브 연주로 했다. 2016년 5월 아르코예술극장에서 공연했다.

그의 무용단 댄스 트러블러는 8월 상하이 공연에 〈공기의 노예2〉를 출품했다. 〈공기의 노예1〉에 음악부터 많은 것이 새로이 바뀌었다. 표상만, 김주빈, 구은혜가 참여했고 무음도 중간에 있었는데 그것도 제거했다. 어떻게 보면 완전히 새로운 작품처럼 보일 수도 있다. 〈공기의 노예1〉이 진지함과 절제를 다룬 여행에 대한 이야기였다면 〈공기의 노예2〉는 좀 더 밝고 위트도 들어가고 액팅도 집어넣으며 밝아졌다. ‘상하이 국제 현대무용제(D Dance Stages)’에 그의 작품이 초청되어 공연을 했다. 한 번의 극장 공연과 두 번의 야외 공연이

있었는데 한류가 유행이라 그런지 한국인 무용단에 대한 관심이 뜨거웠다. 상하이 공연 이후에는 한국으로 돌아와 전북대학교 특강을 맡은 뒤 뉴욕으로 돌아왔다.

2016년 가을부터는 92Y 하크니스 댄스센터 큐레이터이자 캐서린 타린 댄스(Catherine Tharin Dance)의 대표인 캐서린 타린의 제안으로 무용단에 합류하게 되었다. 라마마에서 석순과의 공연을 본 캐서린이 자신의 무용수가 되어줄 수 있냐는 제안을 해주었고 매주 정기적인 리허설을 통해 2017년 상반기까지 함께 공연하였다. 10월에는 92Y 하크니스 댄스센터의 주말 프로그램인 '디그 댄스 시리즈' 중 한국 남성 안무가전에서 신작 〈Time to Time〉(타임 투 타임)을 올렸다.

2017년에 들어서는 작년 가을 신작으로 선보였던 〈Time to Time〉이 웨스트 페스트 댄스 2017(Westfest Dance 2017)에 선정되어 마사 그레이엄 스튜디오 시어터에서 공연을 하였고, 무용수로는 질다 르모니에(Gildas Lemonnier), 콜린 하이닝어(Colin Heininger)가 출연하였다.

가장 최근에 한 공연은 2017년 9월 한국에서 한국화 작가 장경애와 문래예술창작촌에 자리하고 있는 대안예술공간 이포에서 '류流' 콜라보레이션 공연이었으며, 작년 상하이 공연에서 호흡을 맞췄던 표상만과 구은혜가 함께 하였다. 2015년 한국에서 공연된 〈빅히어로's 청춘포차〉를 시작으로 뉴욕 한국문화원에서 공연된 〈I FEEL YOU〉에 이어 특정 장소공연(site-specific performance)으로 대안공간에서 이루어지는 공연 방식이다. 이번 공연은 대학원 시절 그가 표방하던 다양한 예술 장르와 자유로운 삶에 대한 상상이 남겨준 작업 방식이 되었다.

그는 영국에서 1년가량을 머물고 현재 미국 뉴욕에서 5년을 지냈다. 뉴욕 무용계의 달라진 흐름을 물었다. "유명했던 큰 무용단들이 점차 없어지고 그들의 마지막 무대를 보러 가면 저렇게 오래되고 훌륭한 무용단들이 없어질 수 있는지 궁금해요. 심지어 재정적으로 힘이 들어서인지 중간 크기의 무용단들이 워크숍과 오디션도 돈을 받고 진행을 합니다. 예전과 비교해보면 아쉬움이 많이 들어요. 물론 현재는 독일, 벨기에, 프랑스 등의 유럽 국가들이 현대무용의 강세로 자리를 잡고 있습니다. 국가로부터 거액의 지원을 받는 로사스(벨기에), 울티마 베즈(벨기에), 아르코 렌츠의 코발트 워크스(독일), 피핑톰(벨기에) 같은 무용단이 있지만 유럽 국가 다른 춤단체들도 재정적인 어려움과 장르의 한계를 겪는 것은 비슷

ⓒ 오영훈 제공

한 것 같아요. 이런 재정적인 어려움은 비단 현대무용이라는 장르에 국한되는 것 같지는 않고 많은 예술가들이 통감하는 부분이겠지만 어쨌든 타 장르에 비해서 현대무용단들이 특히나 더 어려운 것은 대중성의 확보와 저변 확대에 문제가 있는 것 같습니다. 요즘 현대무용이라는 장르는 한국에서는 〈댄싱 9〉이라는 프로 때문에 좀 알려졌지만 제가 현대무용 할 때는 장르도 몰랐고 잘 하는 현대무용가들이 많았었는데도 불구하고 사람들은 잘 몰랐지요. 제가 미국 뉴욕에서 활동하는데 사람들이 이렇게 물어봐요. '뉴욕 카네기홀에서 무용 해봤어?' 저는 그냥 씁쓸한 웃음만 나와요. 거기서는 현대무용 공연 거의 없어요. 물론 공연하는 기회가 있을 수도 있겠지만 주로 현대무용 공연은 뉴욕에서 BAM(Brooklyn Academy of Music), 조이스(Joyce), 에일리 시어터, 뉴욕 라이브 아츠(New York Live Arts), 92Y, 라마마(La MaMa) 등의 무대에 오르죠. 그런 부분에서 저는 무대에서 이루어지는 공연들도 꾸준하게 만들어가겠지만 요즘에는 특정장소 공연이나 대안공간, 콜라보레이션 공연 등에 더 많은 관심이 가요. 우리 현대무용이라는 장르가 대중의 관심을 얻고 시대적인 어려움을 극복해나갈 수 있으려면 관객과 소통하지 않고서는 어렵다고 생각하기 때문입니다."

특정장소 공연인 사이트-스페시픽 댄스(Site-Specific)[16]는 광장이나 지하철 등 특정장소에서 공연되고, 콜라보레이션(collaboration) 공연은 미술관에서 춤 영상이 상영되는가 하면, 춤을 테마로 한 다양한 작품들이 미술관이라는 공간에서 실현하고 있다. 이러한 공연은 프로시니엄 무대에서 작품을 관람하면서 느끼는 것과는 전혀 다르다.

요즈음 오영훈은 왜 이런 작품을 만드는 것일까? 아마 한정된 공간이라는 무대가 줄 수 없는 매력이 있기 때문이라는 생각이다. 예술 작품이란 모름지기 예외적이거나 번뜩이는 생각들에 끌려 탄생하기도 하지 않는가. 마치 칸

---

16) 광장이나 지하철 등에서 행해지는 특정장소 공연인 사이트-스페시픽 댄스(Site-Specific)의 특징은 공연을 관람하는 경험에 영향을 미치기도 하고 관람하는 시선의 위치에 따라서 작품 자체가 달라 보인다. 각자의 위치에 따라 미적 감흥이 달라질 수 있다는 다양성을 갖는다. 콜라보레이션(collaboration) 공연은 미술관에서 춤 영상이 상영되는가 하면, 춤을 테마로 한 다양한 작품들이 미술관이라는 공간에서 실연되고 있다. 벽에 걸린 미술품과의 관계를 표현하면서 춤과 미술품 사이에서 시너지 효과를 내게 한다. 이찬주·김신일(2014), 『춤창작을 위한 지침서』, 공주대학교출판사, p. 247.

뉴욕 92Y 하크니스 댄스센터 ⓒ 이찬주

딘스키가 어느 날 작업실에서 거꾸로 놓인 자신의 그림을 보고 영감을 얻은 것처럼 말이다. 그는 포스트모던 댄스가 태동한 뉴욕에서 실험적인 발걸음을 멈추지 않고 있다.[18]

오영훈

안재용

뛰어난 신체조건과 섬세한 표현이 조합된 화려한 발레리노

　　현재 해외 유수 발레단에서 활동하고 있는 한국인 무용수들이 200여 명이 된다. 그 가운데 안재용도 포함된다. 한국 무용수들의 자질이나 재능이 세계적으로 검증되었으므로 외국의 발레단에서 주목하는 것이라고 춤 비평가 장광열은 한 방송 프로그램에서 말했다. 안재용의 경우는 무용을 늦게 시작하고도 외국 유학 없이 국내 무용 시스템에서 실력을 쌓아왔으며 해외로 진출한다. 무대에 서 있는 것만으로 황홀감을 안겨주는 한 남자이다. 모나코 살레 가르니에 극장을 더 화려하게 만든 그를 인터뷰하기로 했다.

　　안재용은 부산에서 태어나 많은 꿈을 꿔왔다. 그는 어릴 때 다양한 스포츠 레저, 음악 활동 등을 한다. 피겨 스케이팅, 쇼트트랙, 스노보드, 수상스키, 산악자전거 그리고 음악으로는 성악, 오보에, 피아노 등등 배우며 여러 꿈을 펼쳤다. 그리고 비행기 파일럿, 자동차 디자이너까지 꿈꾼다. 이 정도면 누구 못지않게 꿈꿔온 셈이다.

　　중3 시절에는 TV 다큐멘터리에서 불의의 사고를 당해 얼굴이 변형되어 힘

어린시절 ⓒ 안재용 제공

든 삶을 사는 사람들을 보고 그들을 위한 재건 성형외과 의사가 되고 싶어 열심히 공부했다고 한다. 무용이란 건 생각지도 못했던 그는 소프라노 전공의 누나가 키가 점점 크고 체형이 좋아지는 안재용을 보았다. 누나(안민정)는 발레를 해보면 어떻겠냐고 그에게 권유했다. 하지만 그는 그때만 해도 남자가 무슨 발레냐며 딱 달라붙는 쫄쫄이 타이즈만 생각만 해도 부끄러워 거부했었는데 어느 날 누나가 그의 방에 두고 간 영화 DVD 하나가 그의 인생을 바꾸었다. 영화 〈백야(White Nights)〉였다. "영화는 너무 멋있었어요. 유명한 발레리노인 미하일 바리시니코프, 그를 딱 보는 순간 시간이 멈춘 듯 했고 영화 속 장면으로 빨려 들어갔어요. 첫 장면이 뭐였냐면 〈젊은이와 죽음(Le Jeune Homme Et La Mort)〉이라는 롤랑 프티의 작품이었는데 그 당시 저에겐 너무나 충격적이었어요." 그는 앉은 자리에서 세 번을 연속으로 돌려봤다. 그다음에 곧바로 누나 방으로 달려가 "누나! 발레 해보고 싶어!"라고 외쳤다고 한다.

고등학교 2학년 때 그는 열여덟 살 늦깎이로 발레에 입문했다. 인문계 고등학교에서 부산예고로 옮겨 가서 본격적으로 무용을 시작한다. 부산예고에서 이화성·김희쟁 선생으로부터 그다음에 선화예술고등학교에 전학 가서는 이경란·백연옥·이준규·황재원 선생 그리고 유니버설 발레단의 유병현 예술

세계를 누비는 춤예술가들

감독에게서 춤을 배웠다. 한국예술종합학교에 진학해서는 김용걸·김선희·조주현·블라디미르 킴·마르가리타 쿨릭 선생에게 배웠다.

그는 한예종을 졸업하면서 해외 발레단 오디션을 준비했다. 특히 유럽의 발레단에 관심이 많았고 스타일과 레퍼토리를 살펴볼 때 드라마 발레처럼 고전이면서도 모던한 스타일의 발레에 관심이 있었다. 그러던 중 김용걸 교수의 추천과 소개로 지금의 몬테카를로 발레단(Ballet Russe de Monte Carlo)의 오디션을 보게 되었다. 지금의 장 크리스토프 마이요 예술감독은 워낙 유명한 안무가이며 드라마 발레로 정평이 나 있던 사람으로 더욱 관심이 갔다. 그가 발레를 배우고 얼마 안 되어서 서울에 올라와 처음 접했던 공연 중 하나가 장 크리스토프 마이요의 〈로미오와 줄리엣〉과 〈신데렐라〉이었다. 당시만 해도 발레를 시작한 지 얼마 안 되어 잘 몰랐지만 그의 뇌리에 굉장히 새롭고 특별한 스타일의 발레란 기억이 자리 잡았다고 한다.

몬테카를로 발레단(Ballet Russe de Monte Carlo)은 디아길레프의 죽음으로 해산한 발레 뤼스의 뒤를 잇는 발레단이다. 드 바질 대령(Col. Wassily de Basil)과 몬테카를로의 오페라 극장 지배인 르네 블룸의 협력으로 결성되었다. 이 둘의 결별로 발레단은 두 개로 쪼개졌다. 하나는 마신(Massine)이 안무를 담당하는 바질 대령의 발레 뤼스(Les Ballets Russes de Colonel W. de Basil)라고 개칭했으며, 또 하나는 포킨(Fokine)이 안무를 담당하는 르네 블룸의 몬테카를로 발레단(Ballet de Monte Carlo)이다. 이 두 발레단은 그 후 이름 바꾸기를 거듭하여 거의 구분하기 어려운 상태가 되었고 차차 약체화되면서 현재는 몬테카를로 발레단(Ballet Russe de Monte Carlo)이 그 이름을 전하고 있다.

안재용은 2016년 한국종합예술학교를 졸업한 뒤 4월에 몬테카를로 발레단(Ballet Russe de Monte Carlo)에 입단하여 첫 시즌을 보냈다. 시즌 중간에 들

몬테카를로 발레단(Ballet Russe de Monte Carlo) 연습실 ⓒ Alice Blangero

어가서 거의 3주 만에 무대에 섰다. 이후 2017년 여름부터 두 번째 시즌을 솔리스트로 승급하여 시작했다. 그에게 현재 몸담고 있는 몬테카를로 발레단(Ballet Russe de Monte Carlo)의 하루를 소개해달라고 했다. "발레단은 아침 10시 반에 클래스가 12시까지 한 시간 반 진행되고, 오전 리허설이 2시까지 진행됩니다. 그리고 2시부터 3시까지 점심시간이 주어지고요. 식사가 끝난 후에 다시 오후 리허설이 시작되고 보통 6시 반까지 합니다. 그리고 중간의 리허설이 비는 시간엔 개인적으로 운동을 한다든지 다음 리허설을 준비한다든지 각자 필요한 걸 준비합니다."

몬테카를로 발레단(Ballet Russe de Monte Carlo)의 성향은 우선 드라마 발레

세계를 누비는 춤예술가들

몬테카를로 발레단(Ballet Russe de Monte Carlo) 연습실 ⓒ 김윤식

와 모던발레 위주의 레퍼토리가 많다는 점이다. 물론 장 크리스토프 마이요가 예술감독이니만큼 그가 안무한 작품이 주(主)를 이룬다. 드라마 발레의 특성상 발레 기본의 라인이나 모양은 유지하면서 그 작품 속의 캐릭터들 간의 감정 표현과 이야기의 흐름에 더 많은 중점을 둔다. 하나의 같은 동작을 하더라도 그냥 아름다운 아라베스크 하나가 아닌, 동작 하나하나가 말을 하듯 다 의미가 있는 동작들을 이룬다. 영화를 볼 때 배우들이 그들의 말과 목소리를 통하여 대사나 의미를 전달하듯 몸짓을 통해 대사나 의미를 전달하는 개념이 되기 때문이다. 발레는 인간의 언어를 몸으로 표현하는 예술이기 때문이다.

안재용

(위, 아래) 〈신데렐라〉 ⓒ Alice Blangero

그에게 요즘 몬테카를로 단원들과 어떤 생활을 하는지를 물었다.

"점심시간엔 다음 리허설에 대한 얘기를 하거나 아니면 아예 발레와 전혀 관계없는 얘기가 주를 이루기도 하죠. 주로 발레 외의 얘기를 많이 하지만요. 하하하. 이런 것들이 생각의 전환을 도와주어 실제 업무시간에 더욱 집중력을 높이는 역할을 합니다. 퇴근 후엔 단원 친구들과 모여 함께 요리를 해 먹는다든가 저녁을 먹으러 간다든가 아니면 운동을 하기도 하구요. 또 여름처럼 날씨가 좋은 날엔 바다로 수영을 가기도 하구요."

춤을 출 때 어떤 점이 좋은지, 무엇을 중점에 두고 춤을 추는지가 궁금했다. "음…… 저는 동작이나 클래스 할 때 발레 마스터의 지적사항의 흡수력이 빠르다 해야 하나요? 하하하. 지적을 받으면 바로 수정하려 노력합니다. 그리고 그 발레 작품 속에서 요구하는 작품성이라든지 캐릭터를 연기하는 거에 중점을 두고 풍부한 표현을 위해 노력을 합니다."

장점을 물어보자 크게 소리 내어 웃는다. "제 입으로 말하긴 좀 민망하지만 주변에서 체격이 좋다고 얘기를 많이 해주시더라고요. 발레단 발레 마스터께서 너는 서양인보다도 좋은 체격을 가지고 있다고 얘기를 해 주십니다." 쑥스러운지 그는 더 크게 웃는다.

몬테카를로 발레단(Ballet Russe de Monte Carlo)을 자랑해달라고 했다. "우선 제 첫 프로페셔널 활동이라 여러 가지로 느끼고 배우게 되는 것들이 많구요. 또 다른 의미론 학생 때와는 또 다른 의미의 책임감이라는 게 생기더라구요. 저희 발레단은 투어가 많은 편이라 지구 곳곳의 여러 나라들을 다니며 다양한 문화와 생활양식들을 접하는 게 저에게는 큰 배움이 되는 것 같아요. 그리고 여기 모나코는 어떻게 보면 제 고향과 비슷한 부분이 많아요. 카지노라든지 바로 앞에 바다가 있는 해양 도시이자 관광도시이며 날씨도 굉장히

몬테카를로 오페라극장
© 김윤식

비슷한 부분이 많구요. 지중해가 바로 앞이라 여름엔 무덥지만 날씨는 굉장히 맑아요. 모나코라는 나라 자체가 바티칸시국에 이어 세계에서 두 번째로 작은 나라예요. 여의도 면적의 4분 1인 데다 인구는 3만2천 명에 불과하지만 문화에 대한 관심은 그 어느 나라보다 크고 애정이 대단합니다. 할리우드 유명 여배우였던 그레이스 켈리가 대공비(大公妃)로 시집을 왔잖아요. 그녀가 이미 문화에 대한 중요성을 알았기에 문화 방면에 대한 지원을 아낌없이 하였구요. 특히 그녀는 어린 시절 발레를 배웠기에 발레에 대한 애정은 남달랐다고 볼 수 있죠. 그리고 그녀의 발레에 대한 애정은 모나코 왕립 발레학교를 세우게 되구요. 그의 딸이자 현재 공주인 캐롤라인에게까지 이어져 옛날 발레 뤼스의 명맥을 이어오던 몬테카를로 발레 뤼스(Ballet Russe de Monte Carlo)를 지금의 몬테카를로 발레단(Les Ballets De Monte Carlo)으로 만들게 됩니다."

장 크리스토프 마이요(Jean-Christophe Maillot)를 예술감독으로 한 이곳의 클래스는 기본기에 굉장히 엄격하고 라인과 깔끔함을 추구하는 수업이다. 아무래도 발레단 레퍼토리 자체에 컨템퍼러리나 모던발레가 많다 보니 기본기를 클래스에서 잡아주는 게 굉장히 중요하다. "뿌리가 튼튼해야 큰 나무가 자라듯이 말예요. 마이요 예술감독이 드라마 발레로 워낙 정평이 나 있기에 우선적으론 마이요의 작품을 많이 합니다. 그리고 또 지리 킬리언, 윌리엄 포사이드, 조지 발란신, 나초 두아토 등의 다른 유명한 안무가들의 작품도 많이 하는 지금, 트렌디한 안무가들의 작품도 많이 올리고 있습니다."

역시 몬테카를로 발레단(Ballet Russe de Monte Carlo)은 타 발레단과 다른 특색이 드러난다. 마이요 예술감독의 안무 성향은 우선 단순하면서 그 춤을 보면 옆에서 누가 이야기를 해주듯 의미, 대사 전달이 아주 명확한 안무를 추구하고 또 작품이 그 시대의 내용들을 현시대에 맞게 재해석을 한다. 그리고 무대에 올리는 예술인만큼 보는 이로 하여금 환상을 자아내게 하는 연출을 자주 한다.

안재용은 이제 2년차에 들어간다. 얼마 되지는 않았지만 그중 기억에 남는 공연이 궁금했다.

"아무래도 제가 첫 주역을 했을 때가 가장 기억에 남는 거 같아요." 장 크리스토프 마이요의 〈한여름 밤의 꿈〉에서 '오베론' 역을 했을 때로 그때의 기억이 아직도 생생하다고 한다. "무대에 처음 등장하고 나서 어느 순간 딱 정신을 차려 보니 제가 커튼콜을 하고 있더라구요." 그는 겸연쩍게 웃었다. 무대에 선 그 순간에 역할에 완전 몰입되었다고 한다.

이제 거의 2년이 되어간다. 요즘 그곳의 분위기와 개인 생활도 궁금했다. 그가 또 웃었다. 자신의 성격상 적응이 생각보다 굉장히 빨리 됐다고 한다. 발레단 단원들이 많은 도움을 주었다고 한다. "어떻게 보면 처음 들어온 낯선 단원에게 텃세 같은 것이 있을 수도 있는데 친하게 대해주어 잘 지내고 있습니다." 몬테카를로 발레단은 17개국 국적의 단원들이 많이 모여 있는 다국적 발레단이라서인지 서로 잘 챙겨주는 편이라고 한다. 이렇다 보니 서로에 대해 문화나 언어의 차이점이 다양하기 때문에 서로를 이해하고 서로에 대해 관심을 많이 가지게 된다. 그래서 그도 처음 입단하고도 다들 친절하고 편안하게 대해줬다고 한다. "이곳에선 일하는 시간엔 열심히 일하는 건 당연하구요. 그 외엔 친구들과 장을 보러 가거나 바다에서 수영, 일광욕, 운동을 합니다. 모나코, 니스, 칸(Cannes)이 같은 해안가에 있어 이 지역을 코트다쥐르라고 부르죠. 코트다쥐르(Cote d'Azur)는 이탈리아 국경선과 가까운 프랑스 마을 멍똥(Menton)까지 이어져요. 주변에 프랑스 니스(Nice)와 이탈리아도 둘 다 30분 정도만 가면

몬테카를로 오페라극장 ⓒ 김윤식

세계를 누비는 춤예술가들

나오는 거죠. 굉장히 가깝기에 여기저기 다니며 견문도 넓히는 편입니다. 혼자 지내는 시간엔 영화나 작품 관련 서적들을 찾아보는 편이고요."

춤추는 사람에게 늘 따르는 부상을 어떻게 대처하는지 물었다. "몸을 쓰는 예술이어서 부상은 어쩔 수 없이 따라오는 경우가 있습니다. 하지만 어떤 기능을 익힘에 있어 잘 하는 법보다 다치지 않는 법을 먼저 배우는 게 중요한 것처럼 항상 부상에 예민하게 생각하고 다치지 않기 위해 노력합니다."

혹 힘든 적이 있었는지 묻자 그는 말한다. "없었다고 하면 거짓말이겠죠. 하지만 저 스스로 성격이 그래서 그런지는 몰라도 힘든 일이 있어도 그것을 힘들다고 생각하지 않고 그냥 하나의 과정이라고 생각하고 넘기는 편인 거 같아요."

몬테카를로 발레단(Ballet Russe de Monte Carlo)이 자주 오르는 공연장과 후반기의 공연 일정을 알려달라고 했다. 몬테카를로 오페라(Opéra de Monte-Carlo) 극장은 파리 오페라의 가르니에 극장을 건설한 인물과 동일 인물이 설계한 것으로 꽤 오래된 극장이라고 한다. 1879년 개관했으며 살레 가르니에(Salle Garnier)라고도 불린다. 그리고 그리말디 포럼(Grimaldi Forum)이라는 신극장을 알려주며 이 두 곳이 발레단의 메인 극장이라 한다.

입단 후 지금까지 〈백조의 호수(Swan Lake)〉, 〈로미오와 줄리엣〉, 〈코헤(Choré)〉, 〈한여름 밤의 꿈〉, 〈잠자는 숲속의 미녀(The Sleeping Beauty)〉, 〈신데렐라〉, 〈알레아 토리오(Aleatorio)〉(여기까지 장 크리스토프 마이요 안무작), 〈벨라 피규라〉(지리 킬리언), 〈메멘토 모리〉(시디 라르비 샤카위 Sidi Larbi Cherkaoui)를 했다. 〈메멘토 모리〉는 세계 초연이다. 후반기의 공연에는 2017년 시즌에 〈잠자는 숲속의 미녀(The Sleeping Beauty)〉, 〈벨라 피구라〉, 〈말괄량이 길들이기〉, 〈로미오와 줄리엣〉, 〈신데렐라〉, 〈코펠리아(Coppélia)〉, 〈한여름 밤의

© 김윤식

꿈〉, 그리고 다른 안무가들과의 작업이 예정되어 있다고 한다.

그의 인생에서의 변곡점이 있는가 물었더니 그는 웃기부터 했다. "제가 아직 어리기도 하고 아직 못 겪은 것일 수도 있지만 어떻게 보면 저에겐 발레를 시작하게 된 것 자체가 큰 터닝 포인트였습니다." 그는 다른 꿈을 가지고 있었고 발레를 늦게 시작했지만 그가 생각하고 배우고 느낀 것을 춤이든 음악이든 악기든 미술이든 어떤 방식으로도 나를 표현할 수 있다는 것, 특히 발레라는 방식으로 자신을 나타낼 수 있는 기회를 잡은 것이 감사하다고 한다. 앞으로도 발레를 하든 안 하든 자신의 생각을 진심으로 표현하고 살았으면 좋겠다고 한다. 그게 목표라 한다.

"발레를 하면서 나를 표현하는 이 모습을 보며 나아가서 많은 사람들이 자신을 표현하는 방식을 공유하고 또 영향을 주고 싶습니다. 제가 발레를 통해 저를 표현하듯이 저의 춤을 보고 나서 다른 많은 사람들이 자신 스스로의 생각이나 삶이나 철학, 느낀 점들을 표현함에 있어서 어려움이나 두려움을 가지지 않고 마음껏 표현하며 살았으면 좋겠어요."라고 했다. 사진 속의 그는 웅장한 살레 가르니에 앞에 서서 마치 다가갈 수 없는 한 남성의 모습으로 서 있다. 그런 모습에서 다정스레 잘 웃는 그런 따스함까지 지닌 그와의 인터뷰를 마쳤다. 돌고 돌아 결국 그가 택한 발레, 그는 여러 작품 속에서 만난 다양한 삶을 표현하며 즐기는 듯했다.[19]

2부

고국의 품으로
돌아와
다시 꿈 꽃피우기

1장
발레 사랑,
새로운 힘을 발휘하다

〈마음속 깊은 곳에〉 ⓒ 서울발레시어터 제공 / 제임스전

제임스전

발레하는 아름다운 사람, 따뜻한 세상을 이끌다

제임스전(본명 전상헌, 1959~), 그는 1980년 후반 남성 발레 무용수가 부족한 시절, 독보적인 존재로서 그 기량을 발휘했다. 안무가의 길로 들어선 뒤에는 1995년에 설립한 서울발레시어터를 21년간 운영하면서 국내 무용계 최초의 40회 장기공연, 한국 최초 안무작 해외 수출, 발레 창작 100여 편 등 국내 창작발레 활성화를 위해 노력해왔다. 한국 창작발레계의 선두 주자로서 여전히 현역으로 활동하고 있는 그를 만나보기로 했다.

그는 열세 살에 보강초등학교를 졸업하고 미국 캘리포니아로 이민 가서 오르테가(Ortega) 중학교와 홈스테드(Homestead) 고등학교를 거쳤다. 제임스전은 디 엔자(De Anza) 칼리지 때 회계학(CPA) 공부를 하다가 연극 활동을 하던 중 선생으로부터 연극을 하기 위해선 무용을 배워야 한다는 말을 듣고 교내 무용과 수업에서 발레를 처음 시작했다. 그가 본 현대무용은 바닥에 구르는 것이 어려워 보였고, 재즈는 힙을 흔들어대는 것이 쉽지 않을 것 같았다. 바를 잡고 클래식 음악에 맞추어 추는 우아한 발레가 맘에 들었다고 한다. 그는

줄리어드 대학교 졸업식(1985) ⓒ 제임스전 제공

발레 수업을 맡았던 선생님으로부터 재능이 있다는 말을 들었다. 당시 선생님은 샌프란시스코 발레단 단원이었다. 교사의 말을 듣고 그는 캘리포니아주리포니아의 멘로 파크 댄스 아카데미(Menlo Park Dance Academy)에 적극적으로 편지를 보내 스칼라십을 받고 본격적으로 발레를 한다. 발레는 기본자세라든가 모든 것이 정확해야 해서 처음 봤을 때처럼 쉬운 춤은 아니었다. 배울수록 어려운 춤이 발레다. "최소한 여덟 살 때 발레를 시작해야 하는데 열아홉 살에 늦게 시작한 저는 사람들이 보통 두 시간 하면 대여섯 시간을 해야 했고 매일매일 정신없이 몇 배로 노력했어요. '빌리 엘리어트'처럼 잘 때도 발레 동작을 하고, 화장실 가서도 움직임을 생각하고, 목욕하면서도 움직여보고 책을 읽으면서도 쉴 새 없이 움직였어요. 점차 발레의 매력에 푹 빠져버렸지요."

무용을 가르치던 콜린 러셀(Colin Russell, 전 새들러스 웰스 오페라 발레단 발레 마스터) 영국인 선생으로부터 체계적으로 공부할 것을 권유받아 뉴욕으로 가기로 했다. 하지만 그동안 1년 정도 발레를 할 때는 부모님 몰래 했다. "뉴욕을 가려면 말씀드려야 하는데 막막했지요. 발레 한다고 어머니(이병희)한테 말씀드리고 뉴욕으로 가야겠다고 했어요. 어머니께서 웃으시더라구요. 말도 안 되니까. 이해하죠. 부모님의 반대에 힘들던 상황에서 저와 같은 길을 걷는 회계학을 공부하던 작은 형(전기덕)이 말했어요. '제임스, 뉴욕 가봤자 3개월 안에 돌아옵니다. 뉴욕은 험한 데고 오래 있지 못할 테니 걱정 말고 보내요.' 형도 분명히 제가 3개월 안에 돌아올 줄 알았다고 했대요." 그는 이천 달러를 들고 뉴욕 퀸즈(Queens)의 작은형 친구 집에 얹혀 소파에서 자면서 생활을 시작했다. 콜린 러셀의 추천을 받아 데이비드 하워드(David Howard)의 발레 스튜디오에서 청소도 도와가며 그에게 발레를 배웠다. 하지만 그는 교육의 중요성을 깨닫고 1982년 뉴욕 줄리어드(Juilliard) 예술대학교에서 본격적으로 발레 공부를 시작한다. 뉴욕 줄리어드 예술대학교에서 기술적으로 요령 있게 했다기보다 점프를 막 하는 등 어떻게 보면 빨리 춤이 늘고 싶어서 무작정 연습에만 몰입해서 '카미카제'[17]라는 별명을 얻기도 했다. 친하게 지낸 할렘 시어터(Dance Theatre of Harlem)의 로널드 페리(Ronald Perry)는 ABT의 〈백조의 호수(Swan Lake)〉의 주역을 처음 맡았던 흑인 인물로 유명하다. 1983년 그는 로널드 페리가 모리스 베자르의 20세기 발레단으로 떠날 때 함께 가서 오디션을 보고 11월에 입단을 통보 받는다. 그때 줄리어드 예술대학교에서는

---

17) 카미카제[神風]는 2차 세계대전 당시 일본군 결사특공대의 이름으로 250kg에 육박하는 폭약을 실은 후 돌격하여 자살을 하는 부대의 명칭이었다. 위키백과사전.

마사 힐(Martha Hill, 1900~1995) 교장을 비롯해 제임스가 오디션에 붙었다고 난리가 났다. 1984년 1월부터 유럽의 안무가 모리스 베자르가 이끄는 20세기 발레단(20th Century Ballet)에서 프로 무용수로 활동을 시작했다. 한국인으로서는 최초이다. 하지만 그는 1년 반 만에 학업을 마치기 다시 위해 줄리어드 예술대학교로 돌아왔으며 1985년 5월 졸업 후에는 2년 동안 플로리다 발레단(The Florida Ballet)에서 활동했다.

"플로리다 발레단에서 활동할 때 휴가 시즌에 뉴욕에 잠깐 친구들도 만나고 몸도 풀러 갔는데 당시 유니버설 발레단(UBC) 다니엘 레반스 예술감독(제2대 예술감독)이 그때 데이비드 하워드의 스튜디오에 왔지요. 다니엘 예술감독 님은 UBC에 남자 무용수가 부족해서 걱정하셨는데 제가 한국 사람인 걸 발견하고 객원으로 유니버설 발레단으로 초청했어요." 그는 1987년 유니버설 발레단에 와서 〈고집쟁이 딸(La Fille mal Gardée)〉, 〈알레그로 브릴리언트〉를 했다.

"저는 한국으로 잠깐 와서 친척도 만나고 돈 벌어서 미국으로 돌아가려고 했는데 그때 제 인생의 동반자 김인희를 만났어요. 그녀는 객원인 저와는 많이 달랐죠. 주역 무용수에다 직급도 유니버설 발레단의 이사급 정도 되었으니까요. 그녀가 아침마다 일찍 와서 연수단원을 지도하는데 그 모습이 따뜻하고 자상한 게 인상이 깊었어요. 거기다 춤을 너무 아름답게 추더라구요. 제가 반한 거죠. 그녀와 결혼하고 한국에 정착하게 된 거예요."

그는 유니버설 발레단 시절의 예술감독인 로이 토비아스(Roy Tobias, 1927~2006)의 예술적 영향을 받아 안무가의 꿈을 키웠다. 로이 토비아스는 미국 태생으로 아메리칸 발레 시어터의 최연소 단원, 조지 발란신의 직계 제자로 알려져 있다.

U.S.A 플로리다 발레단(1986) ⓒ 제임스전 제공

조승미, 로이 토비아스, 제임스전 ⓒ 이찬주춤자료관

　뉴욕 시티 발레 창단 멤버로 수석 무용수를 역임한 이후 미국과 유럽의 주요 발레단에서 활동했으며 발레사전에도 등재되어 있다. 그는 1981년 국립발레단 초청으로 한국과 인연을 맺었으며 1988년부터 유니버설 발레단 제3대 예술감독(1988~1995)을 지내면서 클래식발레 외에도 발란신의 작품들을 공연하며 한국 발레 부흥에 변화를 꾀했다. 제임스전과 김인희가 창단한 서울발레시어터에서도 초대 예술감독을 지냈고(1995~2003) 은퇴한 뒤 2006년 숙환으로 세상을 떠났다. "나는 한국인입니다."라고 말해온 푸른 눈의 로이 토비아스는 1999년 귀화했으며 '이용재'라는 한국 이름을 가졌다.

　'한국 발레계의 스승', '한국 모던발레의 개척자'라 불리는 로이 토비아스, 그를 기리는 추모 공연 '리멤버링 오브 유… 로이(Remembering You… ROY)'가 2017년 7월 22일 유니버설 아트센터에서 열렸다. 서울발레시어터는 토비아스가 1993년에 안무한 단막 발레 〈마음속 깊은 곳에〉를 올렸다. 로이 토비아스는 제임스전에게 〈라 실피드(La sylphide)〉의 악마 같은 매지 역, 닥터 코펠리우스의 연기적인 역할을 맡겼다. 그는 "제임스! 너는 이런 역에 재능이 있어. 제임스! 훌륭한 안무가들은 캐릭터 댄스도 잘 했어."라고 말했다. 그리고 안무 외에도 인격적인 것에 대한 가르침도 주었다. 그 사람은 선비 그 자체였다고 제임스전은 말한다. 그리고 그는 안무를 가르쳐줄 때도 어떻게 하라고, 절대 말하지 않는다. 그가 바흐 음악으로 〈세 순간〉을 안무할 때 악보를 함께 보면서 멜로디 외에 베이스를 잘 봐! 말하면서도 절대 답은 안 줬다. 스스로 찾아내라는 식이었다. 제임스전은 힘들 때면 항상 그를 찾았고 그가 자기 인생의 멘토였다고 말했다.

제임스전이 안무가로 들어선 계기에 토비아스의 영향이 있었음은 그 자신도 인정하는 부분이다. 그가 멀리 내다보는 안목으로 제임스전의 안무력을 눈여겨본 게 아닌가 싶다. 사실 제임스전은 줄리아드 대학교 다닐 때 학교에서 무용만 한 것이 아니라 안무도 했다. "제 작품에 마사 힐 교장선생님과 다른 선생님들이 좋은 반응을 주셨지요. 무용수로서 춤을 추다 보니 어느덧 서른 살이 넘어가고 제2의 인생을 무엇을 할까 하는데 안무에 관심도 있고 해서 안무가로 전환할까 했는데 유니버설 발레단 때 줄리어드 예술대학교 시절 〈대답 없는 의문〉을 다시 만들었어요. 로이 토비아스 예술감독님이 제 작품을 보고 "해라, 할 수 있겠다" 하셨어요. 그때부터 본격적으로 안무도 했지요. 그게 1991년 7월 ADF(American Dance Festival) 서울 개막공연에서 유니버설 발레단이 공연한 작품 〈영상〉 안무예요."

무용수에서 안무가로 변화하려는 시점에서 제임스전은 더 큰 그림을 그리게 된다. 앞서도 말한 서울발레시어터 창단이 그것이다. 발레단 창단 계기를 물었다.

〈코펠리아(Coppélia)〉(제임스전 · 박재홍) 유니버설 발레단 ⓒ 제임스전 제공

"서울발레시어터 창단하기 전인 1992년에 이미 '김인희&제임스전 발레'라는 타이틀로 〈세 순간〉, 〈대답 없는 의문〉, 〈영상〉, 〈마음속 깊은 곳에〉 공연을 하고, 1993년에는 〈도시의 불꽃〉 등을 하기도 했지요. 그리고 제가 유니버설 발레단에서 잠시 국립발레단에 옮겨 있을 때 저는 유럽으로 떠나 새로운 도전으로 관심이 깊었던 피나바우쉬 오디션을 보러 가려고 하기도 했어요.

그리고 한국에서 처음 3년을 돌이켜보면 유니버설 발레단 시절에 많은 걸 배웠어요. 거기서 배운 클래식발레는 엄청난 저의 재산이지요. 안무를 하기 위해서 클래식발레는 중요성을 갖고 있어요. 그것을 알게 해준 UBC가 고맙

세계를 누비는 춤예술가들

〈심청〉(제임스전·김인희)) © 유니버셜 발레단 제공

죠. 하지만 한국에서 어느 정도 지내서 아내 김인희와 고향 미국으로 돌아가
려고 했어요. 그런데 단원 후배들 최광석, 이인기, 강세영, 문경환, 연은경
그리고 최영태 사진작가 등과 저희 집에서 저녁을 먹다가 1994년 11월 '우리
도 우리의 무용단을 창단해 우리의 춤을 추자' 하는 이야기가 나왔어요. 그때
만 해도 발레 작품들을 외국에서 수입해야 했거든요. '우리도 우리 것을 만들
어서 수출하자' 그런 거죠. 저도 우선 남의 것 말고 우리의 것을 만들고 싶었
기 때문입니다. '왜 우리가 창작을 못하겠느냐'고 생각했습니다. 〈백조의 호
수(Swan Lake)〉, 〈잠자는 숲속의 미녀(The Sleeping Beauty)〉, 〈지젤(Giselle)〉도

제임스전   311

고전이지만 하나의 창작물입니다. 우리도 자체 개발해야 해야 하고 그런 단체를 만들고 싶다는 생각이 간절했어요."

단체명으로는 국립발레단이 있어서 '코리아'라는 명칭을 쓰지 못한 대신, 서울이라는 도시는 영구적일 것 같아서 서울발레시어터로 지었다. 발레단이 아니라 '시어터'를 붙인 이유는 발레라고 발레슈즈만 신는 것이 아니라 맨발로 할 수도 있고 어떤 안무가가 와서도 작품을 만들 수 있게 하기 위함이었다고 한다.

"민간단체는 육성하기 힘들죠. 하지만 금방 사라지지 않는, 오래 갈 수 있는 단체를 만들고 싶었어요. 21년 하고 물려줬지요."

2017년 현재 서울발레시어터는 단장 나인호와 예술감독 조현경을 비롯해 25명 남짓의 단원으로 구성되어 있다. 제임스전은 실력 있는 예술가들에게 가장 중요하게 배운 마인드가 '예술은 절대 고여 있으면 안 된다'는 것이었다. "새롭고 자유로운 젊은 열정과 혈기가 발레단을 탄력 있게 만들지요. 새로운 비전과 작품 스타일을 구축하며 변화가 필요하죠. 서울발레시어터는 자식 같은 존재지만 이제 간섭은 안 합니다." 다만 재정적으로 더 탄탄하게 키워서 물려주면 좋았겠지만 그렇지 않아서 아쉬운 일면도 있다고 그는 말했다.

1995년 2월 19일에 서울발레시어터를 창단한 뒤 그해 6월에 창단공연을 했다. 창단 4개월 만에 〈현존(Being)〉이라는 작품으로 첫 공연을 한 것이다.

"〈현존 I〉은 록(rock) 발레이고 총 3부로 구성되어 있어요. 96년에 〈현존 II〉를 만들고 98년에는 〈현존 III〉을 만들었습니다. 첫 공연을 올렸을 때 느낌은 극장 관계자들과 여러 기관들, 타 장르의 문화예술인 오페라, 연극 등이 관심이 많아 첫 회부터 표가 매진될 정도로 인기가 많았던 공연이었어요. 서울발레시어터가 어떤 작품을 올릴 것인가 했고 그때 첫 공연이 너무 좋았어요.

많은 분들이 왔었고 격려도 해주셨죠. 실험적 작품을 하는구나, 너희는 다르다. 그게 다 힘이 되었죠. 순수 창작발레인데 첫 공연부터 매진된다는 게 좋았어요, 직접 저희가 만들었다는 것이. 속으로는 겁도 많이 났구요. 특히 잊히지 않는 것은 〈현존〉이 끝난 후에 한 어린이가 좋았다면서 자신의 용돈 500원을 기부한 일, 그리고 어떤 장애인은 이 작품을 보고 자살하려던 마음을 바꾸었다고 털어놓았지요. 예술이라는 것이 희망을 준다는 게 행복했어요."

그로부터 20년이 지난 뒤인 2015년 서울발레시어터 창단 20주년 기념공연에서 올린 〈현존(about the Being the best)〉은 역시 재미있고 강렬했다. 두 대의 오토바이의 굉음과 함께 강렬하게 시작한다. 〈Amazing Grace〉, 헨델의 〈울게 하소서〉 퀸의 〈Crazy little thing called love〉, 〈Under pressure〉, 〈Angel〉 등 클래식음악과 대중음악이 어우러진 가운데 다채로운 움직임과 속도감 있는 전개를 보여주었다. 탄탄한 구성력에 와이어를 사용한 몸짓과 무대연출은 서정성과 유쾌미를 조화롭게 공존케 하며 풍성한 볼거리를 남긴 작품으로 제임스 전의 특유한 안무로 기억된다.

서울발레시어터는 1996년 문화예술회관 서울두레에서 국내 무용계 최초로 32일간 장기 공연도 했다. 현재 서울발레시어터가 보유한 레퍼토리만 해도 100편에 가깝다. 제임스전이 창작한 발레가 거의 레퍼토리화되었다고 할 수 있다.

세부적으로 그의 안무작을 살펴보면 전막 공연으로 〈현존 I, II, III〉, 〈창고 (Warehouse)〉(2001), 〈이상한 나라의 앨리스〉(2000), 〈사계(Four Seasons)〉(2001), 〈백설공주〉(2003), 〈애별(La Voix Humaine)〉(2011), 〈분노(Rage)〉(2014) 등이 있다. 단막 공연으로는 〈도시의 불빛(City Light)〉(1993), 〈세레나데〉(1999), 〈생명의 선 (Line of Life)〉(1990), 〈안쪽으로의 움직임(Inner Moves)〉(2002), 〈12를 위한 변주 (Variations for 12)〉(2004), 〈봄, 시냇물(Spring, Stream)〉(2005), 〈작은 기다림 2(A

〈세레나데〉(제임스전 · 김인희) ⓒ 유니버설 발레단 제공

제임스전

Wish 2)〉(2005), 〈블루(Blue)〉(2008), 〈오셀로(Othello)〉(2008), 〈두 개의 이미지(Two Images)〉(2014), 〈두 가지 다른 길(Two Different Path)〉(2015) 등이 있다.

이중 〈현존Ⅰ, Ⅱ, Ⅲ〉은 1998년 무용예술사 선정 올해의 안무가상을 수상했으며, 〈봄, 시냇물〉은 2005년 올해의 예술상 무용 부문 우수상을 수상했다. 〈이상한 나라의 앨리스〉, 〈백설공주〉(2004, 무용예술상 작품상), 〈호두까기 인형(The Nutcracker)〉 등은 최초의 '가족 창작 발레' 시리즈를 표방하는 작품들이다. 2001년 한전아츠풀센터에 올린 〈창고(Warehouse)〉는 스트라빈스키, 트윈폴리오, 퀸, 엔냐, 재즈 그리고 사물놀이까지 곁들어 타임머신을 타고 떠나는 두 장르를 결합한 댄스뮤지컬이다.

게다가 제임스전 안무작이 해외에 수출되는 쾌거를 이루기도 했다. 유니버설 발레단 제4대 예술감독 브루스 스타이블(Bruce Steivel)이 미국 네바다 발레시어터의 예술감독으로 옮기면서 그가 마음에 두었던 제임스전의 〈생명의 선(Line of Life)〉(2001)을 올렸다. 그리고 네바다 발레시어터의 새로운 작품 의뢰로 〈안쪽으로의 움직임〉(2002), 〈12를 위한 변주〉(2004)를 각각 만들어줬다. 그리고 그 공연을 본 미국 애리조나 노바발레단 관계자에 의해 2008년 〈안쪽으로의 움직임〉을 애리조나에서 공연하기도 했다.

제임스전의 안무작은 대체로 모던발레 계열이라고 할 수 있는데 그의 안무 역사는 서울발레시어터의 역사라고 해도 과언이 아니다. 게다가 순수한 개인 자본으로 시작한 단체이므로 어떻게 보면 서울발레시어터는 우리나라 최초의 민간 발레단이라고도 할 수 있다. 유니버설 발레단이 먼저 창단되긴 했지만(1984년), 한국문화재단의 후원에 힘입은 바 컸다.

발레단 초기 작업에서 가장 어려웠던 점을 물어보았다.

"국·공립무용단에는 비교도 안 되지만 단원들의 기본급여와 4대 보험을 보장해주는 것이 힘들었고요. 그 외에 의상, 무대 등 많은 것이 필요했어요. 특히 가장 어려운 부분이 바로 세금입니다. 외국은 비영리 단체가 100% 세금을 내지 않고 부가세도 없지요. 하지만 우리나라는 10% 부가세를 내야 하고 공연용 발레슈즈를 사는 데도 부가세를 내야 했지요. 하지만 세무사를 두고 투명하게 운영했어요."

나중에는 집도 팔아야 했다고 그는 말했다. "많은 것을 새롭게 시작한다는 것이 희생이 필요한 거잖아요. 단원들 급여도 주어야 하고, 연습실 세도 내야 하고 다달이 나가는 액수를 유지하기가 쉽지는 않았어요."

그는 발레단 운영 중 큰 위기를 세 번 겪었다고 했다. "첫째는 IMF 때 문을 닫을 뻔한 일이에요. 공연 협찬을 못 받았고 두 번째 2001년도에 30주년 공연 등도 있었는데 9·11 테러가 난 거예요. 10월에 공연인데 9월 11일 테러가 나니깐 국내에서도 불안해져 마음 편히 공연 보기가 어려워지니 많은 분들이 티켓을 못 사주셨죠. 그때 기업들도 저희 공연에 관심이 있어서 종종 단체로 티켓을 구입했는데 그것도 안 됐어요. 결국 6개월 동안 발레단 문을 닫았어요. 하지만 과천시민회관에서 저희를 다시 초청해서 거기서 2002년에 다시 시작했다가 또 위기가 다가왔어요. 2008년 금융 위기로 문을 닫을 뻔한 거죠. 그때 발레단 단원들이 자진해서 월급을 30% 삭감하자고 했어요. 서로 똘똘 뭉쳐 발레단을 지키고 싶었던 단원들의 마음이 고비를 극복하게 된 계기가 됐어요."

발레단 운영에서 그는 안무를 중심으로 하고 김인희 단장이 계획을 잘 짜고 재정적으로 꼼꼼하다고 한다. "한 사람만 했으면 아마 못 했을 거라면서 두 사람이 있어서 21년간 온 거라고 말씀하시는 분들이 많이 있더라고요." 그가 말했다. 그는 예를 들어 급여를 주면서 운영하는 발레단이 뉴욕시 안에

U.S.A 플로리다발레단(1986) ⓒ 제임스전 제공

세계를 누비는 춤예술가들

만 여러 개가 있다고 했고 우리나라에서는 국립발레단과 광주 시립 발레단이 유일한 국공립단체인데 부산, 대전 등 큰 도시에 그런 단체가 더 많이 생겼으면 한다고 그가 말했다.

사실 한국에 이제 춤 잘 추는 사람들은 많아졌는데 좋은 안무가의 좋은 작품이 많이 나와야 하지 않을까요, 하고 그에게 물었다. "유럽은 작은 도시에 단체가 많고 미국도 뉴욕, 보스턴, 플로리다, 마이애미 등 단체들이 많아요. 단체가 더 많이 생겨야 훌륭한 안무가가 나오고 발레를 비롯한 춤 예술이 발전할 수 있습니다. 안무가가 안무를 하려면 무용수도 필요하고, 연습실도 필요하고, 극장도 필요합니다. 시스템이 필요합니다. 단체가 있어야 안무가도 나옵니다. 단체가 많아지는 만큼 인적 자원이 많아져 훌륭한 안무가도 나오죠."

그는 이 대목에서 목소리를 조금 높였다. 이어 안무가의 덕목에 대한 태도에 대해서도 말을 이어갔다.

"안무는 역량이 있어야 해요. 무용을 할 수는 있어야 하겠지만 안무가가 가지고 있는 특별한 재능(talent)이라는 것은 가르친다고 배우는 것이 아닙니다. 스스로가 느끼고 배워야 합니다. 거기서 중요한 게 다양한 문화를 접해야 하는 겁니다. 한 예술가가 나오기 위해서는 많은 노력과 다양한 삶을 배우는 시간이 필요해요. 로이 토비아스, 모리스 베자르, 안나 소콜로, 폴 테일러, 앤서니 튜더, 마츠 에크 등 이들은 춤도 배우지만 다양한 삶도 경험하게 되면서 훌륭한 안무가가 된 거죠.

스티브 잡스도 좋은 대학을 나와서 된 것이 아니라 자라온 환경과 주변 사회를 통해 성장한 거죠. 조지 발란신[18]도 발레 뤼스를 통해 춤을 추면서 피

---

18) 발란신(George Balanchine, 1904—1983) 러시아 출신 미국인 무용가이자 안무가. 17세 때 상트페테르부르크 황실발레학교를 졸업하고 마린스키 극장에 입단한다. 안무에 관심이 쏠려 있던 그는 1924년 디아길레프가 이끄는 발레 뤼스에 들어간다. 그의 안무 재능

카소, 스트라빈스키, 프로코피에프, 드뷔시, 에릭 사티, 모리스 라벨 등 당대의 쟁쟁한 예술가들과 함께 교류했지요. 그런 것들이 바탕이 되어야 한다고 생각해요. 안무는 인생에 대해, 삶에 대해 있는 그대로 보여주는 것이라고 생각합니다."

안무가에 대한 긴 말을 들었다. 오랜 세월 발레를 위해 무대에 서고 발레를 만들어온 사람, 제임스전의 말이었다. 거기에 덧붙여 안무가 후원에 대한 말도 짧게 이어졌다.

"그리고 우리나라에서는 후원이 좋아지긴 했지만 더 활성화되어야 합니다. 솔직히 예술은 돈이 될 수가 없습니다. 아마 세계적인 발레 단체도 거의 50%는 적자일 것입니다. 재정이 좋으면 작품이 완성도도 높고 집중도도 높아지죠. 온전히 작품에 집중할 수 있으니까요."

서울발레시어터는 과천에서 상주단체로서 비교적 오랫동안 지원받았고 상주단체 롤모델이 되었는데 처음에는 예술의 전당에 들어가려고 하지 않나 하며 그에게 물어보았다.

2000년도에 예술의전당 입주를 계획했다가 장충동에서 오케스트라, 국립발레단 등이 오면서 여러 가지 이유로 연습실을 옮겨야만 했다고 그는 씁쓸하게 말했다. 입주가 무산되면서 임대료도 날리고 예술의 전당과의 교육프로그램도 진행할 수 없어 2년간 고생했다. 그래서 "우리가 공연했을 때 가장 많은 관심을 가지고 따뜻하게 대해주었던" 과천시민회관이 떠올랐다고 했다.

을 알아본 디아길레프는 발란신을 발레 지도자로 임명한다. 1929년 그의 나이 25세에 디아길레프가 죽고 발레 뤼스가 해체되자 그는 링컨 커스틴의 초청으로 미국으로 갔다. 그는 1935년 '뉴욕시티발레'의 전신인 아메리칸 발레단을 조직하는데 일조하고, 1948년 뉴욕시티센터를 전용극장으로 하는 '뉴욕시티발레단'이 만들어졌다. 그는 예술감독으로서 발레 뤼스에서 만난 스트라빈스키와 함께 〈아폴로〉(1928), 〈불새〉(1949), 〈아곤〉(1957) 등을 만들며 평생의 예술적 동지로 서로의 교감을 형성했다.

세계를 누비는 춤예술가들

"과천시민회관 문화사업팀은 담당자부터 모든 스태프가 우리에게 호의적이었고 입주도 허락했어요. 그것을 보고는 당시 문화체육관광부 담당자 용호성(현 영국문화원장)이 찾아와서 우리가 상주하는 조건에 대해 꼼꼼하게 물어보더군요. 그것이 모델이 되어 문화재단의 공연장 상주단체 육성지원사업이 탄생한 거로 알고 있습니다. 당시엔 상주단체라는 개념도 일반적이지 않았던 거죠."

현재 시행 중인 '공연장 상주단체육성지원' 사업은 예술단체가 해마다 일정한 시기에 한국문화예술위원회에 지원해서 심사를 거쳐 채택되는 방식이며 서울문화재단을 비롯해 각 도(道)의 문화재단이 시행하고 있다.

우리나라에서 민간 무용단을 운영하기가 쉽지 않고 심지어 어느 면에서는 열악하다는 점을 필자도 잘 알고 있다. 이러한 상황 속에서 하나의 발레 단체를 21년 동안 버텨왔다는 것이 대단하다고 여겨진다.

청춘 시절 어느 누구 못지않게 치열한 삶을 살았던 제임스전이다. 이 시대를 살아가는 젊은이들에게 해주고 싶은 말을 청했다. "세 가지가 있습니다. 사실을 확실히 알아라(face the fact). 나의 부족함을 알게 되면 힘들고 우울증이 되잖아요. 그걸 긍정적인 사고로 가지고 관리하라(positive energy), 관리해서 너를 발전시키도록 자신을 스스로 훈련하라(train your self) 이 말을 해주고 싶어요. 끊임없이 단련시키고 관리하기가 힘들잖아요. 돈을 많이 벌고도 관리를 못하면 어떻게 되나요. 다 빠져나가죠."

긍정적인 사고를 가지고 있는 제임스전. 그는 2, 3년에 걸쳐 놀라운 프로젝트를 실행했다. 그는 2011년 한 기업의 홍보 영상 제작에 참여하면서 그 기업으로부터 노숙인을 대상으로 하는 발레 수업을 제안 받았다. 이후 '재능기부'를 이어 가며 노숙인이 판매하는, 노숙자 재활 잡지인 ≪빅이슈≫의 판매원 4~5명을 발레 수업에 초청하게 되었다. 매주 한 번씩 노숙인들에게 발

한국체육대학교 교정 ⓒ 이찬주

레 기본자세를 가르치고 인사법을 가르치고 자세 교정을 도와주었다. 반대로
그는 잡지를 직접 팔아보기도 했다. 발레를 배운 사람들은 자세가 교정되면
서 자신감을 갖게 되고 삶의 활력을 얻었다고 그는 말한다. 실제로 2011년
겨울 〈호두까기 인형(The Nutcracker)〉 공연에 발레수업 받은 노숙자 6인이
파티 장면에 나오는 귀족으로 출연했다.

  1980년대 발레리노가 거의 없던 시절, 스타로서 무대에 섰던 제임스전은
90년대 들어서면서 서울발레시어터 창단과 더불어 안무가로서 더 활발히 작
품 활동을 했으며 그 결실로 안무작을 외국 발레단에 수출하기도 했다. 어찌
보면 그의 발레 인생은 한국 창작 발레사를 요약한 것인지도 모른다.

  그런 그가 이제 다시 무대 위의 춤꾼으로서 모색을 하고 있다. 2017년 로
이 토비아스 추모공연에서 〈마음속 깊은 곳에〉의 솔로를 춘 그는 7월 말 인
천연수국제무용축제에서 '연수오감몸짓프로젝트'라는 이름 아래 〈촉각〉을 선

세계를 누비는 춤예술가들

보였는데 그와 미국의 루이스 카브로스(Louis Kavouras)를 포함해 네 명이 함께 무대에 올랐다. 창무국제공연예술제(8월 29일~9월 3일)에서는 정운식과 함께 〈바람처럼…〉을 추었고, 11월에는 신진 안무가 김지연과 함께 창작발레 〈에너지버스〉를 올렸다.

그는 말한다. 1948년생인 미하일 바리시니코프는 일흔 나이에도 춤을 춘다고. 바리시니코프보다 세 살 많은 마츠 에크는 무용수인 아내(아나 라구나)와 함께 여전히 춤을 춘다고. 그는 또 말한다. 춤을 그냥 추고 싶다고. 이제는 오롯이 나 자신을 위한 춤을 출 거라고. 그는 여전히 춤을 만들고 춤을 추는 사람인 것이다. 여전히 '현역'인 것이다.[20]

〈라 바야데르(La Bayadére)〉의 골든 아이돌(황금 신상) ⓒ 파리 오페라 발레단 / 김용걸 제공

김용걸

끝까지 버티는 자가 살아남는다

　　김용걸은 1973년에 부산 가야동에서 태어났다. 그의 어머니는 15세에 한국무용을 접했다가 외할아버지의 반대로 접었다고 한다. 어머니는 잊고 살았던 무용을 김용걸에게 권유했다. 그는 아들만 넷인 집안의 차남이다.

　　집안 형편도 괜찮은 편이어서 그런지 어머니(이강선)는 제일 말 잘 듣고 하는 차남인 그에게 집요하게 매달렸다. "그때는 몰랐지요. 무용에 대해 설명을 잘 해주시는 것도 아니고요." 그는 남자가 무용을 한다는 것에 선입견도 있었고 무용의 매력을 몰랐다고 한다. 그는 열다섯 살 무렵 부산역 근처의 황창호 무용학원에 갔다. 그의 어머니는 계모임에서 만난 한 언니의 딸이 발레를 한다길래 그에게 발레를 시켰다. 어머니는 원래 무용에 관심이 있었기에 현대무용, 발레, 한국무용의 장르에 관계없이 무용을 꼭 한 번 시켰으면 좋겠다 생각했다고 한다. 또한 남자가 하는 발레가 귀하고 멋있다는 말로 그는 발레의 길로 들어섰고 부산예고에 진학한다. 예고에는 무용하는 남자가 많았다. 그는 예고의 무용하는 형들을 보고 내심 놀랐다. 무용을 잘 몰랐던 시절 기초를 하기 위해서 배우던 다리 찢기와 스트레칭을 주로 하던 그가 춤추는 남성들을 보고 깜짝 놀란 것이다. 춤이란 게 생각과 다르게 멋지구나 하고 느꼈다고 한다. 그러고 나서 그는 거울 보고 춤추는 게 좋아지기 시작했고 열심히 하니 무용도 빨리 늘었다. 그는 체격 조건이 남들에 비해서 좋았다. 형제들은 아버지를 닮아서 동생도 씨름할 정도로 체격이 좋았다. 그는 발레 라는 게 해보니까 재밌고 칭찬도 많이 받고 결과도 괜찮아지면서 차차 자신 감을 가졌다. "부산예고에서는 장성애 선생님께 1년 배웠고 그분이 미국으로 가신 후 창원대 배귀영 선생님께 2년 정도 배우고 성균관대학교로 진학했습 니다. 무용이란 스승으로부터 춤을 전수받는 것으로 선후배들 사이에 '군기' 가 있어요." 고등학교 시절 그게 싫었던 그는 다소 망설임도 있었지만 남학 생들이 선호하던 세종대와 한양대를 포기하고 어디서든지 무조건 열심히 하 면 되겠지 하면서 성균관대를 선택했다. 1991년 김경희 교수가 있던 성균관 대 무용과는 3년 정도 된 신생 무용학과였다. 선배가 없었던 까닭에 동아콩 쿠르도 나가고 일본 아시아 콩쿠르도 나가 1등을 받고 바르나 콩쿠르도 나가 서 디플롬까지 가서 좋은 선택이 되기도 했다. 사실 한국은 군대가 있어서 선배들을 먼저 배려한다. 나이에 따라서 입대하므로 그럴 수밖에 없다. 성균 관대 재학 시절 국립발레단에 임성남 단장이 있을 때 김용걸은 1~4학년까지 국립발레단 객원으로 출연하기도 했다. 다음 해 김혜식 단장이 있을 때 그는 국립발레단에 입단했다. 그리고 95년부터 99년 말까지 5년간 최태지 단장 아 래서 활동했다. 국립발레단에 입단하고 〈호두까기 인형(The Nutcracker)〉에서 1막 눈의 나라 왕자를 맡는 등 거의 주역급으로 활동했다. 그 당시에는 국립 발레단에 승급제도가 없어 배역을 맡을 때 어울리면 맡곤 했다. 김용걸은 솔

〈빛·침묵 그리고 ······〉 ⓒ 김용걸 제공

리스트로 활동하다가 1996년에 본격적으로 주역으로 활동했다. 당시에 세종
대 출신의 최광석 남자 주역이 미국으로 떠났다. 1997년에는 우리나라 모든
남자 춤꾼들의 이상, 이원국 선배가 UBC에서 루마니아로 옮겨 지내다가 국
립발레단으로 들어왔다. 너무나도 춤을 잘 추었고 동향인 부산 출신이라 친
하게 지냈던 기억이 난다고 했다.

그렇게 2000년이 다가오고, 밀레니엄이라고 전 세계가 떠들썩하자 그는
압박감이 밀려왔다. 그는 스물여덟 살이 되었는데 2000년에도 국립발레단에
있다면 영원히 이곳에 머물게 될지도 모른다는 생각이 들어 덜컥 겁이 났다.

김용걸 327

〈스파르타쿠스〉ⓒ 국립발레단 제공

세계를 누비는 춤예술가들

밀레니엄에는 어딘가에서 나의 다른 걸 느껴보고 싶었고 스스로를 한번 돌아봐야 한다고 생각해서 새로 시작해야 하는 그런 마음이 있었다고 했다.

"지금 외국 발레단에 가려면 이메일도 보내야 하는데 그 당시에는 그게 잘 안 됐습니다. 여기를 그만두고 가지 않으면 뭘 얻을 수 없는 식이었습니다. 나갔다 올 테니 기다려달라고 할 수도 없었어요. 최태지 국립발레단 단장님께는 일 년 전부터 외국 나갈 얘기를 하긴 했습니다. 그러다가 99년 9월에 그만두겠다고, 나가겠다고 했어요. 국립발레단에 그만두겠다는 것을 미루면 안 될 것 같아 9월쯤 말하고 12월 〈호두까기 인형(The Nutcracker)〉을 끝으로 그만뒀어요. 그 사이에 3개월간은 고통의 시간이었죠. 최태지 단장님도 힘들어 하셨지요. 11월쯤 되니까 저를 부르더니 단장님께서 알았다, 그러시더라고요. 저는 열심히 11월 초부터 나가려고 비행기 표도 알아보고 있는데 12월 말에 1998년 파리 국제콩쿠르 나갔을 때 저를 도와주신 프랑스에서 활동하는 서미숙 선생님(서seo발레단)께 안부 전화 드렸다가 우연히 1월 초에 파리 오페라 발레단(Ballet de l'Opéra national de Paris)[19]에서 견습단원을 뽑는 오디션이 있다는 소식을 들었어요. 미국으로 가겠다 그랬더니 가는 김에 들려서 한번 보고 가래요."

사실 그는 파리 오페라 발레단(Ballet de l'Opéra national de Paris)은 꿈에도 생각을 못했다. 프랑스가 동양 사람을 무시하기도 하지만 그곳은 발레 하는 사람들 모두가 선망하는 곳이다. "저희는 비디오 세대라고 해요. 비디오 자료를 참 많이 봤어요. 파리 오페라 발레단(Ballet de l'Opéra national de Paris)의

---

19) 파리 오페라 발레단(Ballet de l'Opéra national de Paris)은 1661년 프랑스 루이 14세에 의해 왕립 무용 아카데미로 설립되어 왕립 음악 아카데미와 합병된 발레단이다. 전 세계에서 최고의 역사를 자랑하는 발레단으로 1671년 프랑스 국립발레단으로 파리에서 설립되었다. 가르니에 극장(Palais Garnier, 팔레 가르니에)과 바스티유 오페라 극장(Opéra Bastille) 두 곳을 메인극장으로 공연을 올린다.

비디오를 보면 너무 잘 하는 거예요. 레슨도 다르고 멋있었어요. 그 사람들하고 같이 한번 해보고 싶은 마음은 간절했지요. 하지만 장벽이 높은 곳이라 안 될 것이라 생각해 미국 발레단으로 알아보려 했고 뉴욕 스텝스(STEPS)에 가서 머물면서 정보도 모아 두고 찾아보려고 했지요" 부끄러운 이야기라고 하면서 그가 파리 오페라 발레단(Ballet de l'Opéra national de Paris)을 가지 않으려던 이유를 이야기했다. 1999년 여름에 김지영 씨와 문예진흥기금을 수혜하게 되어서 해외 연수를 한 달 갔다 왔다 한다. 그때 유럽을 돌 때 파리 오페라 발레단(Ballet de l'Opéra national de Paris) 오디션이 있었는데 봤다가 보기 좋게 떨어졌다고. "1차가 바(bar), 2차가 센터(Center)를 하는데 남자 60~70명 정도가 한꺼번에 1차 바(bar) 시험을 봤는데 저는 보자마자 떨어졌어요. 문화훈장 화관장도 받고 동아콩쿠르 1위, 모스크바 국제발레콩쿠르 3위, 파리 국제무용콩쿠르 듀엣 부분 1위 등을 받고 했는데 바에서 떨어져서 잘못 들은 줄 알았어요."

김지영 씨는 결승까지 갔었다. 그래서 그는 서미숙 선생이 파리 오페라 발레단(Ballet de l'Opéra national de Paris)을 말하길래 고개를 저으며 "아 그냥 안 볼게요." 했다고 한다. 그러나 그는 졸업 후 입단했던 국립발레단에서 보낸 5년을 등지고 떠났다. 프랑스 파리에서 오디션을 본 1월 12일을 정확히 기억했다. 견습 단원은 5개월간 단기계약이었고 군무 무용수가 필요해서 다섯 명을 뽑았고 그가 3등으로 됐다. 그래서 2월부터 출근을 했다.

그런데 그는 자신의 인생에서 가장 힘든 시기를 맞이했다고 했다. 왜 그런지 물었다. "무용을 많이 못해서요."라고 짧게 말했다. "무용을 안 시켜주죠. 들어가서 2월부터 5월까지 그냥 군무만 했어요. 그것도 군무 역할을 주는 것이 아니라 그 역할을 외워놓아야 해요." 친구가 다치면 하는, 그런 대타 역할

이었어요. 그는 하루 종일 아침에 발레클래스만 하고 계속 앉아 있었다. 살도 찌고 먹고 싶은 스트레스도 크고 하는데 못 먹고 자제하는 스트레스, 무용하고 싶은데 안 시켜주는 스트레스 견습 단원 신세가 너무 힘들고 초라하게 느껴졌고 한국에서 온 것을 가끔 후회를 하면서 그렇게 5개월간을 버티었다.

7월에 정단원 오디션을 준비를 했다. 필자가 "한 명 뽑는 데서 됐지요?"라고 묻자 그는 5개월 동안 준비하면서 "제 인생에서 그게 '나이스샷' 한 방이었어요. 지금도 생각하면요. 자제하고 참고 인내하고 열심히 했고 그 이상의 결과를 얻을 수 있었죠." 필자는 어떻게 준비했냐고 되물었다. 그는 파리 오

쓰리 볼레로 〈볼레로〉 연습장면 ⓒ 국립 현대무용단 제공 / 황승택

페라 발레단(Ballet de l'Opéra national de Paris)의 모든 연습이 끝나고 했다고
한다. 그 사이에는 무용실을 쓸 수 없었고 보통 아침 10시부터 해서 클래스
하고 7시에 마친다. "공연을 하면 11시에 끝나요. 그렇게 매일 했습니다. 7시
부터 친하지도 않은 친구를 불러서 봐달라고 했습니다." 그는 안 되는 날이
면 혼자서 연습하다가 바를 잡고 울기도 하고 스트레스가 심했다.

　파리 오페라 발레단(Ballet de l'Opéra national de Paris) 단원에서 친한 친구
장 마리 디디에를 포함해서 그에게 친절한 단원들이 몇 명 있었다. 반이 아
프리카계였던 장 마리 디디에는 친절한 프랑스인이었다. 어느 날 그가 영화

쓰리 볼레로〈볼레로〉ⓒ 국립 현대무용단 제공 / 황승택

DVD를 김용걸에게 주었다. 〈파리에 뉴욕에서 온 한 남자〉 그의 눈에는 자신이 그렇게 보였나 보다고 한다. 장 마리 디디에는 "너 정도면 미국이나 딴데 가도 웬만한 솔리스트 맡을 것 같은데 왜 여기 와서 이러고 있냐." 했다고 한다. "제가 이렇게 답했지요. 너는 프랑스인이기 때문에 네가 있는 발레단이 어떤지 잘 못 느끼겠지만 나한테 있어서나 많은 사람들한테 여기는 꿈의 발레단이다, 그랬더니 그는 자기도 알기는 안대요. 그런데 그는 '내가 냉정하게 봤을 때 너는 이 발레단 들어오면 네가 원하는 그 급에 올라가기는 거의 불가능이다. 여기는 95% 프랑스에, 5% 외국인을 뽑을 수 있는 곳이고

© 국립 현대무용단 제공 / 박귀섭

세계를 누비는 춤예술가들

그 5%가 왜 5%겠냐, 여기는 프랑스인들이 만든 곳이기 때문에 잘 해도 기회 얻기가 힘들다.'고 했어요. 알긴 알지만 여기 발레단의 매력을 도저히 못 버리겠다. 난 이제 딴 데 갈 수도 없다, 난 다른 데 가도 이만한 시스템, 이만한 레퍼토리를 못 볼 것 같다. 그런 말은 고맙지만 나는 여기 있을 거다, 그렇게 말했어요. 그 이후 그 친구가 저를 더 많이 챙겨줬어요. 많이 도와주고. 그런 친구들 몇 명 있었죠. 하지만 파리에서 겪은 고통과 좌절은 상상 그 이상이었어요. 하지만 결국 버텨서 한 명 뽑는 데 되었습니다. 너무 신기했어요. 내가 될 거라고 예상도 못했는데 2000년 9월 1일부터 발레단 생활이 시작됐습니다. 그런데 별다를 게 없었어요. 똑같이 군무 순서 외우더라구요. 어! 바뀌지 않나 그랬는데 월급도 더 줄어들어요. 단발 계약직은 단발이니까 많이 주고 정단원은 종신단원 됐으니까 좀 적게 받았습니다. 월급도 적어지고 역할은 똑같고 그렇게 또 3년을 힘들게 지냈어요. 그런데 매년 12월 승급 시험이 있어요. 첫 해도 봤고 두 번째도 봤는데 계속 근처도 못 갔어요. 늘 한 명이나 두 명을 뽑았으니까요. 20명 중 매번 떨어지는 거예요."

필자는 의아했다. "김용걸 씨가 한국에서 주역도 하고 했는데 안 되던가요?" 물었다. "저는 그들보다 기본기가 안 되어 있어요. 그들은 5번 포인트, 턴아웃 이런 기본사항이 너무 잘 되어 있어요. 그들이 아라베스크 하나만 해도 제가 할 말이 없을 정도예요. 제가 아무리 기술적인 부분에서 가브리올 (cabriole—공중에 떠서 두다리가 붙은 상태)을 더블을 치고, 뚜르 · 앙 · 레르(tour en l'air—공중회전)를 세 바퀴 돌아도 그 아라베스크가 안 나오는 거예요. 파리 오페라 발레단(Ballet de l'Opéra national de Paris)의 레퍼토리는 남자 테크닉이 들어가 있는 게 하나도 없어요. 발의 5번 포지션에서 다시 5번으로 끝나는 뚜르 · 앙 · 레르, 아주 아름다운 수브르 · 소(soubre saut—수직도약후 제5포지션)

주로 그런 동작들이 있어요. 그런 걸 시험 과제로 내니까 제가 밀려버리는 거예요. 그들은 저보다 나이가 십 년 어려요. 저는 스물여덟 살에 입단했지만 그들은 열일곱 살, 열여덟 살에 입단해요. 그들과 10년차인데…… 어떻게 이들을 따라잡지, 그러다가 하루를 이틀로 살자 그런 마음으로 이 악물고 살았어요. 그래서 연습 끝나면 탈의실 소파에서 쪽잠을 자요. 7~8시에 그들이 집에 갈 때 나는 또 다른 하루를 7시 또는 8시에 시작하는 거죠. 혼자 클래스하고 그러면서 부상도 많이 왔습니다." 지독한 연습벌레인 그였지만 몸이 버티기 힘들었고 부족한 기본기에 자괴감도 몰려들어 육체적 정신적으로 힘든 생활을 계속 반복하면서 지냈다고 했다.

하지만 그는 연습에서 양보다 질의 중요성도 언급했다. "한 동작을 그냥 반복하는 게 아니라, 잘 생각하고 동작을 분석해보고 생각하면서 했어요. 내무용에 균형이 잡힐 거라 믿음을 구하면서요."

힘든 여정이었지만 2002년 말에 오디션을 봤고 세 명 뽑는데 2등인 드미솔리스트(demi-soloist)로 올라갔다. 그 뒤로는 그때부터 누구의 순서는 안 외워도 되는 대타에서 벗어났다. "군무인데 군무인 제 자리가 있어요. 그것도 감사했지요. 그렇게 하다가 2003년 그때 〈돈키호테(Don Quixote)〉 전막을 하는데 지탄 2막에 나오는 집시, 대장 이것의 동작이 부츠 신고 마초 같은 스타일이 필요한데 저를 다섯 명 중에 맨 마지막에 '언더'로 넣더라고요. 그때 참 운이 좋게 한 명은 아프고 다치고 또 다른 한 명도 아팠던 것 같고 나머지 한 명이 부모님이 돌아가시는 바람에 어디를 가야 하는 거예요. 언더가 두 명이 남은 거예요. 그런데 저를 택하더라고요. '미스터 김, 해 봐!'라고 하더군요. 이건 기회다, 생각하고 미친 듯이 했어요." 시연회 때에서 평이 잘 나왔다.

〈쇼팽과의 산책(Une Promenade Avec Chopin)〉 ⓒ 박귀섭

"제가 잘 버틸까 하고 저를 지켜본 거 같아요. 나중에 들으니 묵묵히 열심히 하는 모습이 좋았다고 그러더라고요." 그러면서 그는 사람들과 친해지게 되고 인정받게 되고 좋았다고 한다.

필자는 생활하면서 단원들과 재미있었던 이야기를 들려달라고 했다.

"좋았던 것은 파리 지방 가서 단원 친구들이랑 〈파가니니 바이올린 협주곡〉으로 새뮤얼은 솔로를 짜고 니콜 라온은 듀엣을 짜고 저는 군무를 짜는 등 각자 부분을 짜서 함께 작품을 올리기도 했어요. 프랑스기획자들은 파리 오페라 발레단(Ballet de l'Opéra national de Paris) 단원한테 접근을 많이 해요. 예를 들면 너희들끼리 팀 모아서 어느 지역으로 공연하러 와, 이런 식이죠. 휴가 때 갈 때도 있고 토요일 일요일 이틀 갔다 오기도 하죠. 파리 오페라 발레단(Ballet de l'Opéra national de Paris)에서도 일정 겹치지 않으면 해도 괜찮다고 허락을 해요. 단원들이랑 재밌게 지역에 가서 놀고 춤도 추고 와요."

외국에서 활동한 무용수들은 언어가 제일 큰 고충 중 하나이다. 불어와 얽힌 에피소드를 들려달라고 했다. 그는 영어도 자유로이 구사하지 못했는데 불어는 너무 어려워서 짧은 영어로 대화를 했다. 3년까지도 안 들리고, 들어도 도통 알 수 없다고 한다. 2003년에 파리 생활 4년째가 되어 가는데도 수모를 많이 겪어서 도저히 안 되겠다, 불어를 안 하면 죽을 수도 있겠다는 생각이 들었다고 한다. 어느 날 그는 8유로짜리 와인을 사고 잔돈이 없어 100유로 지폐를 내고 직원이 70유로를 주었는데 불어를 못해 어설프게 따지다가 그냥 돌아섰다고 한다. 멀리 일본에서 찾아온 팬과 커피 한잔하고 계산을 하고 또 거스름돈을 제대로 안 주길래 어설프게 말을 했다가 여성 팬 앞에서 망신만 당한 적도 있었다. 심지어 아랫집 주인이 천장에서 물이 샌다며 밤에 흥분해 따져서 어떻게 된 건지 확인할 불어 실력이 되지 않아 하는 수 없이 그냥 큰돈을 내주기도 했다.

그리고 프랑스에 살면서 사람들이 가장 힘들어 하는 것이 있다. 매년마다 갱신해야 하는 체류증이다. 불어를 못하면 하루 종일 줄을 서고도 내몰린다. 그는 12월마다 체류증을 바꾸어야 했는데 줄서서 자신의 차례에서 불어를 잘 못해서 거절당하고 할 수 없이 추운 새벽에 친구가 와서 대신 불어로 말을 해준 것 등이 있다. 무엇보다 무용에 있어서는 그가 실력이 아니라 불어를 못 해 유명한 외부 안무가의 초청 작품에 캐스팅되지 못한 걸 알고 불어를 적극적으로 다시 배우려고 노력했다고 한다.

2005년 말에 솔리스트(Soloist) 승진시험 자리가 생겼다. 지정작과 자유작이 있는데 세르주 리파(Serge Lifar)의 〈쉬트 앙 블랑(Suite en Blanc)〉(하얀 모음곡)을 했고 남자 솔로 자유작은 미국의 트와일라 타프(Twyla Tharp1941~)가 안무한 〈막다른 골목(Push come to shove)〉을 췄다. "친구가 '너 그거 하면 괜찮을 것 같아.' 하길래 보았는데 재미있고 유쾌한 자유로운 스타일로 추는 거예요. 파리 오페라 발레단(Ballet de l'Opéra national de Paris)에서 근래에는 공연으로 잘 안 하는 작품이에요. 친구 말이 네가 하면 잘 어울릴 것 같다고 하고 내심 해보고 싶기도 해서 한번 해보자 했죠. 아! 그때 정말 안 되면 미국 가려고 했었어요. 2002년에도 계속 군무였고 간혹 하나씩 솔리스트를 맡기는 했지만 2002년부터 2003년, 2004년 계속 해도 안 되더라고요. 그래서 내가 어떤 놈인지 보여줘야 되겠다 하고 2005년 도전장을 내밀었고 그 솔리스트 한 명이 되었습니다." 그의 인생의 중요한 순간이었다. "2003년, 2004년에도 두세 자리가 비었는데도 안 되더니 한 자리 뽑는 데서 되는 거예요." 그때는 마지막이라 생각하고 마음을 비우고 했다고 한다. "나를 진짜 보여주자 하면서 편하게 했어요. 그리고 파리 오페라에서 2006년 4월인가 5월에 아부 라

그라(Abou Lagraa)의 신작 〈시간의 숨결(Le Souffle du temps)〉을 초연했어요. 그때 그냥 솔리스트들만 모아놓은 작품으로 열 몇 명 중 한 명이었죠. 그리고 주역들이 한두 커플 있었어요. 그중 또 한 명이 2주 전에 다친 거예요. 그래서 주인공 한 명이 더 필요하다 상의를 하다가 아부 라그라 안무가가 저를 좋게 봤대요. 안무가가 '김용걸로 하겠다'고 하니 예술감독은 '작년에 솔리스트되었으니까 가능해.'라고 한 거죠. 브리지트 르페브르(Brigitte Lefévre) 예술감독이 그렇게 승낙했습니다. 퇴근하는데 전화가 왔어요. '발레단인데 네가 지금 누구누구 발레단 주역해야 해.' 그렇게요. 내일부터 들어가야 된다고 하더라구요. 아싸! 마뉴얼리(Manuel legree)랑 더블 캐스팅되어 첫 주역을 했지요. 그때 보통 때 월급보다 세 배 많았지요. 파리 오페라는 리허설이 수당으로 나와요. 예를 들어 군무가 회당 만 원이라면 주역들은 회당 5만 원 정도로 차이가 나지요. 그래서 주역될 만하네 하면서 점차 좋은 역할을 많이 맡았어요. 드미 솔리스트나 솔리스트를 했지요. 롤랑 프티의 〈카르멘(Carmen)〉에서 우두머리 악당(Chef bandit) 역, 베자르의 〈불새〉의 솔리스트 등 그리고 갈라 공연에서는 제가 파드되(남녀 2인무)를 잘 하니까 〈파키타(Paquita)〉 주역, 〈라 바야데르(La Bayadére)〉의 골든 아이돌(황금 신상) 등을 했어요." 그렇게 그는 파리에서 9년을 살았다.

그리고 2008년 그는 종아리 근육이 2센티미터 정도 뜯어지는 상황이 생겼다. "그것 때문에 제가 1개월 깁스하고 2개월은 모든 걸로 내려놓고 쉬었지요. 그렇게 석 달 동안 있으면서 고민을 되게 많이 했어요. 파리 오페라 발레단(Ballet de l'Opéra national de Paris)은 42세에 퇴직을 해야 하고요. 그때 전 36세였거든요. 아직 시간은 남았지만, 스스로 생각해봤어요. 제가 파리 오페라 주역을 위해서 계속 도전해야 하나? 제가 봤을 때 현실적으로 파리

댄서 하우스—김용걸 · 김지영 ⓒ 국립현대무용단 제공 / 목진우

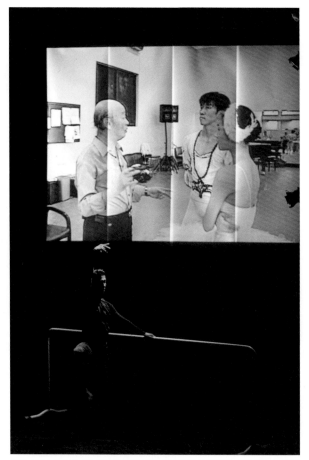

댄서 하우스-김용걸 · 김지영(영상인물 임성남 단장) ⓒ 국립현대무용단 제공 / 목진우

오페라 '에투알'은 넘기에는 너무 높은 벽이었어요. 그렇다면 쉬제(sujet)로 지내다가 퇴직하면 뭐 할 거야? 답이 안 나오더라고요. 그렇게 고민할 때 한국예술종합학교에서 특채 임용 제안이 왔어요. 그래서 몇 개월간 고민했어요."

필자는 왜 고민했는지 물었다. "한예종은 매력적인 곳이죠. 학생들도 열심히 하고 잘 하고 그런데 그렇게 어렵게 들어간 파리 오페라 발레단(Ballet de

세계를 누비는 춤예술가들

l'Opéra national de Paris)을 그만둔다는 것도 쉬운 결정은 아니었어요." 2000년 견습생에서 시작해서 카드리유(Quadrilles), 코리페(Coryphée)를 거쳐 최고에서 세 번째 등급에 해당하는 쉬제(sujet)[20]에까지 오르는 데 9년이란 세월이 걸렸다. 필자는 지금까지 그의 고된 시간을 들은 후라 쉽지 않았으리라는 말에 동감했다.

"결정적 계기는 아닌데 파리 오페라 발레단(Ballet de l'Opéra national de Paris) 간 것도 제가 선택을 한 거지만 어쩌면 안 보이는 누군가의 힘에 의해서 이곳으로 보내진 것인지도 모른다는 생각이 들었지요. 학생들을 가르치는 일은 언젠가 해야 될 일이라고 생각했어요. 어쩌면 지금인가…는 생각이 들었습니다. 그동안 배운 거 가르치고 공연도 하면서 하라고 한 것은 아닌지……." 그래서 그는 한국행을 택했다. 그는 2009년 호주의 시드니 투어 〈라 바야데르(La Bayadère)〉의 골든 아이돌(황금 신상)을 마지막으로 한국에 들어왔다. 그리고 〈김용걸과 친구들〉로 파리 오페라 발레단(Ballet de l'Opéra national de Paris)에서 활동한 발레리나 오렐리아 벨레(Aurélia Bellet)를 비롯, 러시아 볼쇼이 발레단(Bolshoi ballet)의 안드레이 볼로틴(Andrei Bolotin), 배주윤, 독일 슈투트가르트 발레단(Stuttgart Ballet)의 알렉산더 존스(Alexander Jones), 강효정, 그리고 유니버설 발레단의 강예나 등과 함께 다양한 고전과 현대 작품을 LG아트홀에서 소개했다. 파리 오페라 발레단(Ballet de l'Opéra national de Paris)에서 활동한 김용걸은 단원들 중 유일한 동양인이었고 그의 존재가 알려지면서 금의환향했다. 반갑게 맞아준 고국이 너무 고마웠다고 그는 말했다.

그는 교육자로서 학생들한테 해줄 말을 물었다. "발레에는 포지션 등 꼭 해

---

20) 파리오페라 발레단 승급단계—카드리유(Quadrilles), 코리페(Coryphée), 쉬제(Sujet). 프리미에 당쇠르(Premier danseur), 에투알(Étoile) 5단계.

야 하는 기본들이 있어요. 앞서 언급한 기본 1~5번 포지션이나 아라베스크 등 정확히 해야 하는 동작이에요. 하지만 이 주입식 교육 외에도 책을 읽는다든지 영화를 본다든지 다양한 면에서 많은 것을 접하는 노력이 필요합니다. 유럽 교육 방식 중에 좋은 건 어렸을 때부터 철학을 배우는 것입니다. 그들의 탁월한 표현 능력이 여기서 기인한 거 같습니다." 또한 해외 진출을 하는 무용수를 위해서는 그는 개인적으로 왜 나가야 되는지 확실하고 분명한 이유가 존재해야 한다고 했다고 한다. "다들 나간다고 해서 가면 외국 생활이 쉽지 않습니다. 저는 발레가 외국에서 만들어진 거고 남은 시간을 그들과 있으면서 배우려고 한 거죠. 그리고 제가 군무로 앉아 있으면서 살이 찌긴 했으나 눈이 호강할 정도의 아름다운 걸 많이 봤어요. 무대에서 공연하기 전에 큰 홀에서 마지막 리허설 하잖아요. 그걸 보고 있으면 소름이 돋아요. 지금 생각만 해도 소름이 끼치는데 그런 걸 보잖아요. 그때 감동은 굉장하죠. 제가 너무 힘든 시기에도 그런 것들이 없었으면 제가 존재하지 못했을 수도 있어요. 그곳에는 그런 배울 만한 좋은 것들이 많았어요." 그는 파리 오페라 발레단(Ballet de l'Opéra national de Paris)의 레퍼토리가 그렇게 많은지 몰랐다고 한다. 파리로 가기 전에 〈돈키호테(Don Quixote)〉, 〈지젤(Giselle)〉, 〈백조의 호수(Swan Lake)〉, 〈잠자는 숲속의 미녀(The Sleeping Beauty)〉 등 몇 가지만 있는 줄 알았다고 했다.

필자는 파리 오페라 발레단(Ballet de l'Opéra national de Paris)이 350년 전통으로 보유한 레퍼토리가 너무나 많아 하나의 작품을 한 번 올리고 다시 그 작품을 하는 데는 거의 4~5년이 걸린다는 말을 들은 기억이 떠올랐다.

그는 언어도 문제이고 확실한 이유가 있어야 한다고 하였다. "외국에 나가서 활동하는 분들이야 이유가 있지 않겠어요. 그들에 대한 존중이 우선 되어야 하겠지만 사실 그들은 동시에 축복 받은 사람들이에요." 필자도 이번 글을 진행하면서 타국 생활이 그리 쉽지만은 않다는 걸 절실히 느꼈다.

이제 김용걸은 한국종합예술학교 무용원 실기과 교수로 재직하며 작품 창작에 힘을 기울이고 있다. 김용걸의 안무 데뷔작은 2006년 정동극장 '아트 프론티어' 시리즈에서 오랜 연인 김미애의 공연 〈회색빛하늘〉이었다. 그때 김용걸도 특별출연 형식으로 출연했으며 그들은 이듬해 결혼했다. 그는 〈오블리비아떼(Obliviate)〉(2015), 〈R. 107〉(2016) 등 몇 개의 작품을 거쳐 '세월호 사건' 이전과 이후로 안무 경향이 변화했다. 그전에는 〈워크1(Work 1)〉(2011) 등 '워크 시리즈'처럼 무용수들을 멋지게 사용했다. 후에는 인간을 중심으로 다룬다. 2014년 〈빛·침묵 그리고……〉부터 그를 변화시켰다고 했다. 그동안 동작과 조명 그리고 세트를 어울리게 만드는 작품이 주요했다면 '세월호 사건'을 겪고서는 '의미'를 담기 시작했다. 〈인사이드 오브 라이프(Inside of Life)〉(2014)도 인간의 근원적인 삶과 죽음을 담고 있다. 2016년 서울국제공연예술제에 올렸던 〈수치심에 대한 기억들〉도 사회의 일어나는 사건들에 대해서 피해자는 극소수고 나머지 외에 90% 이상이 가해자라고 생각이 들었다. 방관하는 사람들, 자신도 괜히 아는 체하다가 휘말리는 그런 것에 반성이 들어서 수치심에 대한 것을 나열해서 만들었다고 한다. 한국에서 작품 창작 및 공연 등으로 바쁘게 활동하며 한국종합예술학교에서 지내온 지 이제 7년째다. 그동안 가지고 있던 것을 많이 소진한 것 같다고 김용걸은 말한다. 이제 다시 채워 넣어야 한다면 파리에서처럼 고생을 해야 하나 하는 고민을 하고 있다고 한다. 2000년 국립발레단 수석 무용수로 탄탄한 길을 걷던 그는 훌훌 벗어버리고 그가 배우고 싶었던 곳에서 연습생부터 쉬제(솔리스트)까지 올랐다. 그는 또 다른 뭔가에 반할 기회가 생긴다면 자신의 감정에 충실할 것이라 한다. 지금 그가 뭔가를 꿈꾸고 있을지 궁금하다.[21]

전은선

색깔이 분명한 발레리나에서
특별한 안무가로 변신

　　　오래전부터 무용을 하는 가족이 더러 있다. 20세기 무용의 신 바슬라브 니진스키(Vaslav Nijinsky, 1890~1950)와 그의 여동생 브로니슬라바 니진스카가 있고 이들의 아버지 토마스는 뛰어난 도약 기교로 이름을 알렸으며, 어머니 엘레오노라는 춤을 추다가 니진스카를 출산하러 무대에서 내려간 일화가 있다. 18세기 발레를 이끈 오귀스트 베스트리스(Auguste vestris, 1760~1842)는 아버지 가에땅 베스트리스를 이어 유명세를 떨쳤고, 막시밀리앙 가르델(Maximilien Gardel, 1741~1787)과 피에르 가르델 형제도 한 시대를 풍미했던 인물이다.

　　우리나라에도 대를 이어 발레를 하거나 부부가 함께 하는 경우는 종종 있다. 형제자매와 그 자녀들이 발레를 하는 경우는 드문 편이다. 발레리나 전은선의 가족이 그러하다. 큰언니(전정미)가 한국무용을 하고, 둘째언니(전정아)는 발레를 한다. 오빠의 두 아들도 발레를 한다. 로열발레단에서 활약 중인 전준혁이 조카 중 한 명이다.

〈백조의 호수(Swan Lake)〉 ⓒ 전은선 제공

광주 양림동에서 태어난 전은선(1974년생)은 백운초등학교를 다녔다. 씨름부, 탁구부, 양궁부 등 특별 활동 부서가 많았는데 그때 한국무용을 했던 무용 선생님 눈에 들어 무용부에 들게 된다. 초등학교 5학년 때에는 박금자 선생이 토요일마다 무용 무료 수업을 운영해서 그녀도 참여했다. 새로운 것을 배우니까 재밌었다는 그녀는 재능도 인정받았다. 아이가 음악적인 재능이 있으니 발레를 시켜보지 않겠냐고 박 원장이 어머니(김순자)에게 말한 것이다.

"저보다 세 살 많은, 둘째언니가 중학교 1학년 때 국립발레단 〈불새〉를 보고 와서 발레를 하겠다고 떼를 써서 시작했어요. 엄마는 안 어울린다며 처음엔 들어주시지 않았대요. 언니는 초등학교 때 육상선수로 활동했거든요. 박금자 선생님이 잘 본 덕에 그분 학원에서 발레를 배우기 시작했어요. 언니는 중3, 저는 초등학교 5학년이었어요."

세계를 누비는 춤예술가들

배운 지 1년도 안 돼서 콩쿠르에서 최우수상을 받게 되니 전은선은 더 재미있게 느꼈다.

서울 지역에서 무용을 배우는 학생들은 대개 예중과 예고로 진학하나 광주에는 예중, 예고에 발레가 없었던 터라 그녀는 화정여중에 무용특기생으로 진학한다. 광주 지역에는 박금자 원장과 엄영자 원장의 두 라인으로 무용특기생이 진학하는 학교가 나뉘었고, 두 학원을 통틀어 학원생이 100명 정도 되었다고 전은선은 말한다. 박금자와 엄영자 두 사람은 광주 발레를 일으킨 인물로 잘 알려져 있다. 발레를 배우면서 실력을 겨루는 콩쿠르에 나가는 건 자연스러운 일이다.

"중학교 때부터 호남예술제, 광주교육감기, 이화여대, 한양대 등 대학교 콩쿠르에 나가지요. 콩쿠르 시즌이 6월부터 시작하면 5월부터 합숙해서 무용실 홀을 바닥을 닦고 이불을 깔고 자는 거죠. 학원에 작품 하는 사람만 40명이에요. 그러다 보니깐 2분짜리를 한 번씩만 돌아가도 두 시간쯤 걸려요. 두 번씩 돌아가면 새벽 2시예요. 어머니는 저희가 학원에서 자는 거 싫어해서 새벽 2시에도 데리러 오셨어요. 또 그 시기가 5월 광주사태와 맞물렸는데 학원이 도청 옆에 있어서 전경 대열 사이를 지나 발레 가방을 들고 걸어서 최루탄 냄새를 맡으며 갔던 기억이 나요."

필자는 고등학교 때 콩쿠르에 참가했을 때 서울은 한 무용학원에서 한두 명 학생이 나왔다. 광주에서 올라온 학생들은 40~50명 정도가 모여서 바(Bar)를 하는 모습이 인상적이었다. 선배들의 구령에 맞추어 일사불란하게 움직이는 모습과 많은 학생 수에 놀랐다.

전은선은 중학교 때 참가한 콩쿠르 작품으로 〈돈키호테(Don Quixote)〉를 좋아한다고 했다. ABT 바리시니코프와 신시아 하비가 나왔던 것으로 기억하면

(좌, 우) 스웨덴 왕립발레단(Royal Swedish Ballet) 연습실 ⓒ Alexander Kenney Kunliga Operan

서 비디오테이프가 늘어날 때까지 보고 키트리 역의 표정과 시선을 다 따라 했다고 한다.

"〈돈키호테(Don Quixote)〉에 푸에테 32바퀴가 나오죠. 저희 학원에서 경연 대회처럼 푸에테 100바퀴 도는 사람에게 발레슈즈를 상으로 줬는데 그때 미 투리 발레슈즈였지요. 참 무지하게 했어요. 저는 거의 '팽이'라고 할 정도로 막 돌아서 자주 받았어요."

고등학교 1학년 때에는 〈백조의 호수(Swan Lake)〉의 오데트 역으로 콩쿠르 에 나간다.

"너무 힘들었어요. 박금자 원장님은 당시 조선대 교수와 광주시립발레단 단장으로 바쁘셔서 저는 주로 송건호 선생님께 배웠지요. 그때 선생님이 30 대였으니까 열정도 많으셨어요. 제가 빠르고 활달한 테크닉의 작품을 선호하 니까 반대로 느리고 우아함을 표현해야 하는 작품을 주신 거예요. 제게 필요

하다고 느끼신 거죠."

그녀에게 '백조'는 커다란 숙제였었는데 지금은 나이가 들어가면서 내면적인 연기를 하고 라인에 대해서 신경 쓰게 되면서 편안해졌다고 한다. 〈백조의 호수(Swan Lake)〉는 첫 등장이 가장 부담되며 물 위를 걷는 것 같은 느낌을 줘야 한다는 말이 떠올랐다. 조금만 요란해도 안 되는 어려운 동작이다.

전은선은 고등학교 3학년 때 동아콩쿠르에서 금상도 받고 원하던 이화여자대학교 무용과에 입학했다. 당시 신은경 교수가 새로 부임해서 그녀는 신 교수의 첫 제자가 된다. 이화여대에 진학해서 느낀 것은 의외로 실기보다 이론 중심의 분위기였고, 그녀는 김매자(창무예술원 이사장) 선생님이 이끄는 창무회의 홍대 스튜디오에서 발레를 배우게 된다.

"러시아 선생님들이 오셔서 학원처럼 특강을 여셨어요. 일주일에 세 번씩 대학교 2학년 때부터 4학년 때까지 3년을 꼬박 다녔어요. 공간도 좁고 홍보가 잘 안 되었는지 인원이 많아야 두세 명이 수업을 받곤 했죠. 저는 바딤 선생님, 갈리나 선생님, 나타샤 선생님들께 배웠어요. 거의 개인 레슨 같았어요. 제가 안 빠지고 나가니 저를 많이 봐주시는 분위기였지요. 대학교 2학년 때 둘째언니가 동아콩쿠르에서 1등 없는 2등을 했어요. 저는 대학교 3학년 때 동아콩쿠르 나갈 준비를 했어요."

작품은 〈백조의 호수(Swan Lake)〉 중 흑조였고 볼쇼이 스타일이었다. 그녀는 갈리나로부터 혹독한 레슨을 받았다. 고등학교 때는 처음부터 끝까지 해보는 식이었는데, 처음 등장하는 장면이 안 되면 러시아 선생님은 "다시! 다시! 다시!"를 외쳤다고 한다. 그 동작을 수십 번, 아니 수천 번 하고 나니 순서는 자연스럽게 외워졌고 디테일이 능숙해졌다. 덕분에 그녀는 동아콩쿠르에서 대상을 받았다. 아닌 게 아니라 전은선은 〈백조의 호수(Swan Lake)〉 흑조 역으로 한동안 사람들한테 각인이 되었다.

1995년 대학 4학년 때 정기공연에서 초청 발레리노 이원국과 파드되를 추었다. 이듬해 졸업하고 그녀는 유니버설 발레단(당시 브루스 스타이블 예술감독)에 입단하나 기본이 부족함을 절실히 느끼곤 일반인 특강 클래스도 참여한다. 6시에 발레단 연습이 끝나고 6시 반부터 8시까지 다시 클래스에 참여한 것이다. 실력이 굉장히 많이 늘었던 기억이 난다고 그녀는 말했다. 기본기를 다져간 그녀에게 행운의 기회가 찾아왔다. 드미솔리스트로 언더스터디가 되어 대기자로 연습만 하던 상황이었다.

"당시 〈돈키호테(Don Quixote)〉 주역인 박선희 선생님이 갑자기 다치셔서 이종필 씨랑 처음으로 주역으로 투입이 됐죠. 1998년의 주역 〈돈키호테(Don Quixote)〉를 했어요. 그 후로 계속 주역을 맡았고 99년에는 승급이 되면서 〈지젤(Giselle)〉, 〈호두까기 인형(The Nutcracker)〉, 〈심청〉, 〈잠자는 숲속의 미

〈백조의 호수(Swan Lake)〉 ⓒ Carl Thorborg kungliga Operan

전은선

녀(The Sleeping Beauty)〉를 했고. 올레그 비노그라도프 예술감독 때는 해외투어까지 정말 많이 했어요. 황재원, 권혁구, 드라고스 미햘샤 등과 주로 파트너를 했고 그때가 저한테는 최고의 전성기였던 거 같아요."

3년이라는 시간이 지나고 전은선은 좀 더 새로운 걸 하고 싶다는 욕심이 생겼고 외국행을 결심하기에 이른다. 외국인 동료 발레리노가 노르웨이로 먼저 나간 뒤 그녀도 출연 작품을 비디오테이프를 만들고 이력서를 만들어 서른 곳이 넘는 발레단에 우편으로 보낸다. 그때만 해도 이메일로 보내는 게 없었다.

그녀는 스웨덴(왕립발레단)에 가고 싶었으나 빈자리가 없어 오디션 자체가 없었다. 독일 라이프니츠 발레단에 붙어서 가려고 할 때 스웨덴에서 연락이 왔다. 자리가 하나 생겼다. 2003년 6월에 가서 오디션 보고 그날로 바로 계약했다.

"코르 드 발레(군무)로 들어가서 점차 올라갔지요. 그리고 〈잠자는 숲속의 미녀(The Sleeping Beauty)〉, 〈호두까기 인형(The Nutcracker)〉 등 클래식발레와 나초 두아토 〈라 플로레스타〉, 지리 킬리언, 발란신 등을 했어요. 일 년에 반은 클래식, 반은 모던을 하죠. 유럽이 클래식 쪽이고 미국이 컨템퍼러리 쪽일 것 같은데, 들어가 보면 유럽은 더 컨템퍼러리고 미국은 받아들이는 입장이다 보니까 클래식 쪽이에요."

스웨덴 왕립발레단(Royal Swedish Ballet)은 1773년에 창단한 오페라단의 발레단으로 시작했으며 세계에서 네 번째로 오래된 발레단이다. 스톡홀름에 있는 왕립 오페라하우스에 상주한다. 그녀는 스웨덴 왕립발레단(Royal Swedish Ballet) 입단 이후 10년 동안 스톡홀름에서 지낸다. 그녀에게 스웨덴 왕립발레단(Royal Swedish Ballet)에 대해 소개해달라고 했다.

〈결혼(Le Noces)〉ⓒ Alexander Kenney Kunliga Operan

전은선

"제가 처음 왔을 때 단장은 마들렌느 오네에(Madeleine Onne, 1960~)였는데 주역 무용수에서 단장이 된 사람이에요. 뒤를 이은 마르크 리보(Marc Ribaud, 1966~)는 프랑스 사람이구요. 한국의 국립발레단에 와서 클래스를 한 적도 있어요(2015). 지금 단장은 요하네스 오만(Johannes Öhman, 1967~)이에요. 제가 들어갔을 때 솔리스트로 있었던 사람인데 지방 발레단에서 단장을 하다가 스톡홀름으로 올라온 케이스예요."

클래스는 오전 10시에서 11시 15분 그리고 11시 반부터 시작하고 보통 때 오후 5시까지 한다. 점심시간은 45분 정도라지만 몸도 풀고 다시 뛰어야 하니까 보통 거르게 된다고 한다. 무대 리허설 할 때는 꼭 챙겨 먹는다고 하는데 파스타도 싸가고 공연장 내 카페테리아에서 그날그날 메뉴를 사서 먹을 수 있다. 50크로나(7~8천 원) 정도다.

스웨덴 왕립발레단(Royal Swedish Ballet)만의 특별한 점이 있는지 물었다.

"거기는 코레올라지(Goreology)가 있어요. 제가 나올 때까지만 해도 두 명 있었어요. 연습할 때 그 사람들이 엄청 두꺼운 책을 악보 펼치듯 펼쳐놓고 순서를 알려줘요. 여기서 몇 박자에서 오른손을 들고 여기서 몇 박자에서 걸어간다고 알려주죠. 굉장히 생소했어요. 스웨덴이 무보 기록이 굉장히 잘 되어 있어요. 전통이 오래되니 기록이 많기도 하지요."

예를 들어 마츠 에크 작품을 하면 코레올라지(Goreology)들이 먼저 책을 보고 동작과 순서를 알려준다. 그렇게 셋업을 해놓으면 마츠 에크가 와서 세부적으로 다듬는 식이다.

"라반노테이션으로 기록하는데 안무자들의 스타일에 따라 약간씩 달라요. 안무자들의 해석이 디테일로 들어가 있죠. 보통 코레올라지와 무용수 한 명과 같이 일대일로 리허설이 들어가요. 순서와 포즈(pause) 등을 다 맞추면 단

체로 하는 거죠. 보통 하다 보면 순서가 약간 바뀌잖아요. 그럴 때 선배들이 이렇게 하는 거라고 하면 그분들이 아니라고 하며 책에 적힌 내용을 알려줘요. 그러면 아무도 말 못하죠. 약간 변형이 되기도 하는데 그걸 막는 거죠. 단원들 사이에서는 '바이블'로 통하죠."

흥미로운 대목이었다. 안무가와 코레올라지의 존재가 조화를 이루는 방식이 독특했다. 전은선은 발레단에 있는 10년을 스톡홀름에서 지냈다. 유럽이라 해도 스웨덴은 아직도 한국에서 조금은 낯선 곳이다. 그녀에게 스웨덴의 생활에 대해 물었다.

"그곳은 스타일이 자전거를 많이 타고 다녀요. 버스도 되게 잘돼 있지만 기다려야 해서 30분 넘는 거리도 다들 자전거를 타고 다녀요. 운동도 되더라구요. 공연 있는 날은 집까지 하루에 네 번을 왔다 갔다 해요. 오전 10시에

전은선

〈호두까기 인형(The Nutcracker)ー사탕요정〉 ⓒ Carl Thorborg kungliga Operan

서 오후 2시까지 클래스를 하고 그다음은 7시 반 공연인데 6시 반 몸 푸는 클래스가 있어서 집에 갔다가 3시에 와도 되고 4시에 와도 돼요. 다들 재량 껏 해요. 아예 집에 안 가는 사람도 있고요."

처음엔 자전거 타는 게 힘들었는데 나중에 익숙해지니까 괜찮더라고요. 그렇게 보면 우리나라는 정말 살기 좋은 거 같아요. 우리는 슈퍼가 바로 앞에 있고 나가면 뭐든지 바로바로 살 수 있으니까요. 스웨덴 사람들은 번화가에서 사는 걸 굉장히 싫어해요. 부유한 사람들일수록 외지고 조용한 곳에 살아요. 지하철 역 부근에는 상대적으로 그렇지 않은 사람들이나 외부인이 살고요. 또 그곳은 우리나라처럼 음식 배달, 물건 배달을 안 한다고 한다. 인건비

세계를 누비는 춤예술가들

가 높기 때문이다. 예를 들어서 이케아에서 물건을 사도 배달을 안 해주니까 집까지 끙끙대고 들고 와야 하며 시장도 우리나라처럼 가까이 있지 않아서 가방이나 카트를 가지고 가야 한다고 한다.

일반 사무직에 있는 사람들이 사무실에서 집보다 더 오랜 시간 보내는 것처럼 발레단 단원들은 무대와 분장실이 사무실과 마찬가지일 것이다. 분장실에 대해 그녀에게 물어보았다.

"분장실은 여덟 명이 공용으로 써요. 상주하니까 자주 쓰는 걸 다 갖다 놓은 거죠. 개인 테이블, 사물함이 있고 거실처럼 나름 꾸며놓죠. 소파에서 자는 사람도 있어요."

그리고 그녀는 분장실을 쓰면서 삐쩍 마른 여자 단원과 관련된 일이 재미있는 일을 이야기해주었다. "예니 웨스트량인데 제가 들어갔을 때 이미 아이가 두 명 있고 제가 있는 동안 두 명을 더 낳았어요. 그런데도 무용을 하더라고요. 춤추는 것도 야무지고 그녀는 스웨덴 발레학교 출신이에요. 저보다 나이가 두 살인가 많았어요."

"그녀는 분장실 안의 라디에이터나 자신의 개인 책상 위에 발레슈즈를 깔아 놓아요. 프리드 회사 발레슈즈를 신는데 쉴락이라는 마감재를 발라서 놓기도 하죠. 바르면 바닥이 좀 딱딱해져서 오래 신어요. 그녀는 보통 스무 개쯤 가지고 번갈아 신고 발레슈즈에 날짜를 적어놨다가 공연하기 전에 몇 개를 신어보고 골라요. 그래서 그녀의 주변 곳곳에 발레슈즈가 널려 있어요." 하며 웃었다.

많은 작품을 그 발레단에서 공연했을 텐데 기억에 남는 작품에 대해 물어보았다. "〈호두까기 인형(The Nutcracker)〉21)이 가장 기억에 남아요. 스웨덴

---

21) 〈호두까기 인형(The Nutcracker)〉은 1막의 클라라가 2막에서는 공주로 변하며 춤을 추

ⓒ Alexander Kenney Kunliga Operan

지만 조지 발란신 〈호두까기 인형(The Nutcracker)〉에서는 3인칭 시점에서 편안하게 소파에 앉아 공연을 관람한다. 매년 12월에 오르는 〈호두까기 인형(The Nutcracker)〉 은 스웨덴 왕립발레단(Royal Swedish Ballet)을 포함하여 전 세계 여러 도시에서 재구 성되어 오르기도 한다.

세계를 누비는 춤예술가들

구전 동화를 작품에 차용했어요. 음악은 똑같지만 사탕 요정은 막대사탕(요정)으로 바뀌고 브라운 쿠키가 나오고 폭죽도 나오죠. 재미있게 만든 작품이에요. 스웨덴다운 느낌이 물씬 풍기죠. 우리도 우리의 정서에 맞게 하면 재밌겠다 싶어요." 이어 그녀는 앙줄랭 프렐조카주의 〈결혼〉과 발란신의 〈알레그로 브릴리언트(Allegro Brilliante)〉를 꼽았다.

"〈결혼〉은 처음부터 끝까지 나와서 계속 움직이니까 정말 힘들어요. 스트라빈스키 음악인데 박자 세느라 정신없고 끝날 때까지 정신 놓치면 안 되니까요. 하지만 굉장히 흥미로운 도전을 하는 것 같은 작품이었어요. 발란신도 기억나요. 할 때는 움직임이 거슬려도 끝나고 나면 굉장히 기분 좋게 해낸 느낌이 들어요. 클래식 발레는 하면 갇혀 있는 느낌인 반면 모던발레는 할수록 몸은 힘들어도 개운한 느낌이에요. 나를 표현할 수 있는, 내적인 작품들이 좋았어요. 마츠 에크의 〈아파트〉도 좋고요."

클래식발레와 모던발레에 대한 그녀 자신의 솔직한 느낌이라 여겨졌다. 발레단 공연은 절반은 클래식이고 절반은 모던이라고 하는데 대개 어떤 일정인지 궁금했다.

"클래식 공연과 모던 공연을 사이사이에 해요. 그리고 우리나라는 한 공연을 며칠간 이어서 23~27일 하는데 거기는 일주일에 요일을 나누어 공연해요. '월수금'이나 '화목토' 이런 식으로요."

그리고 공연과 연습이 하루에 이루어지는 연습 일정은 어떻게 되는지 물었다. "예를 들어 10월에 할 작품은 9월에 연습하고 10월에는 다른 작품을 연습하지요. 아침에는 2시까지 11월에 할 공연을 연습하는 거죠. 만약 11월에 마츠 에크 작품을 공연하면 10월에 아침 내내 구르고 바닥을 기어요. 정말 다리가 너덜너덜해질 때까지 하는 거예요. 그리고 저녁에는 〈백조의 호수(Swan Lake)〉

전막 공연을 해요. 그런 게 처음에는 굉장히 힘들었죠. 주역도 예외 없어요. 모든 캐스팅된 단원들이 그렇게 하니까. 연습이 아니라 그냥 생활화예요. 발이 남아나질 않아요. 클래스 시간에도 바(Bar)하고 센터 할 때는 발레슈즈를 신어요. 안 신어도 되지만 다들 신어요. 그러다 보니 제 발은 변형되어 외반모지가 생겼어요."

그녀의 말을 듣고 있으니 웬만한 직장인들 못지않은 생활이라는 생각이 들었다. 게다가 발의 변형은 발레리나들이 겪어야 하는 공통된 현상일 것이다. 발레리나들은 달리 '백조'가 아닌 것이다. 발가락이 휘고 굳은살이 발가락마다 생겨도 그들은 무대 위에서 아름답게 춤을 추어야 하는 것이다. 몸이 허락지 않아 무대에 서는 기간이 오래지 않다. 전은선도 마찬가지다. 어떻게 귀국하게 됐는지 물었다.

"부모님이 연로하시다 보니 가족과 함께 있고 싶어서 들어왔어요. 귀국한 지 4년 됐어요. 서른아홉에 왔으니까요. 발레단은 휴직을 했다가 2년 전에 정년퇴직했어요. 스웨덴 왕립발레단(Royal Swedish Ballet)은 42세 이상이면 정년퇴직을 할 수 있어요. 더 추고 싶으면 더 추는데 보통 44세에 다 정년퇴직을 해요. 2016년에 결혼도 하고 한국에서 발레 인생을 시작하게 된 거죠."

귀국한 뒤 그녀는 한국에서 스웨덴 왕립발레단(Royal Swedish Ballet)과 공연을 했다. "2013년에 한국에 스웨덴 왕립발레단(Royal Swedish Ballet)을 소개하려고 귀국하기 몇 달 전에 준비를 했죠. 미국 스타일도 아니고 프랑스 스타일도 아니고 영국 스타일도 아니고 굉장히 유니크해요. 이케아 가구처럼, 실용적이고 쓸데없는 화려함을 추구하지 않고 깔끔하고 군더더기가 없어 좋아요. 굉장히 안정감 있고 묵직해요. 그런 걸 보여주고 싶은 욕심에 기획하게 됐는데 단원 체류비, 항공료, 세트비, 저작권료 등 규모가 너무 커져서 지

나초 두아토의 〈Por vos Muero〉 ⓒ Mats Backer Kunliga Operan

원금으로 감당이 안 되더라고요. 아쉽게도 한번 하고 끝났죠. 언젠가 다시 하고 싶어요."

그녀는 발레리나에서 안무가로서 새로운 시작을 했다. 2014년 제4회 대한민국 발레축제(2014년 5월 23~6월 15일)에서 〈벽〉을 발표한 뒤로 2015년에는 〈컬러스(Colors)〉를 K발레월드(한국발레협회 주최) 신인 안무가전과 인천 신인 안무가전에서 올렸다.

"〈벽〉은 안무 데뷔작인데 감정의 벽에 대해서 표현했어요. 타인에 의해 벽에 부딪히는 느낌, 서로 벽을 쌓는 것, 벽을 무너뜨리려고 하지만 벽 안에서 안정감을 느낄 수도 있겠다 하는 생각 등을 담았어요. 약간 유럽 스타일로 조명도 음악도 어두운 편이죠. 음악은 오래미 선생님이 작곡과 연주까지 해 주셨어요.

〈컬러스(Colors)〉는 준혁이도 하게 됐어요. 다양한 사람들의 색깔을 표현하고 싶었어요. 장면마다 색깔을 달리 입혔어요. 하얀색, 보라색, 주황색 등 파가니니의 음악을 썼어요."

2017년에는 두 작품을 안무해서 올렸다. 7월에는 대구에서 열린 세계안무페스티벌(7월 13~16일) 중 '세계안무가전'에서 〈미완의 인생(Incomplete Life)〉－〈미생〉처럼을 발표했고 9월 8일, 제2회 대한민국장애인국제무용제(국립극장, 2017년 9월 7~9일)에서 〈복전자(Messenger)〉를 올렸다.

"큰언니가 녹내장으로 시력을 잃어 시각장애인 1급 판정을 받은 지 6년 정도 됐어요. 자연히 장애인들에게 관심을 갖게 되었죠. 점자를 연구하고 공부하는 게 많은데 서울독경이라 해서 도교에서 행하는 것이라고 하는데 그것을 들으니까 굉장히 파워풀하고 저는 좋았거든요. 그래서 그 음악을 사용했어요."

한국의 발레가 몇 년 사이에 많이 발전했는데, 발레를 하는 사람으로서 어떻게 보는지 물었다. 한 걸음 더 나아가기 위해서 가져야 할 태도라든가 미덕에 대해서도 물어보았다. "얼마 전에 '해외무용스타 초청공연'에서 여러 후배들을 봤어요. 모두 키가 크고 체격조건도 좋고 즐기면서 춤을 추는 모습이었어요. 자기 색깔도 분명하고. 충분히 자기 개발을 해서 좋은 무용수들이 많이 나왔으면 좋겠어요. 원하는 학교나 원하는 발레단에 가지 못했다고 해

세계를 누비는 춤예술가들

서 포기하지 않고 발레를 하면 좋겠어요. 그게 저의 바람이에요. 자신을 개발하지 않으면 절대 생길 수 없는 게 있거든요. 훌륭한 조건에서 뛰어난 사람들이 두드러져 보이는 것은 사실이지만 그렇지 않고도 고유한 개성을 보여주는 게 아름다운 발레인이 아닐까요."

필자는 전은선을 처음 만났을 때 예뻐서 놀랐다. 보통의 여자로서도 발레리나로서도 아름다운 모습이었다. 그 아름다움은 아마도 자기 개성을 잃지 않으면서 발레를 해왔던 태도가 몸에 밴 것이 아닐까 여겨졌다. 안무가로서 펼쳐 보이는 그녀의 또 다른 무대를 기다린다.[22]

〈카르멘(Carmen)〉 ⓒ 국립발레단 제공

김지영

네덜란드 국립발레단의
퍼스트 솔리스트 되다

2017년 봄, 발레리나 김지영을 광주의 한 공연장 로비에서 우연히 보았다. 재독 안무가 허용순이 안무한 〈로미오와 줄리엣〉 공연장인 국립아시아문화의전당 예술극장이었다. 화려한 발레 의상과 분장을 지운 그녀의 모습은 자연스러운 복장 사이로 드러나는 손목과 종아리가 가냘프게 보였고 화장기 없는 얼굴은 청순해 보였다. 필자는 '제2부 고국의 품으로 돌아와…'에 일찌감치 내정해두었던 터라 짧게 인사를 건넨 후 국립발레단으로 정식 인터뷰를 요청해서 만났다.

김지영(1978년생)은 서울에서 태어나 1남 2녀의 막내로 자라 구정초등학교와 예원학교를 거쳤다. 어릴 때부터 몸이 약하고 공부를 잘 하는 것도 아니고 칭찬과는 거리가 좀 멀었다고 한다. 그녀는 얼핏 친구들이 다리를 찢으며 하는 거라고 발레에 대한 소리를 듣고 EBS를 통해 발레 공연 장면을 보고는 무작정 어머니를 졸라 무용을 시작했다. 그녀는 발레 배우기 전에 만화 『권법소년』[22]의 딸기라는 캐릭터에 푹 빠져서 태권도를 배웠는데 소질이 없었는지 태극 1장도 못 외워 가장 낮은 띠인 노란 띠도 못 따고 흥미도 잃었다. 그 외 피아노, 미술 등 여러 가지를 배워봤지만 오랫동안 지속한 것이 없었다. 그런데 발레는 달랐다. 무용실이 마룻바닥이라 발에 가시 박히는데도 아프다는 소리 안 하고 의외로 잘 따라 했고[23] 선생님이 칭찬까지 해주시니 재미있었다.

역삼동에 위치한 진수인 무용학원에 다녔는데 학원 다니는 동안 어머니가 데리러 온 적도 없고 버스도 혼자서 타고 다녔다고 한다. "엄마가 늦둥이로 저를 낳다 보니 언니 오빠가 다녔던 유치원에 그다지 보낼 필요가 없다고 생각하셨는지 저를 그냥 자유롭게 키우신 것 같아요." 어쨌든 언니, 오빠 입시 뒷바라지하실 때라 바쁘기도 한 데다 중학교 2학년 때 개인발표회에 어머니가 '그거 꼭 보러 가야 하니?' 물어서 엉엉 울기도 했단다.

김지영은 키도 작고 다리도 굽었지만 그저 좋아서 발레를 열심히 했다. 발레를 배우면서 그녀는 처음에 발레슈즈를 신어 발이 까졌을 때 상처가 조금 났는데 영광의 상처처럼 까진 것까지 좋았다고 했다. 그녀는 발레계의 대모 진수인[24] 선생의 문하생으로서 손은호, 장은규 등 또래들과 보이지 않는 경

---

22) 1980년대 다이나믹콩코믹스가 발간한 한주먹이 등장하는 해적판 만화다. 원래는 일본에서 발간된 만화이며, 원작의 제목은 『일격전 / 이치게키덴』이다. 작가는 오오시마 야스이치다. https://namu.wiki/w/%EA%B6%8C%EB%B2%95%EC%86%8C%EB%85%84 나무위키 참조.

23) 이영진, 〈백조들, 〈블랙 스완〉에 대해 입을 열다〉(국립발레단 수석무용수 김지영과 유니버설 발레단 수석무용수 황혜민 대담), ≪씨네21≫, 2011—02—24 등록. http://www.cine21.com/news/view/?mag_id=64919

24) 진수인(陳壽仁, 1948~). 서울예고 졸업. 한국에 바가노바 교수법을 소개하고 많은 무용인을 길러낸 진수방의 조카. 어려서부터 고모로부터 혹독한 발레 레슨을 받는다. 그 뒤 임성남의 수제자가 되며 1970년대 국립발레단 주역 무용수로 활동했고 지도위원을 역임했다. 1982년 미국에 거주하는 고모 진수방을 따라 미국 유학을 떠나 뉴욕무용전문학교에서 수학한다. 4년 뒤 귀국하여 무용학원을 운영하며 후학 양성에 매진한다. 김지영, 차진엽 등 많은 무용인들이 그 학원을 거쳐 갔다. 현재 엘 발레 미션(L Ballet

〈라 실피드(La sylphide)〉 네덜란드 국립발레단(HET Nationale Ballet) ⓒ 김지영 제공

쟁을 했다. 당시 무용학원 조교인 황지현(중앙대학교 실기강사)은 "그녀가 마르고 왜소했지만 음악적 해석도 좋고 센스도 있으며 유연하고 습득도 빠른 게 장점이었다."라고 그녀를 기억한다.

Mission) 단장이기도 하다. http://cafe.naver.com/21critic/865 참조.

⟨백조의 호수(Swan Lake)— 흑조⟩
네덜란드 국립발레단(HET Nationale Ballet) ⓒ 김지영 제공

세계를 누비는 춤예술가들

김지영은 중학교 3학년 시절 홍성욱과 함께 〈해적〉 그랑 파드되를 출 정도로 급성장한다. 진수인 선생은 "무용만 잘 하면 뭐 하니? 인간이 되어야지."라는 말을 늘 강조하셨다. 어렸을 때는 몰랐던 그 말이 점차 세월이 흘러가면서 더 가슴에 와 닿는다고 김지영은 말한다. '위대한 발레리나'라고 부르는 사람이라면 인간적으로 진실하며 내면을 들여다보아 삶을 대할 때도 비겁하지 않은 정갈한 인물들이 되어야 한다는 생각이 점차 들었던 것이다.

그녀는 1992년 예원학교 재학 중 러시아 상트페테르부르크 바가노바 발레 아카데미를 입학한다. 1738년 설립된 바가노바 발레 아카데미(상트페테르부르크 소재)는 왕실 가족에 의해 운영되다가 현재는 국가 정부의 예산으로 운영되고 있다. 270년이라는 역사를 지닌 '바가노바'는 4대 발레교수법 중 하나로 오랜 세월이 흐르면서 조금씩 수정되고 보완되고 있다. 김지영이 지낼 무렵에는 나지로프 교장과 외국인 담당 교장 베라 도로피바(Vera Dorofeeva, 65세)가 있었다. 학교의 목적은 마린스키극장에서 일할 무용수를 키우는 것으로 주요프로그램은 클래식발레이며 모던발레 수업도 있다. 공식적으로는 별개의 기관이지만 이곳 학생이 마린스키로 가서 춤을 추고 또 은퇴하면 바가노바 선생님으로 오는 순환구조로 되어 있다.[25]

김지영은 그곳에서 유지연, 이윤경 등 한국 유학생들과 함께 있었고 동양인으로 일본인들도 꽤 있었던 걸로 기억했다.

유학 생활이 어땠는지 물었다. 바가노바 아카데미에 간 건 중학교 3학년 때였는데 금방 슬럼프가 찾아왔다고 했다. "향수병 같은 거였지요. 생각보다 발레를 못했고 열심히 안 하고 살도 찌고 발레에 대한 배신감도 느끼고 했어

---

25) http://www.dancingspider.co.kr/rb/?c=9&iframe=Y&p=3&recnum=7&type=review&uid=581

요. 발레를 관두고 싶었고 정말 죽고 싶었어요. 기숙사에 햇빛이 안 들어서 불을 안 켜면 깜깜한 구조예요. 아침과 저녁은 스스로 해서 먹어야 하고 환경도 열악해서 쥐도 나왔어요. 처음엔 괜찮을 거야 했는데 그게 계속 살아야 하니까……. 거기다가 겨울에 한 달 동안 뜨거운 물이 안 나와요. 세탁기도 없어서 무용복도 손빨래해야 하고 처음에는 이겨낼 수 있을 거라 생각했는데 눈이 오는 것조차 싫었어요."

필자 스스로 선택한 러시아 유학이었지만 정말 견디기에는 힘들었겠다는 생각이 들었다. 게다가 십대 중반의 어린 나이였으니 더더욱 그러했으리라.

어느 선생님한테 배웠는지 물었다. "첫해에는 볼타체바 선생님이고 두 번째 해부터 인나 쥬브코브스카 선생님께 3년 배웠어요. 까만 머리를 싹 묶어서 귀만 살짝 가린 채 틀어 올린 선생님이었는데 70세 정도 되셨어요. 의자에 앉아서 말도 잘 안 하고 어쩌다 가끔 무릎, 발끝, 손끝을 지적하시고 거의 의자에서 안 일어나세요. 가끔 등짝을 맞거나 무릎을 지적 받지요. 하지만 아주 어쩌다 한 번 손을 올려서 포즈만 잡아도 얼마나 멋지신지 말로 할 수 없어요. 한번은 〈라 바야데르(La Bayadére)〉 액팅 수업에 쥬크스타 액팅 선생님이 인나 쥬크코브스카 선생님을 모셔서 마임을 한번 보여주셨어요. 그때의 충격을 잊을 수 없어요. 아, 저거구나! 그때의 그 모습이 지금도 제게는 재산이에요."

김지영에게 이 학교를 선택하게 된 계기를 물었다. "1990년과 1991년 두 번에 걸쳐 국립발레단 장충동에서 바가노바의 루드밀라 코발레바(Lyudimila Kovaleva) 선생님의 특강이 있었어요. 당시 오화진 선생님이 기획하셨고 진수인 선생님이 국립발레단 지도위원이시니까 그 특강을 아셨지요. 그때 손은호와 저는 대학생 언니 오빠들과 수업을 들었는데 저희가 아이들이어서 그런지

〈로미오와 줄리엣〉 네덜란드 국립발레단(HET Nationale Ballet) ⓒ 김지영 제공

김지영

〈스파르타쿠스〉(김지영 · 이재우) ⓒ 국립발레단 제공

루드밀라 코발레바 선생님이 많이 귀여워해 주셨지요. 그때 처음으로 러시아 키로프 〈해적〉을 봤어요. 그전에 로열이나 ABT, 볼쇼이는 봤어도 키로프 버전은 처음이었어요. 알시나 아시아나를 보는 순간 완전히 사랑에 빠졌지요. 상체 움직임이 정말 특별했어요. 그래서 바가노바 아카데미를 선택했지요."

한국에서는 발레 클래스에도 위계질서가 있는데 바가노바 아카데미는 어떠한지 물었다. 발레는 품위 있는 예술이지만 외국에서는 매너가 있는 만큼 위계질서가 있어 깍듯한 예의가 필요하다고 한다. 한국처럼 고개 숙여 인사만 안 할 뿐이지, 바(bar) 연습하는데 선배들이 후배들 자리에 가서 내가 여기서 해도 되니 물으면 무조건 알았다고 플리스(please)하며 비켜준다고 한다. 사실 발레단도 주역들이나 군무 중에서도 경력이 가장 많은 무용수가 가운데 선다고 한다. 어느 발레단이나 연습실의 자리나 작품과 배역을 앞두고 벌이는 경쟁은 선의의 경쟁이라 할지라도 치열한 것이다.

김지영은 바가노바 발레 아카데미 졸업하고 1996년 12월에 객원 무용수로 지냈으며 1997년 1월 국립발레단에 입단해 최연소 단원이 되었다. "입단 후 전막 공연은 아니었지만 〈파키타(Paquita)〉 주역을 할 때 엄마가 돌아가시고 난 뒤라 각오가 남달랐어요. 선배 언니들 제치고 선 자리인데 못하면 안 되는데 싶어 걱정하기도 했지만 다행히 잘 치렀어요." 그녀는 그렇게 지난 일을 떠올렸다.

1990년 '춤의 해'를 맞이한 이래로 클래식발레뿐만 아니라, 보리스 에이프만 안무 〈레퀴엠〉, 〈브라보 휘가로〉, 발란신 안무 〈알레그로 브릴리언트〉의 모던발레 작품들이 무대에 오르기 시작하면서 이를 잘 소화해야 하는 주역 무용수가 필요해졌다.

김지영은 이후 국립발레단에서 맹활약을 한다. 1997년 세계적인 발레리나

강수진과 함께 〈노트르담의 꼽추〉(이시다 다네오 안무)에서 주역 에스메랄다 역으로 무대에 섰다. 그녀는 클래식이라도 익숙하지 않아 힘들었지만 강수진이 감정을 표현하는 연기를 보면서 '발레도 연기구나' 하고 느끼게 되었다고 한다.

1999년 국립발레단에서는 볼쇼이 발레단(Bolshoi ballet) 발레리나를 역임한 마리나 콘드라체바를 초빙해 그녀의 재구성으로 3월에는 〈지젤(Giselle)〉을 1997년 10월에는 〈신데렐라〉를 올렸다. 〈지젤(Giselle)〉에서 김지영은 김용걸과 함께 주역을 맡았고 이때 김주원-김창기, 배주윤-이원국의 트리플 캐스팅이었다. 〈신데렐라〉에서도 김지영은 김용걸과 함께였고, 배주윤-강준하, 최경은-이원국, 배주윤-이원국 등 무려 네 팀이 교체 출연해, 경합을 벌이듯 공연했다. 1990년대 국립발레단은 발레 대중화를 이끈 스타 듀엣으로 더욱 빛을 발했고 그곳에 김지영이 있었다.

2000년 국립발레단(당시 예술감독 최태지)은 장충동 시대를 접고 서초동 예술의 전당에서 재단법인으로 출범했다. 그해 발레단은 김지영과 당시 파리 오페라 발레에 갓 입단한 김용걸을 초청해 장 크리스토프 마이요의 〈로미오와 줄리엣〉을 올렸다. 두 사람은 환상적인 듀엣 연기로 그들의 위치를 공고히 다졌다. 김지영은 클래식과 모던을 모두 소화할 줄 아는 무용수였다.

그 무렵 김용걸로부터 선물받은 책 『누가 내 치즈를 옮겼을까』는 유럽행을 택하는 데 영향을 미쳤다고 김지영은 말한다. 살면서 맞닥뜨리는 변화에 대처하는 방법을 다룬 책이다. 필자는 네덜란드 국립발레단(HET Nationale Ballet)에 입단했던 배경을 물었다.

김지영은 해외에 가려고 여러 곳에 문을 두드렸고 그중 네덜란드 국립발레단(HET Nationale Ballet) 예술감독 웨인 이글링이 그랑 쉬제(수석 아래 단계)를 제의해 이뤄졌다. 2002년 큰 포부를 안고 네덜란드에 갔으나 갑작스러운 발

〈쇼팽과의 산책(Une Promenade Avec Chopin)〉
ⓒ 국립현대무용단 제공 / 목진우

목부상으로 2년간 무대에 서지 못했다. 로열발레단의 카를로스 아코스타 (Carlos Acosta)와의 〈돈키호테(Don Quixote)〉 전막공연제의가 들어와 연습하던 중 자신의 발에 걸려 넘어지면서 발목을 심하게 접질렸다. 4개월 동안 춤을 출 수 없었고 호전될 무렵 겨울에 무대에 섰지만 제 기량을 쓸 수 없었다. 이때 너무 힘들어 발레를 포기할 생각까지 했었다고 한다. 하지만 김지영은 수술을 받아 선천적 문제였던 엑스트라 본을 제거하면서 발목 움직임이 훨씬 편안해졌다. 그녀에게 부상은 고지를 바로 눈앞에 두고 추락하는 것 같고 상실감이 엄청났다고 한다.26) 하지만 김지영은 네덜란드 국립발레단(HET Nationale Ballet)에서 기다려준 덕분에 잘 회복하면서 2005년 솔리스트로 승급했고 세컨드 솔리스트를 거쳐 화려하게 부활하며 2007년 퍼스트 솔리스트(수석 무용수)까지 승급했다.27) 네덜란드 국립발레단(HET Nationale Ballet)에서는 〈백조의 호수(Swan Lake)〉, 〈지젤(Giselle)〉, 〈호두까기 인형(The Nutcracker)〉 등의 클래식 발레와 발란신, 한스 반 마넨, 윌리엄 포사이드 등의 컨템퍼러리 작품을 골고루 소화하여 최고의 기량으로 호평을 받았다. 2007년 네덜란드 국립발레단 (HET Nationale Ballet) 내한공연에서 〈라 바야데르(La Bayadére)〉에서 무희 니키아 역과 공주 감자티 역을 동시에 소화해냈다.

어려움을 견뎌내고 다시 무대에 선 그녀에게 무용을 하면서 힘들었던 일을 어렵게 물었다. 1996년 러시아로 유학을 떠나 4년 만에 바가노바 발레 아카데미의 졸업 공연을 앞두고 어머니(이민자), 진수인 선생님, 황지현 조교 그리고 어머니 친구 분들이 함께 축하해주러 왔다. 공연 사흘째 날, 어머니가 객

---

26) http://m.khan.co.kr/ent_sp_view.html?artid=200507241721231&code=960401&med_id=khan
27) 네덜란드 국립발레단(HET Nationale Ballet) 승급체계는 파리 오페라와 로열발레단의 이름이 섞여 있다. 코르 드 발레, 코리페, 그랑 쉬제, 세컨드 솔리스트, 프린시펄(퍼스트 솔리스트)이다.

댄서하우스 ⓒ 국립현대무용단 제공 / 목진우

김지영

석에서 쓰러져 밖으로 급히 옮겼지만 돌아가셨다. "러시아에서 시신을 부검할 수 없어 정확한 사인을 확인할 수 없었던 것이 여전히 마음에 걸려요. 어머니는 항상 제가 무용하는 것을 말없이 지켜봐주셨던 분이세요." 그녀는 너무 많이 힘들었고 반년 동안은 아무것도 할 수 없었다. 그 좋던 발레도 할 수 없었다.

2년이라는 시간이 걸려 그녀는 고통을 털어내고 발레리나로 다시 무대에서 섰다. 1998년 〈해적〉에서 김지영은 메도라 역으로 교체출연했는데 이원국과 호흡을 맞추어 놀랍도록 성장한 모습을 보여주었다. 그해 11월 그녀는 프랑스 파리 콩쿠르에서 〈돈키호테(Don Quixote)〉로 김용걸과 함께 참가해 금상을 수상한다. 한 자리에서만 32회전의 푸에테를 동서남북으로 방향을 바꾸며 도는 모습은 일품이었다. 같은 해 일본 아시안 아트페스티벌에 한국 대표로 참가하여 도쿄시티 발레단과 합동공연을 가졌다. 1999년에는 루돌프 누레예프 국제 발레 콩쿠르에서 누레예프를 기리는 위너스 갈라(Winners Gala)에 초청받아 헝가리 오페라하우스에서 공연했다. 같은 해, 대한민국 문화관광부가 주최한 '한국을 빛내는 해외무용스타 초청공연'(국제공연예술 프로젝트, 대표 장광열)에 참가했다. 2007년 네덜란드 국립발레단(HET Nationale Ballet)에서도 '알렉산드라 라디우스' 상 수상자로 선정되었다. 발레단 후원회에서 한 해 한 명씩 두드러진 신인에게 주는 상이다. 그녀는 국립발레단에서 활동하면서 네덜란드 국립발레단(HET Nationale Ballet)의 게스트 프린시펄(guest principal)로도 활약했다.

2009년 김지영은 7년 만에 한국으로 돌아와 국립발레단 수석 무용수로 재입단하였다. 한국으로 돌아온 이유를 물었다. "언제나 한국 가서 끝을 마무리해야지 하는 생각이 있었어요. 그런데 2008년 최태지 단장님이 〈로미오와 줄

세드릭이그냐스 · 김지영 ⓒ 김지영 제공

김지영

리엣〉을 하고 한국에 들어올 생각이 없냐고 하셨지요. 이제 네덜란드에서 주역이 됐는데 고민하던 무렵 집에 도둑이 든 거예요. 돌아올 운명인가 봐요. 일주일 만에 한국행을 결심했어요. 그랬더니 발레단 측에서 아주 그만두지 말고 1년 휴직하면서 게스트 프린시펄로 출연해달라고 제의하더라고요."

영국 로열 발레단(The Royal Ballet)의 게스트 프린시펄 알렉산드라 페리는 2016년 유니버설 발레단 〈로미오와 줄리엣〉 무대에 섰다. 어느 발레단이든 자유로이 오가며 주역 무용수로 활동할 수 있는 게스트 프린서펄은 특별한 존재이다. 김지영의 경우 실력을 인정받은 셈이다. 2009년 8월부터 한국과 네덜란드 국립발레단(HET Nationale Ballet) 양쪽 모두에서 수석 무용수로 활동했다.

그녀는 2010년 1월 국립발레단 재단법인 10주년 기념공연 〈신데렐라〉를 마치고, 네덜란드 국립발레단(HET Nationale Ballet)의 〈돈키호테(Don Quixote)〉 주역으로 섰다. 알렉세이 라트만스키 안무로 세계 초연작이었다.

그 후 김지영은 2013년 '한팩 솔로이스트'에서 발레리나와 현대무용 안무가의 협업으로 만들어진 작품 〈혼돈의 시작〉으로 솔로 무대에 섰다. 이때 안무를 했던 현대무용가 김보람(앰비규어스 댄스컴퍼니 대표)과는 2014년 3월 안성수(한예종 교수, 현 국립무용단 예술감독)의 안무작 〈투 인 투(Two in Two)〉에서 무용수로서 호흡을 맞춘다. 2000년에 안성수와 정구호가 만든 〈초현〉을 재해석한 작품으로, 김지영은 김보람과 함께 플라멩코를 추었다. 흑과 백, 여자와 남자, 탱고와 플라멩코를 대비시킨 무대였으며 김주원(당시 국립발레단 객원무용수)과도 함께했다.

그녀는 이제 발레만이 아니라 컨템퍼러리 댄스에서도 새로운 경험을 통해 무대 폭을 넓혀가고 있다. 김보람과의 작업에서는 미세하게 음악과 의견이

마티니, 김지영, 진수인, 어머니(이민자) ⓒ 김지영 제공

엇갈렸지만 많이 배울 수 있었다고 한다. 컨템퍼러리 댄스를 하면서 반대로 발레에도 큰 도움이 된다고 그녀는 말했다. 한 장르만 고수하는 것이 아니라 더 폭넓게 춤의 영역을 확장하는 것이기 때문이 아닐까.

김지영은 타고난 테크닉을 소유하고 있다고 평가받는 만큼 하체 라인이 좋아서 1999년 〈돈키호테(Don Quixote)〉(김용걸), 2011년 〈카르멘(Carmen)〉(김현웅) 같은 탄력 있는 작품들을 만나면 더 빛을 발하는 것 같다. 2017년 6월 〈스파르타쿠스〉(이재우) 등 고난도 기술을 잘 소화했다.

파트너와의 호흡을 김지영은 무엇보다 중요하게 여긴다. 파트너란 '음악을 함께 들으며 같이 호흡하는 동반자'라고 그녀는 말했다. "파트너는 음악에 리듣을 함께 타는 사람으로 그와 더불어 서로에 대한 교감이 이뤄지겠지요."라고 덧붙였다.

발레리나 김지영은 또 다른 시작을 경험한다. 2011년부터 국립발레단과 국립발레단 부설 발레아카데미 교장을 겸임하게 된 것이다. 1993년 한국발레 30년 숙원이던 발레단 부설 교육기관으로 '국립극장 문화학교 발레반'이 설립되었다. 국립발레단 초대 단장을 역임한 고(故) 임성남이 바라던 국립발레학교가 개설된 것이며 2008년 최태지 단장28) 두 번째 재임기에 현재 명칭인 국립발레단 부설 발레아카데미로 바뀌었다.

그녀가 절실히 느낀 것은 자신의 부족함과 윗사람에 대한 이해라면서도 무대에서 경험한 많은 것을 가르쳐줄 수 있어 기쁘다고 했다. 어린 학생들로부터 '초심'에 대해서 새롭게 배우게 된다고 한다. 임기는 3년이며 현재 연임중이다.

김지영이 프로 무대에 데뷔한 지 햇수로 20년이다. 30대 후반이면 웬만한 발레리나들이 은퇴할 만한 나이다. 요즘은 예전보다 더 높은 연령대에도 활동하는 발레리나가 늘어가는 추세이긴 하다. 1963년생인 알렉산드라 페리는 쉰이 넘은 나이에도 무대에 서고 있다. 김지영, 그녀도 발레리나로서 나이 들어가는 것에 대해 생각지 않을 수 없을 것이다.

"나이가 들면서 춤추는 것이 소중해지고 감정 연기에서 더 빠져드는 것 같아요. 연륜이랄까 계속 발전하려고 노력하고 어쨌든 열심히 하면 무대에서 내려올 때 후회는 없을 것 같아요. 점차 맡을 수 있는 역은 한계가 있을지도

---

28) 국립발레단 예술감독 제1대 임성남(1962─1992), 제2대 김혜식(1993─1995), 제3대 최태지(1996─2001), 제4대 김긍수(2002─2004), 제5대 박인자(2005─2007), 제6대 최태지(2008─2013), 제7대 강수진(2014─현재). 국립발레단 부설 발레아카데미 최초 설립자 김혜식 그 다음 김학자, 2008년 교장 김민희, 김지영(4대) 순. 국립발레단 부설 발레아카데미(문화학교 포함)

모르겠지만요."

　내일 무대에 서지 못할 수도 있다는 생각을 하게 되었다는 김지영은 국립발레단 최장수 현역 프리마 발레리나다. 그녀는 얼마 전 전문무용수지원센터(이사장 박인자) 설립 10주년 공연인 '2017 무용인 한마음축제' 무대에 올랐다. 무용 장르의 대중화와 예술 나눔을 실천하기 위해 매년 출연자 전원이 재능기부로 출연하는 행사이다. 김지영은 오랜만에 김용걸과 파드되를 추었다. 김용걸의 안무작 〈쇼팽과의 산책(Une Promenade Avec Chopin)〉이었는데 오랫동안 파드되를 춘 경험이 있는 두 사람은 모두 노련미를 과시하며 잘 어우러졌다.

　누가 시켜서 한 것도 아니고 스스로 좋아서 시작한 발레. 김지영은 발레를 애증의 관계라고 표현한다. 어려운 동작을 해내고 부상을 입고도 여전히 무대에 서고 있으니 말이다. 그녀 말대로 그토록 사랑하는 발레와 오랜 시간 줄다리기를 해오고 있는 것이다. 어린 시절 흘렸던 땀과 눈물은 아마도 그 줄다리기를 견디게 해준 힘이 아니었을까 싶다.[23]

한상이

클래식과 모던 발레를
아우르는 무대 위의 꽃

한상이(1985년생) 서울에서 태어나 경인초등학교와 예원학교를 거쳐 서울예고 2학년 재학 중에 한국예술종합학교로 한 학년 일찍 영재 입학했다. 초등학교 4학년 때 취미로 무용을 배우게 된 그녀는 활동적이고 에너지가 넘치니까 춤을 배워보고 싶다고 엄마를 졸랐다. 목동예원무용학원 조수영 원장은 아예 전공으로 해보라고 권했다. 6학년 때에야 입시 준비를 하고 뜻밖으로 예원학교에 입학한다. 그것이 그녀의 여정의 시작이었다.

1남 1녀 중 막내로 태어난 그녀는 어머니(강영혜)의 사랑과 서포트를 받았다. 아버지(한웅수)는 발레가 힘든 걸 짐작하기에 묵묵히 지켜만 보았다고 한다.

"저는 입학하자마자 발레과 학급에서 2등을 했어요. 발레 기본을 얼마나 정확하게 하느냐를 보는 거였어요. 그때는 의아하기만 했어요. 저는 아무것도 모르고 입학했는데 2등을 하게 된 까닭을 몰랐으니까요. 친구들은 대부분 대여섯 살에 발레를 시작했고 저는 열한 살 때에서야 시작했거든요. 학교에서 동작 시범을 자주 하게 되었는데, 마르고 근육이 잘 보일 정도여서 시샘을 많이 받기도 했죠. 잘 하는 아이들이 정말 많았어요. 그 무렵 학교 친구들을 통해서 한예종 예비학교가 있다는 걸 알게 되었어요. 중학교 2학년 때 그곳의 김선희 교수님과 러시아 선생님들께 배웠는데 정말 재미있었어요. 저도 열심히 노력했는데 그때 많은 것을 터득하게 되었습니다. 당시 저는 기량도 키도 반에서 제일 부족하고 작았는데 나중에는 제가 누구보다도 더 크고 잘하게 되었어요."

2002년 USA국제발레콩쿠르(잭슨 콩쿠르)에서 금상 없는 동상을 받았고, 2004년 유스 아메리카 그랑프리(YAGP) 3위 입상을 했다. "이때 〈오로라〉와 김판선 안무작 〈인사이드(Inside)〉를 했는데 많은 호평을 받았어요. 다음해 콩쿠르 홍보포스터 메인으로 제 장면이 나갔어요. 이때 보스턴 발레단 입단 제의를 받았지만 고민 끝에 사양했어요."

그 후, 모나코 댄스포럼의 오디션 참가를 김혜식 원장을 통해 가게 되었고, 장크리스토프 마이요 예술감독의 제의로 2005년 몬테카를로 발레단(Ballet Russe de Monte Carlo)에 입단한다.

"저는 모나코에서 비로소 무용수로 자리매김한 거죠. 대학생 때인데 비디오 심사를 하고 나면 오디션을 받기위해 모나코로 가요. 모나코 자국에서 뽑은 학생들이 100명 정도 되고, 유럽의 발레단 감독이나 마스터들이 와서 오디션을 해요.

그래서 1지망, 2지망을 쓰죠. 1지망에 네덜란드 발레단, 2지망에 로열발레단을 썼는데 네덜란드 발레단하고 몬테카를로 발레단(Ballet Russe de Monte Carlo)에서 입단 제의가 왔어요. 그러면 발레단에 가서 진짜 오디션을 보는 거죠. 컨트랙(Contract, 계약서)을 주는 거죠. 몬테카를로에 바로 가서 발레단을 구경하고 수업을 할 수 있는 계기가 생긴 거죠. 갔는데 꿈만 같더라고요.

세계를 누비는 춤예술가들

스튜디오 공간이 너무 좋았어요. 햇빛이 비치는 게 마치 신세계에 온 것 같았어요. 큰 유리창이 있고 무용실이 정말 컸어요. 그 분위기가 좋더라구요. 단원들도 40~50명으로 소규모로 단출한 것도 좋았고 끝나고도 자율적인 게 이런 게 유럽이구나 생각했지요. 퍼스널 오디션에서 모던발레를 했는데 너무 재미있는 거예요. 여기 와야겠다 하는 생각이 들었어요."

그녀는 네덜란드 발레단과 몬테카를로 발레단(Ballet Russe de Monte Carlo) 사이에서 고민했다. 네덜란드 발레단은 대규모 인원이여서 연수단원부터 시작해야 하고 몬테카를로 발레단(Ballet Russe de Monte Carlo)은 처음부터 정단

원으로 시작한다. 고심 끝에 그녀는 몬테카를로를 선택한다. 게다가 몬테카를로 발레단(Ballet Russe de Monte Carlo) 최초한국인 발레리나에 최연소 단원이라는 타이틀도 영향을 미쳤다. 몬테카를로 발레단(Ballet Russe de Monte Carlo)의 장 크리스토 마이요(Jean-Christophe Maillot)에게서 바로 와 달라고 해서 한국예술종합학교 2학년을 마치고 못한 채 휴학을 하고 가게 된다.

몬테카를로 발레단(Ballet Russe de Monte Carlo)에서 토요일이나 근무를 안할 때에는 모나코 왕립발레학교에서 마리카 베소브라소바(1918~2010)에게서 클래스를 받곤 했다. 그녀는 루돌프 누레예프를 키워내고 강수진을 발탁한 사람으로 잘 알려져 있다. 인생에서 잘 했던 일이라고 한상이는 말한다. "언제 마리카 선생님한테 배울 기회가 되겠어요. 매주 토요일에 스무 명쯤 되는 학생들과 함께 했어요. 마리카 선생님은 너희가 언제 발레리나하고 수업하겠느냐며 저를 끼워주셨지요."

그녀는 만 열여덟 살에 몬테카를로 발레단(Ballet Russe de Monte Carlo)에 입단해서 단원들이 그녀를 '베이비'라고 불렀다고 한다. 그곳은 연령대도 높고 연륜도 있고 대부분이 발레단에 오래 있는 사람들이었다. 한국인이 없는 곳에서 그녀는 베르니스(Bernice Coppieters), 파울라(Paula Veloso), 오렐리아(Aurelia Schaefer) 등을 포함한 단원들과 각별했고 그 가운데 클라라(Klara Houdet)라는 프랑스인 단원과는 룸메이트로서 붙어도 배우면서 두루 영향을 받았다. 그녀가 없었더라면 굉장히 힘들었을 거라고 한상이는 말한다. 한편 프랑스에 오래 거주 중인 한국인 신부가 한 사람 있어서 가톨릭 신자인 그녀는 그와 함께 많은 시간을 보냈다. 그리고 한국인과 결혼한 발레단의 테크니션(무대감독)과도 가까이 지냈다. 지금은 세상을 떠났다고 한다.

몬테카를로 발레단(Ballet Russe de Monte Carlo)에서 한상이가 출연한 작품은

〈로미오와 줄리엣(Romeo and Juliet)〉(1996), 〈신데렐라(Cinderella)〉(1999), 〈도베라 루나(Dov'e La Luna)〉(달빛 속에서,1994), 〈트리오〉, 〈르송즈(Le songe)〉(한여름 밤의 꿈), 〈알트로 칸토(Altro Canto)〉(1996), 〈라 벨(La Belle)〉(미녀라는 뜻의 불어, 잠자는 숲속의 미녀를 가리킴, 2001) 등이었다. 특히 〈로미오와 줄리엣〉이 좋았다고 한다. 귀국한 지금, 그녀는 나이 들면 몬테카를로로 가서 무용수로서 마지막을 보내고 싶다는 생각을 한다고 했다. 또 언덕이 많은 지형인 몬테카를로에서 스쿠터로 출퇴근했던 기억이 새롭다며 그녀는 웃었다.

한상이는 여름이 끝나고 2007년 8월 몬테카를로에서 네덜란드로 간다. 클래식발레를 더 해보고 싶은 생각이 들었다. "클래식발레를 더 못하게 되면 왠지 미련이 남을 것 같아서요. 더 나이 들기 전에 가야 할 것 같았어요. 3년이라는 시간 동안 몬테카를로에서 지냈고 해서 클래식도 병행할 수 있는 발레단을 가고 싶었어요. 마침 네덜란드에서 컨트랙(Contract) 받은 것도 있고 해서 말했더니 그곳의 테드 브란센(Ted Brandsen) 단장이 오라고 했지요. 그때 김세연 언니는 취리히에서, 저는 몬테카를로에서 동시에 네덜란드로 왔지요."

당시 네덜란드 국립발레단(HET Nationale Ballet)에는 김지영이 퍼스트 솔리스트로 활동하고 있었고 김세연, 한상이에 이어 유서현 등 네 명의 한국인 발레리나가 포진하고 있었다. 그녀도 한국인 단원들이 함께해서 재미있었다고 말한다. 김지영과 같은 무대에 서면서 배울 점이 많았다고 한다. 2011년 8월에 퇴단한 김세연이 가장 오래 있었다.

네덜란드 국립발레단(HET Nationale Ballet)은 저녁에 공연을 하면서 오전에는 다음 공연을 연습한다. 이러한 시스템은 스웨덴 왕립발레단(Royal Swedish Ballet)과 비슷하다.

(위) 〈심청〉 박용구 스케치 ⓒ 유니버설 발레단 제공
(아래) 〈심청〉 임당수 빠지기 전 ⓒ 유니버설 발레단 제공

한상이는 네덜란드 국립발레단(HET Nationale Ballet)에서 클래식발레로는 〈호두까기 인형(The Nutcracker)〉, 〈지젤(Giselle)〉, 〈잠자는 숲속의 미녀(The Sleeping Beauty)〉, 〈라 바야데르(La Bayadére)〉, 〈레 실피드〉를, 모던발레로 윌리엄 포사이드의 〈인 더 미들〉 그리고 발란신 작품도 많이 했다. 〈4가지 기질(Four temperament)〉, 〈테마 앤 바리에이션(Theme and Variation)〉(주제와 변주라는 뜻), 그리고 〈에튀드(Études)〉를 했다. 그것 말고도 레퍼토리가 다양하다고 한다. 크리스토퍼 피스톤의 〈세헤라자데〉 등도 있다.

한상이는 발레리노 최영규에 관한 일화도 알려주었다. 테드 브란센 예술감독은 유스 그랑프리에 뉴욕 심사 하러 갔다가 거기서 '판타스틱한' 발레리노가 있었는데 '코리언'이고 '최영규'라고 하면서 정말 데려오고 싶다고 거듭 말했다고 한다. 한국인 발레리나가 네 명이 있는데도 예술감독이 최영규를 거명했다는 건 한국 발레의 실력을 높이 평가한다는 말로 여겨진다. 최영규는 마지막으로 김세연이 퇴단한 뒤 입단한다.

네덜란드 국립발레단(HET Nationale Ballet)에서 기억나는 것은 음악 분석에 대해서 배운 것이라고 한다. 단원이었다가 지금은 발레 미스트리스로 있는 프랑스인 샬롯(1978년생)과 영국인 미스트리스 주디(Judy)가 가르쳐주었다. "클래식발레에서는 박자가 명확하지만 모던발레를 할 때는 음악을 분석하는 게 쉽지 않아요. 우선은 카운트 세는 걸 잘 알려줘요. 음악(박자)을 분석해서 무용수들에게 알려주죠. 창작발레나 모던발레처럼 생소한 음악으로 춤 출 때는 저희에게 미리 도와줄 수 있는 사람이 중요해요. 그래서 발레마스터나 발레 미스트리스가 필요하고 또 그 역할이 커요. 동작 면에서도 만약 어떤 작품을 한다 하면 저희가 비디오만 봐서 알 수 없는 소소한 동작(Trick)들을 딱딱 얘기해 주는 거죠." 발레는 혼자 연습해서 되는 게 아님을 그녀의 말에서도 알

〈호두까기 인형(The Nutcracker)〉 ⓒ 유니버설 발레단 제공

수 있었다.

"발레는 제가 보는 것과 하는 것이 다르잖아요. 앞에서 보는 사람이 있어야죠. 그래서 네덜란드에서는 샬롯과 연습했어요."

한상이는 그러한 기억을 안고 네덜란드 국립발레단(HET Nationale Ballet)에서 3년을 보낸다. 몬테카를로 발레단(Ballet Russe de Monte Carlo)에서 보낸 3년을 합하면 총 6년 동안 해외 발레단에서 활동한 것이다. 그런 그녀에게 또다른 기회가 찾아온다. 유니버설 발레단[29]의 문훈숙 단장이 그녀에게 '콜'을 한 것이다.

"고등학교 때부터 저를 눈여겨봤다고 하시더라고요. 서울국제무용콩쿠르 등에 나가고 했거든요. 아마 그때 저를 아셨나 봐요. 몇 번 김혜식 원장님 통해서 제가 왔으면 좋겠다고 하셨어요. 한국에 대한 그리움도 있고 엄마도 인제는 한국에서 활동하는 게 어떠냐고 하셔서 오게 되었어요."

그녀가 두 발레단에 있는 동안 엄마는 외국에서 딸의 공연을 본 적이 있지만 아버지는 한 번도 없다고 한다. 그녀는 "제가 춤추는 게 저를 위한 것도 있지만 관계를 위한 것일 수도 있어요. 저를 사랑하는 가족이나 지인들에게 기쁨을 주고 싶다"고 생각한다고 말했다.

시기적으로 뭔가 맞아떨어져서 그녀는 귀국 후 유니버설 발레단(UBC)으로 이적한다. 문 단장의 제의를 부모님도 굉장히 좋아하셨다고 한다. 그녀가 UBC를 선택한 이유는 좋은 레퍼토리를 보유하고 있으며 클래식은 대작을 가지고 있기 때문이다. 당시 UBC 예술감독 올레그 비노그라도프가 있고 레퍼토리에는 〈지젤(Giselle)〉, 〈돈키호테(Don Quixote)〉, 〈라 바야데르(La Bayadére)〉, 〈잠

---

29) 초대 예술감독 애드리언 델라스, 제2대 다니엘 레반스, 제3대 로이 토비아스, 제4대 브루스 스타이블, 제5대 예술감독 올레그 비노그라도프, 제6대 유병헌 예술감독.

세계를 누비는 춤예술가들

자는 숲속의 미녀(The Sleeping Beauty)〉와 더불어 윌리엄 포사이드, 지리 킬리언, 나초 두아토 등이 안무한 모던발레 작품도 다수 있다.

"저는 모던도 되게 좋아하거든요. 매력이 있어요. 몬테카를로를 선택한 이유도 그래서죠. 그래서 물론 클래식 발레가 정석이긴 한데 그것을 벗어나서 자유롭게 출 수 있죠. 〈심청〉30)도 창작발레여서 클래식에 자유로움까지 담고 있잖아요." 모던발레 흥미를 느끼는 그녀는 한편 클래식발레로 잘 활동하지 못한 걸 아쉬워했다. "제가 클래식을 할 수 있는 나이를 지나쳐서 약간 힘이 들어서일 수도 있다"라고 말한다. "제가 만약 그것을 일찍 했더라면 손쉽게 클래식 전막을 했을 텐데 시기를 놓쳐서 지금 생각해보면 때가 있었던 거 같아요."라고 말을 이어갔다.

한상이는 늘 마음속에 품었던 클래식발레에 대한 아쉬움을 드디어 풀 날이 오게 된다. 〈백조의 호수(Swan Lake)〉 전막을 처음으로 하게 된 것이다.

"2017년에 〈백조의 호수(Swan Lake)〉 전막을 처음 했어요. 정말 많이 돌아온 거예요, 이 시기가요. 솔직히 되게 뭉클했어요."

그녀는 살짝 떨리는 목소리로 말했다. 먼 길을 돌아온 거라고 그녀는 말을 이었다. UBC에 와서 몸 상태도 좋고 실력이 좋았더라면 주역을 했을 텐데 오자마자 부상을 당한다. 길었던 슬럼프라고 하며 그녀가 말했다.

"발등에 금이 갔어요. 2010년 11월이었고 UBC에 돌아오자마자였어요. 솔직히 어떻게든 참아보려고 했는데 안 되더라고요. 5개월 쉬었다가 춤을 추었는데 거듭 재발해서 3년 동안 악순환이 됐어요. 막판에는 거의 10개월 쉬었

---

30) 애드리언 델라스 선생은 한국에서 발레를 지도하면서 세 명의 아이를 키웠다. 서점에서 아이들 책을 구하던 중 『심청』 책을 발견하고 박용구 선생에게 대본을 요청하면서 〈심청〉(1986)이 만들어졌다. 심청이 임당수 빠지기 전에 물에 바치는 장면은 박용구 선생이 스케치 한 것으로 유니버설 발레단에 소장되어 있다.

(좌, 우)
〈심청〉(한상이 · 엄재용)
ⓒ 유니버설 발레단 제공

세계를 누비는 춤예술가들

한상이

어요. 이렇게 아픈 것도 오랜 시간 쉬어야 하는 것도 처음이었죠. 잘 하는 모습만 보여주고 싶은 무용수의 욕심이 화근이었죠. 무리인 줄 알면서 제가 저를 밀어붙였던 거 같아요. 그게 저한테 독이 됐어요. '넌 할 수 있어'라고 생각했는데 그게 아니더라구요. 제가 완전히 춤을 출 수 있었던 건 2013년이 었어요."

문훈숙 단장의 제안으로 그녀는 재활치료를 위해 미국 마이애미로 건너가 제타 선생님으로 부터 자이로토닉, 키네올로지를 몸으로 체득한다. 6주 동안 있으면서 마이애미 스쿨에서 트레이닝을 받는 틈틈이 마이애미 발레단 리허설도 보고 학교 친구들과 함께 자이로토닉을 배우면서 몸을 회복했다. 그녀는 호흡에 대해서 말한다.

"제가 발레를 숨 안 쉬고 하더라고요. 숨을 제대로 쉬면서 해야 근육에도 산소가 공급되는데 그걸 터득 못했던 거죠. 제타 선생님과 함께 이야기하며 수정해갔어요. 들숨과 날숨을 제대로 쉬는 거죠. 예를 들어 플리에(Plie, 다리 구부리는 기초 동작)할 때부터 내쉬고 올라올 때 들이마시고 이런 게 상호작용이 되어 있어요. 되게 신기했어요."

필자는 마치 수영할 때 숨을 안쉬고 수영하는 내 버릇이 생각났다. 그런 호흡법을 문훈숙 단장이 배웠느냐고 묻자 그렇다고 한상이는 대답했다. UBC 단원 황혜민과 엄재용도 배웠다고 한다. 그녀는 황혜민에 대해서는 힘든 시기에 도움을 많이 받았다며 각별하게 여겼다.

"혜민 언니는 제가 아는 발레리나 중 자기관리가 제일 철저한 무용수에요. 발레는 인내심이 강하고 끈기가 있고 독해야 잘할 수 있어요. 유지연 선생님이 저한테 말씀하시기를 러시아에서는 발레리나를 굉장히 인정한대요. 그만한 참을성을 갖고 있는 여자는 모든 것을 다 할 수 있다는 거죠. 그래서 고

위층 사람들이 발레리나를 존경한대요. 거기는 문화적 인식이 그렇게 되어 있기도 한데 유지연 선생님이 '너희는 이런 직업을 갖고 있는 특별한 사람'이라는 것을 인식시켜주더라고요."

그러면서 그녀는 그 이야기를 들었을 때 "그래 나는 특별하고 더 열심히 해야겠다. 남들이 그렇게 이야기하는데 물론 한국은 모르겠지만 그런 위치에 인정을 받는 위치라면 저를 더 특별하게 여겨도 되지 않을까" 생각했단다.

어느 장르의 예술이든 직접 해보지 않으면 모른다. 발레 역시 마찬가지다. 한상이도 그런 부분을 말한다. "발레를 정말 해보지 않으면 모르는 건데 왜냐하면 자신과의 싸움이잖아요. 아침에 일찍 일어나서 몸이 아프고 하기 싫어도 바를 잡고 해야 하죠."

발레가 뭔지, 하기 싫어도 연습복(무용복)을 입고 나면 마음이 어느새 달라져 의욕이 생긴다. 필자도 그랬었고 현역에 있는 그녀는 더더욱 그러할 것이다. 바른 호흡법을 배운 그녀는 이제 무리하지 않고 차근차근 하나씩 하고 있다고 한다.

그녀에게 앞으로의 계획에 대해 물었다. 그녀는 대중들이 발레에 대해 더 많은 관심을 갖기를 바란다는 말로 발레에 대한 개인적인 소신을 말했다.

"솔직히 발레가 외국에 비해서 시장이 대중화가 안 됐잖아요. 정말 진짜 주위에 누가 있지 않으면 보지 않는 것 같아요. 대중화되려면 매스컴도 타야 하고 홍보성도 있어야 하는데 방송 쪽에서 발레에 관심을 좀 더 갖고 발레의 재미를 알았으면 좋겠어요."

그리고 그녀는 발레 전용 극장에 대해서도 말했다.

"발레를 올릴 수 있는 극장이 많았으면 좋겠어요. 너무 큰 극장은 아무리 잘 해도 잘 보이지 않아요. 발레는 예술의 전당이나 LG아트센터가 규모로도

한상이

〈심청〉 ⓒ 유니버설 발레단 제공

세계를 누비는 춤예술가들

좋죠. 개인적인 생각이지만요. 유럽을 예를 들면 우리나라의 세종문화회관이나 국립극장처럼 크진 않지만 무대 안쪽으로 깊은 느낌이에요. 퍼지지 않고요. 드라마적인 것이 몰입이 돼요. 발레 전용극장이 있었으면 좋겠어요. 같은 작품을 봐도 극장에 따라 작품이 너무 다른 느낌이 나거든요. 한국 발레 무용수들의 기량이 한층 발전한 걸 떠올리면 여건이 좀 더 좋아졌으면 하는 거죠. 예를 들어 유니버설 발레단이 전용극장인 리틀엔젤스 예술극장에서 〈심청〉[31]을 올리고 싶었는데 세트가 안 들어가서 못 올렸다는 거예요. 그런 이야기를 들으니까 너무 마음이 아프죠. 좋은 작품 많이 올려서 하고 싶어도 아쉽죠. 외국은 작은 시마다 발레단이 있지요. 물론 우리나라는 50개 정도의 국공립예술단이 있지만 발레단은 수적으로 너무 없지요."

이것이 지금, 발레 강국이라고 말해지고 있는 한국 발레의 현실이다. 그녀는 무용수와 발레학교에 대해서도 소신을 밝혔다.

"저희(무용수)가 만약에 나중에(은퇴 이후) 발레로 인재들을 가르칠 수 있게 스쿨도 더 많이 생기면 좋겠어요. 지금 왕성하게 활동하고 있는 좋은 인재들도 언젠가는 은퇴할 텐데 그 이후에 재능을 발휘할 곳이 없다는 말이죠. 그들이 공헌할 시스템이 없어요. 지금 최고의 인재들이 저렇게 많은데요. 발레 강국이라는 이름에 비해 너무 부족하고 빨리 개선되면 좋겠어요."

그녀의 말에서 필자는 바가노바 발레학교와 마린스키 발레단과의 관계를 떠올렸다. 바가노바 발레 아카데미에서 수학한 학생들 중 일부가 마린스키 발레단에서 무용수로 활동하며 은퇴한 뒤에는 다시 바가노바 학교로 돌아가서 학생들을 가르친다. 다른 나라의 발레학교 역시 로테이션이 잘 돌아가는

---

31) 1986년 초연 이후 〈심청〉은 몇 번의 수정을 거쳐 완성도를 끌어올렸다. 그중 〈심청〉의 2인무 '문라이트'는 로이 토이바스가 만들었다.

세계를 누비는 춤예술가들

구조이다. 이는 한상이 또한 공감하는 부분이라고 한다.

발레 무용수라고 해서 발레만 배울 수는 없는 일이다. 그녀는 UBC 단원으로 활동하는 한편 뒤늦게 대학 공부를 마쳤다. 몬테카를로 발레단(Ballet Russe de Monte Carlo)에서 무용수로 빨리 왔으면 좋겠다고 한 시기로 이야기를 돌려보았다.

"한예종을 졸업 못 하고 2학년 다니다가 갔죠. 이번에 UBC 다니면서 성신여대를 졸업했어요. 김순정, 전홍조 교수님한테 배웠는데 늦깎이로 졸업했어요. 2011학번이에요. 한예종의 2년이 인정이 안 되서 1학년부터 다녔어요. UBC 단원이어서 스타 장학생이었고요."

'발레단'이라는 직장을 다니면서 대학 4년을 다니는 것은 쉽지 않은 일이었을 것이다. 러시아에서는 발레리나를 굉장히 인정한다, 그만한 참을성을 갖고 있는 여자는 모든 것을 다 할 수 있다. 그녀로부터 들은 말이 떠올랐다.

그녀는 하고 싶은 역할에 대해서 이야기를 이어갔다.

"〈로미오와 줄리엣〉이 하고 싶네요. 2016년에 로열발레단 알렉산드라 페리가 한국에 내한해서 주역을 맡았잖아요. 맥밀란과 몬테카를로 장크리스토프 마이요의 〈로미오와 줄리엣〉 둘 다 모두 좋아요. 프로코피에프 음악이 너무 좋아서요. 〈심청〉은 작년에 UBC에서 전막 공연을 해서 꿈을 이뤘구요. 〈라 바야데르(La Bayadére)〉 감자티는 많이 했는데 니키아 역이 하고 싶구요. 발레에서 연기가 많은 게 좋아요. 애절한 연기. 〈심청〉에서 춤도 좋았는데 아버지와 이별하는 장면이 굉장히 좋았어요."

역시나 그녀는 발레에 몰입하고 있다.

"어느 순간 제가 연기하는 데 흥미를 갖게 되더라구요. 애절하고 절절한 감정을 담아 진심으로 심청 역을 올렸어요. 기다려왔던 시간이어서 제 자신이 더 간절했던 거 같아요. 김선희 교수님 말씀이, 학교 마치고 순리대로 국립발레단 거쳐 가면 좋은 무용수가 될 거라고 했는데 저는 먼저 외국에 나갔다 들어왔죠. 김선희 교수님이 '큰길로 돌아왔다' 하시더라고요. 어렸을 때부터 저를 좋은 재목으로 대해주셨어요. 외국 발레단에서 활동하는 것이 거의 모든 무용수의 꿈이니까 외국 먼저 나갔다 온 건데 부상과 겹치면서 늦게 돌아온 거죠."

먼 길을 돌아와 이제야 국내에서 꽃 피기 시작한 발레리나, 한상이다.[24]

2장
현대무용으로
대중화를 꿈꾸며

김성한

프랑스 현대 무용단에서
활동한 최초의 한국 남성무용수

　　세컨드 네이처 댄스컴퍼니는 강동아트센터 상주단체로서 4년차로 접어들며 강동아트센터를 현대무용으로 특화시키고 있다. 서울 지역에서 유일한 현대무용 상주단체 공연장이기도 하다. '세컨드 네이처'의 예술감독은 김성한이다. 그는 일찍이 유럽권의 무용단에서 활동했다. 그를 만나보기로 했다. 2017년 〈눈먼자들〉(2016) 재공연 준비로 바빴지만 흔쾌히 인터뷰를 허락했다.

　　김성한(1968~)은 발레로 춤을 처음 접했다. 그 당시에는 남자가 무용을 한다면 난리가 났다. 어른들은 보수적이고 반대가 심했다. 하지만 그는 춤을 놓지 않았다. 발레를 했던 그는 1987년 자유로운 표현 방식에 매료되어 현대무용으로 전향한다. 김성한은 발레와 현대무용 테크닉을 겸하면서 콩쿠르에서 기량을 인정받았다. 하지만 그는 계명대 무용학과를 졸업하고 대구와 서울을 오가며 활동했는데 여러 가지 면에서 힘든 점이 있었다. 이에 넓은 세계로 나가보기로 결심한다. 미국 뉴욕대학교(New York University)에 입학원서

프랑스 Bruno Jacquine 무용단 ⓒ 김성한 제공

를 냈고 가기 위한 준비를 마쳤다. 아내 오선명(2014 SPAF 무용 PD)과 함께
동반비자를 신청했는데 탈락하게 된다.

　1994년 고민하던 그는 프랑스의 바뇰레 콩쿠르의 국제 안무가 페스티벌
경연대회를 참가하면서 유럽으로 길을 틀었다. 학생 비자로 프랑스를 갔는데
그곳 대학은 학비가 없다는 장점이었다. 다만 한국에서 현대무용을 배웠어도
마사 그레이엄 스타일의 교육 방식이어서 프랑스에서 춤을 추는 스타일에 쉽
게 적응되지 않았다. 오디션을 여러 군데 보러 다녔지만 그것도 쉽지는 않았
다. 무용 수업을 들을 비용도 부족해서 안타깝게도 몸을 제대로 풀 수 없는
상황이었다. 그는 예닐곱 시간 되는 오디션 동안 춤을 출 수 있는 장소가 제

공되는 것과 이러한 경험들이 나중에 도움이 될 것이라 여기며 스스로 다독
거렸다.

다행히 그가 컴퓨터에 흥미를 가지고 있던 터라 그것이 프랑스에서 일거리
를 안겨주었다. 아르바이트로 컴퓨터를 고치기도 하고, 음악이나 영상 편집
을 하는 능력을 키울 수 있었다. 무엇보다 프랑스에서 문학, 철학, 음악, 미
술, 건축, 요리, 패션, 영화 등 다양한 분야의 사람을 만나는 것이 즐거웠다.

1995년 그는 피나 바우쉬의 무용수였던 장 프랑수아 뒤루르(Jean-François
Duroure) 무용단의 오디션을 보게 된다. 500명가량의 무용수들 중 검은색 머
리의 동양인은 김성한이 유일했다. "5분간 동작을 보여주고 따라 해보라는

프랑스 Bruno Jacquine 무용단 ⓒ 김성한 제공

과제에 그 많은 무용수들이 엄청 열심히 했어요. 동작이 하나만 틀려도 탈락이에요. 50명쯤 남았을 때 안무가가 '춤 말고 다른 방법으로 서로를 공격·방어해보라'고 했어요. '에라 모르겠다' 하고 한국말로 막 지껄였어요. 면접에서 '당신 무용단의 스타일이 나에게 큰 영감을 줄 것'이라고 안무가를 설득했죠."

결국 그는 최종까지 남게 된다. 운이 좋았다고 하며 그는 웃었다. 아마도 그가 우리나라 현대무용 남성 무용수로서는 최초로 프랑스 직업 무용단에 들어갔을 것이다.

하지만 그가 학생 비자를 가지고 무용단에 있으면서 활동하자니 제약이 따랐다. 법적으로 까다로운 프랑스는 학생 신분인 그에게 연습 시간을 제한했

세계를 누비는 춤예술가들

고 급여도 다른 단원들보다 적게 받았다. 장-프랑수아 뒤루르 무용단 측은 워킹 비자로 바꾸자고 제의했다. 그는 거절했다. 비자를 바꾸게 되면 학생으로 돌아갈 수 없기 때문이다. 1996년 그는 무용단 생활을 그만두고 배움의 길로 들어서기로 결심했다. 파리에는 파리 8대학과 니스 대학원에 무용과가 있었다. 그중 니스 대학원을 선택했다.

그리고 그는 니스에 있는 아리엘(Ariel) 무용단의 들어가게 된 이야기를 들려줬다.

"니스는 그렇게 큰 단체는 아니었어요. 사실 조그만 지역에서 저희들이 대학원생으로 있고 선생님들이 저희가 잘 하는 동양인 둘이 눈에 띄니까 무용단의 아는 사람한테 저희 이야기를 한 모양이에요. 어느 날 프랑스 니스 근처 바닷가의 조그마한 페스티벌에서 개인 공연을 하게 되었는데 끝나고 파티에서 어느 남자가 계속 우리한테 와서 말을 거는 거예요. 그다음에 알게 되었는데 칸느에 있는 브루노 자캉(Bruno Jacquine) 무용단의 안무자가 우리 부부를 보러 왔고 우리랑 작업하고 싶다고 하더라고요. 저는 다음 날 한국에 가야 해서 아내가 먼저 입단하고 저는 한 달 뒤에 입단했지요. 오디션 없이 들어가서 기존 단원들로부터 약간의 시기(미움)를 받았죠."

김성한은 아리엘(Ariel) 무용단(1996~1998)과 브루노 자캉(Bruno Jacquine) 무용단(1998~2001)에서 활동했다. 브루노 자캉 무용단 시절에 만든 안무작 〈HWAN〉, 〈DE loin, il y avait une tombe..〉('오래전에, 무덤이 있었다'는 뜻) 등을 여러 페스티벌에 작품을 올리며 안무가로서 발걸음을 시작한다. 2000년 바뇰레 국제 안무 콩쿠르, 프랑스 예선인, 파리 플랫폼(platforme)에서는 〈A Different Corner〉(다른 구석)을 발표한다.

그리고 그는 2002년 잠시 귀국했다가 유럽으로 다시 돌아가지 못했다. 주

인간단테, 구원의 기획자(2015) ⓒ 김성한 제공

세계를 누비는 춤예술가들

변 사람들이 한국에서 이제 정착해야 하지 않는가라는 말도 와 닿았다고 한다. 아내는 프랑스에서 박사 과정을 밟고 있었다. 그는 아내의 학업기간에 맞추려 3년이라는 세월을 서로 떨어져 지냈다.

김성한은 한국에서 '춤작가 12인전', '평론가가 뽑은 제6회 젊은 무용가', 2002년에는 LG아트센터에서의 '우리 시대의 무용가', 〈지저스 크라이스트 슈퍼스타〉, 2004년에는 '댄스포럼-서울' 등에 초청되면서 안무가로서 경력을 다져 갔다.

2005년 김성한은 '세컨드 네이처 댄스컴퍼니'라는 이름을 걸고 무용단을 창단했다. 방배동 한 빌딩의 지하에 둥지를 틀었다. 충무아트홀에 올린 창단공연 〈훔치는 타인들〉은 대형 오브제(LED 전광판), 2차원과 3차원의 조명을 통한 기하학적 무대 구성을 이용하여 소외를 주제로 다뤘다. "춤이 아니라 오브제 쇼다", "인간 소외를 표현코자 하는 안무가의 의도를 오브제들을 통해 읽을 수 있었다" 등 찬반이 엇갈리는 평가를 얻었지만 관심을 끌기에 충분했다.

2008년도에 만든 〈훔치는 타인들(memory storage)〉은 댄스비전에서 최우수 작품상을 받는다. 댄스비전은 한국현대무용진흥회가 1990년부터 시행해온 상으로, 현대무용 발전에 기여한 인물과 작품을 대상으로 선정해 수여한다. 2011년에는 〈구토〉로 안무가상을 받았으며 2014년에는 〈인간 단테, 구원의 기획자〉는 한국춤평론가회에서 주는 '올해의 작품상'을 받았다.

어떤 점에 집중해서 안무를 하느냐고 물었다. "뛰어가는 데도 왜 뛰어가는지 목적이 있어야 해요. 목적이 있는 것과 없는 것은 엄청난 차이가 있죠."라고 그는 말문을 열었다.

"제가 프랑스에서 활동할 때도 유럽은 탄츠테아터 경향이 굉장히 강했어요. 지금도 그렇다고 생각해요. 거의 피나 (바우쉬) 영향을 많이 받았지요. 물

인간단테, 구원의 기획자(2015) ⓒ 김성한 제공

론 조금 아닌 스타일을 가진 사람도 있지요. 미국식 같은, 몸이 가진 아름다움을 추구하는 거요. 하지만 유럽 사람들은 콘셉트(concept)이나 안무철학이 동반하지 않은 작품은 못 견디게 싫어하는 거 같아요. 사고하는 걸 좋아하고 그런 문화가 작품을 보고 논하고 또 논할 게 없는 걸 싫어하죠. 저도 한국에서 동작과 전투적인 움직임, 선(線)이 멋있는 거에 관심을 가지고 있었지요. 그들은 저한테 다른 걸 시키는 거예요. 연기를 시키는 거예요. 자연스러운 연기를 하라고 했어요. 그리고 저는 작품 속에서 사람들과 대화하는 것, 말하는 게 힘들었어요."

  필자도 무용하는 사람들이 작품 속에서 대화며 연기 면에서 그런 것이 힘들고 약한 면이 있음을 충분히 알아 이해가 갔다.

　"저도 그런 영향을 안 받았다고는 할 수 없겠지요. 무용수가 춤만이 아니라 뭐든지 할 수 있어야 한다고 생각해야 하는 거죠. 저도 외국에서 처음에는 연기적인 움직임이 어색했어요. 하지만 제 생각에 뛰어난 무용수는 연기, 노래 등 뭐든지 할 수 있어야 한다고 봐요. 그리고 이유 없이 춤추는 거 전 싫어요."

　유럽에서 요즘 요가와 현대무용을 연결 지어 움직임을 만드는데 혹시 그때도 그랬는지 물었다. "요가 하면 유럽에서는 학교 같은 데서 해요. 우리나라 사람들이 요가를 하기 시작한 지 얼마 안 되었지만 제가 있을 때도 요가 수업이 있었어요. 유럽 사람들은 오래전부터 요가에 대해서 알고 있고 무용에서 동작을 활용하고 있어요. 우리보다 더 먼저 알고 사용했지요. 40년 전에

〈눈먼자들〉ⓒ 김성한 제공

이미 모리스 베자르가 만든 무드라 학교에서 요가를 사용했지요. 요가라는 것 자체가 몇 백 년 이미 오래된 학문이라 할 수 있지요."

10년 좀 넘게 그는 세컨드 네이처를 방배동에서 운영했다. 힘든 점은 없었는지 물었다. 많죠, 하며 그가 말을 이어갔다. "연습실 임대료를 비롯해 기본적인 유지비 등 개인 무용단을 유지한다는 것은 만만치가 않아요. 다섯 명으로 시작해 단원이 열두 명까지 있어봤고 경제적인 결핍으로 상처도 많이 받았지만 나중에는 나름대로 버티는 힘도 생기더라고요."

그리고 그의 세컨드네이처는 2014년 3월 강동예술센터의 상주예술단체로 선정된다. 오랜 기간 힘들게 유지하며 버텨왔던 연습실을 처분하고 보금자리를 옮겨온 때는 기뻤고 그래도 오랜 기간 이렇게 노력하니 뭔가 좀 나아진다는 생각도 들었다. 그동안 지내왔던 일들을 생각하면 감회가 새로웠다고 한다.

강동아트센터로 이주하면서 세컨드 네이처는 4년간 〈이방인〉, 〈인간 단테〉, 〈R U Ready?〉(아 유 레디), 〈눈먼자들〉, 〈불편한 침묵〉, 〈비트 사피엔스〉를 공연했다. 10주년 기념 공연작 〈아 유 레디?〉는 그동안 해왔던 문학적 재해석에서 '사회 안에서 나'라는 새로운 안무적 성향을 시도한 작품이다. 〈아 유 레디?〉는 경쟁적으로 살아가는 현대사회에서 서로에게 치이며, 끊임없이 무언가를 준비해야 한다는 부담감을 안고 고군분투하며 살아가는 인간 군상을 그린 것으로 '2016 댄스비전'에서 최우수 작품상을 받기도 했다. 2017년 〈비트 사피엔스〉는 작은 단위를 뜻하는 '비트(bit)'와 인류의 시작을 가리키는 '호모사피엔스(hosapience)'를 합성한 단어로 자아가 붕괴된 미래 인간의 모습을 통해 현재를 살아가는 사람들의 인간성 회복에 대한 가능성을 제시하는데 초점을 맞췄다고 한다.

2017년 필자가 만나본 '사회 안에서 나'의 두 번째 시리즈 〈눈먼자들〉(2016)은 급변하는 사회 속에서 춤으로 바라본 현대인의 이기적인 모습을 담았다. "현재 우리가 사는 이 시대가 예전하고 많이 다르잖아요. 점점 이기적으로 변하고. 가족 간의 사랑, 친구간의 우정 이런 것들이 사라지는 세대와 개인주의를 다뤘지요. 현대무용으로만 풀면 조금 재미없을 것 같아서 『이상한 나라의 앨리스』를 가지고 작품을 하게 됐어요. 제가 탄츠테아터 계통이라 이번에 드라마 형식도 들어가 있고 우스꽝스러움도 담아 대중을 위한 작품으로 선보였어요."

김성한은 '관객과 더 가까이'라는 슬로건을 내걸고 활동하고 있다. 예전에는 작품을 할 때 임팩트가 있어야 하고 뭔가 보여주고 싶었지만 시간이 흐르면서 어떤 메시지를 줄 수 있을까를 중요하게 여긴다고 했다. 이 시대에 뭘할 수 있을까를 생각하게 된다고 덧붙였다.

그에게 기억에 남는 작품을 물었다. 그는 문학 작품을 소재로 연작으로 만든 〈구토〉(2010), 〈보이체크〉(2011), 〈이방인〉(2013), 〈인간 단테〉(2014)를 꼽았다. 특히 2013년 초연했던 〈이방인〉은 알베르 카뮈의 동명의 소설에서 모티브를 가져와 만들었다. 우리도 일정한 틀 상식 안에서 행동하지 않을 때 이방인이 될 수 있다는 메시지를 담았다고 소개했다. 강렬한 인상과 세련된 함축을 동시에 실현시켰다는 평가를 받았다고 김성한은 말하면서 개인적으로 애착이 가는 작품 중 하나라고 덧붙였다. 문학 작품의 탄탄한 내용을 바탕으로 〈구토〉, 〈보이체크〉, 〈이방인〉 3부작을 만들어 가는데 몸으로 표현하는 것이나 그 가치를 실현하는 데 무게를 더하며 완성도를 높여 성취감 있었던 작품이라고 한다. 세컨드 네이처가 강동아트센터 상주단체로 선정되면서 안

〈눈먼자들〉 ⓒ 김성한 제공

정적인 활동을 보이는 것 같다. 필자는 공연장과 예술단체의 융합은 하드웨어와 소프트웨어 간의 협력이라고 본다. 여기에서 훌륭한 프로그램이 나오게 된다고 생각하는 입장이다. 그의 말을 들어본다.

"우수 상주단체로 인정되었죠. 평가하는 거에서 서울 전체 상주 무용단체에서 최고 점수를 받았고요. 무용과 연극 다 있잖아요. 작년(2016년)에도 저희가 무용에서는 1등을 했고 그래서 많은 관심을 받았어요. 저희가 공공 프로그램, 극장 관계, 행정, 이 세 가지가 잘 돼서 2015년에는 예술경영지원센터에서 '우수 전문예술법인·단체'로 인증 받았어요. 수림문화재단이사장 표창도 받았죠. 단체 자체가 인증을 받은 거죠."

수림문화재단(이사장 하정웅)은 중앙대학교 이사장으로 22년간 재직한 고(故) 김희수 선생(1924~2012)이 2009년에 설립하였으며 한국 문화 예술 육성에 노력을 기울이고 있다.

문화체육관광부에서 예술지원 정책으로 공연장 상주단체육성 지원사업이 시행된 것은 2010년도이다. 연극, 무용, 음악, 전통예술 분야에 해당되며 2년마다 공모를 통해 상주단체를 선정한다. 세컨드 네이처 댄스컴퍼니는 2014년 강동아트센터 상주단체로 선정되었고 3월에 협약식을 가졌다. 이후 2016년 4월에도 재선정되었다. 강동아트센터는 상주단체에 공연장, 사무실, 연습실을 지원하고 있다.

안무가로서만이 아니라 예술경영, 예술인 복지에도 관심이 많은 김성한은 2017년 큰일을 해냈다. 춤 단체인 세컨드 네이처, 댄스컴퍼니 더바디(대표 류석훈), 앰비규어스 댄스컴퍼니(대표 김보람), 안무가 그룹 고블린 파티(임진호, 지경민 등)를 비롯한 10개 단체가 현대무용협동조합(COOP-CODA)을 만들었고 총회에서 초대 이사장에 김성한을 선출했다.

〈눈먼자들〉 연습사진 ⓒ 김성한 제공

김성한

"10개 무용 단체 대표가 조합원으로 참여했는데 10개 단체가 50만 원씩 거둬 초기 자본금을 마련했고 여기에 매월 10만 원씩 추가로 낼 거예요. 각 단체는 협동조합에 속하면서 모두 동등한 출연료를 받게 되고요. 발레STP협동조합32)을 참고했죠."

그는 "협동조합이 무용수들에게 기회를 주고 공동의 교류와 협력을 가능하게 할 것이라고 믿습니다."라고 창립식에서 말했다.

프랑스 활동을 어쩔 수 없이 접고 한국에서 만든 춤 단체 세컨드 네이처 댄스컴퍼니는 그를 안무가로서 확고하게 만든 한편, 예술인으로서의 자의식을 키워준 것도 같다.

"현재 저희 단원은 프로젝트별 작업하기 때문에 적게는 열 명, 많게는 열여섯 명 정도예요. 최소한의 투자로 최대 효과를 낼 수 있는 무용단을 만들어가는 쪽으로 방향이 잡혔어요. 저희 세컨드 네이처의 장점에는 스태프들을 꼽을 수 있어요. 오랫동안 같이 작업했던 사람들이라서 손발도 잘 맞고 스태프로서 꽤 유명한 사람들이고 각자의 분야에서 오래 작업한 사람들이죠. 저희 무용단이 13년 된 것처럼요."

마지막으로, 안무가로서 그의 생각, 안무 철학을 들어보았다.

"안무자라는 역할이 그래도 나에게 제일 맞는다고 생각해요. 후회하지 않고 앞으로도 계속 이 길을 가야죠. 창작 작업은 세상과 소통하는 방식이 아닐까 싶어요. 살아가면서 내가 궁금해 했던 것들을 무대 위에서 구체화하는 거죠. 일상의 숨겨진 이면을 표현한다고도 할 수 있죠. 그러자면 두루 경험이 많아야 해요. 무용인들도 시야를 더 넓히고 사회성을 넓히면 좋겠어요.

---

32) 2012년 발레STP협동조합은 다섯 개(유니버설 발레단, 서울발레시어터, 이원국 발레단, 서seo 발레단, 와이즈 발레단)의 발레단체장들이 모여 발족한 공연계 최초의 협동조합이다.

가능하면 여러 분야의 사람들과 교류하면 좋겠어요. 문학인, 그림 작가, 경영하는 사람도 만나보고요. 그런 게 다 쌓이더라고요. 아, 프랑스 시절, 다양한 사람들을 만났을 때 행복했었어요."

작품은 영감만으로 이루어지는 것도 아니고 한 순간에 만들어지는 것도 아니다. 하루하루의 삶이 씨줄과 날줄처럼 엮여 하나의 작품이 만들어지는 것이다. 김성한에게서도 그런 모습을 발견했다.[26]

예효승

생각이 깃든 몸의 움직임

필자는 2015년 가을 한양대학교에서 학부 수업 중 해외로 진출한 춤꾼들을 다루는 수업을 진행한 적이 있다. 그때 가장 많은 학생들이 선호해서 제출한 레포트의 인물이 예효승이었던 걸로 기억한다. 그가 춤도 잘 추고 가르치는 것도 자유스럽고 특색 있었다고 쓰여 있었다. 한국과 해외를 바쁜 스케줄로 종횡무진 누비고 있는 그를 만나보기로 했다.

예효승(1974년생)은 서울에서 태어나 대조초등학교와 구산중학교를 거쳐 고등학교 때 형 친구인 지인의 소개로 무용을 접하고 대학에 가게 되었다. 어머니(최혜수)도 의외로 체육이 아닌 무용을 허락해주셨다. 늦깎이로 시작했지만 그에게는 분명히 춤의 예술적인 재능이 있었던 모양이다. 이후 경희대학교 무용학과에서 현대무용을 전공했고 대학원을 졸업했다. 현재 BiuePoet D.T 대표로 활발히 활동하고 있다.

일찍이 예효승은 경희대학교에서 만난 스승 박명숙 교수 지도 아래 학창 시절 많은 공연에 참여했다. 대학 졸업 후에도 동아무용콩쿠르(1999)에서 금상을 거머쥐는 등 활발한 활동을 펼치다가 한국에서 독립무용가(프리랜서)로

〈동정!(Pitié!)〉 세드라베(Le ballets C. de La B) 무용단 ⓒ 예효승 제공

활동하고 2002년 일본 파파타라후마라 객원 무용수로 활동하다가 그의 나이 서른 살에 유럽으로 눈을 돌렸다.

　그는 신진예술가 지원 해외사업과 해외연수지원 사업에서 선정이 되어 갔다가 2004년 카를린 칼송의 아틀리에 파리무용단이 있는 프랑스에서 활동을 시작한다. 그는 지원을 받아서 8개월 코스로 갔고 그의 독창적인 움직임이 호평을 받아 가자마자 3개월 만에 무용단에 입단하게 되었다. "제가 스튜디오에서 연습을 하고 있는데 누가 저를 부르더라고요. 자기가 카를린 칼송 어시스트인데 너 한번 오디션 볼래? 하더라고요. 저는 외국에서 활동하려 파리에 왔는데 안 볼 이유가 없었죠. 한국에서 10년 동안 활동한 경험이 빛을 본 것 같아요. 실력도 있어야겠지만 운이 좋아야 한다는 생각입니다. 그런 기회

　　　　　　　　　　　세계를 누비는 춤예술가들

가 생겨야 합니다. 아무리 잘 하고 팔에 날개가 있어도 타이밍이 안 맞으면 날 수가 없습니다. 제 경험에 비추어보면 오디션이 없으면 보려 해도 볼 수가 없다는 겁니다." 실력이 있던 그가 새로운 꿈을 찾아 길을 떠났기에 지금의 그가 된 거라는 생각이 순간 스쳤다.

당시 2004년도 프로젝트였기 때문에 공연 때마다 공연수당만 받았지 따로 받는 혜택은 없었다. 그는 8개월이라는 체류기간에 해당하는 비자를 받아서 갔기 때문에 어렵지는 않았다고 한다. 돈을 벌게 되는 상황이 되어서 줄서서 체류증 발급하는 프랑스 이민국의 사무실에서 워킹 비자를 받았다. 다만 그곳이 이른 새벽부터 노동자들처럼 줄을 서야 했다고 회고했다.

그리고 파리에서 6개월 정도 카를린 칼송의 무용단에서 일을 하던 중 파리의 바스티유 오페라 극장(Opéra Bastille)에서 벨기에 세드라베(Le ballets C. de La B) 무용단의 공연을 봤는데 너무 멋졌고 이 무용단에서 일을 해 보고 싶다는 생각을 가졌다. 운명처럼 세드라베 무용단은 파리의 바스티유 오페라 극장에서 공연도 하고 그곳의 연습실을 빌려서 세드라베의 오디션을 열었다. 아마 벨기에에서 온 이 무용단은 파리에 이 공연장에서 공연을 하면서 동시에 바스티유 오페라 극장의 연습실을 대관에서 자신들의 오디션을 보겠다고 한 모양이다. 오디션은 일주일 동안 20명씩 봤다. 예효승은 그때는 프랑스 말도 몰라서 뭘 준비해야 할지도 몰랐다. 물론 기본적으로 처음에 가면 즉흥을 한다는 것과 그쪽에서 주는 동작의 움직임을 콤비네이션으로 따라 하는 것과 솔로 무용 그리고 인터뷰가 있다는 정도는 안다. 그건 어느 무용단이나 하는 거였기 때문이다. 그런데 그 당시에 말을 못 알아들어서 문제는 솔로 준비를 해갔어야 하는데 음악도 없었고 남들이 준비해온 소품도 없었다는 것이다. 그는 오디션에 들어서면서 "그래, 나는 몸으로 하자." 그런 생각으로

〈나우나우(N(own)ow)〉 ⓒ 예효승 제공

세계를 누비는 춤예술가들

무조건 열심히 했다고 한다.

"정확히는 몰랐는데 이력서를 보고 먼저 걸러서 떨어뜨려요. 워낙 무용단 자체에 오디션을 보러 오는 사람이 천 명 또는 이천 명 정도 되니 가면 늘 줄이 쫙 서 있습니다. 사실 세드라베 무용단은 누구나 보려고 해요. 왜냐하면 춤도 원 없이 추고 큰 무용단에서 활동을 한다는 게 쉬운 일은 아니니까요. 1차 오디션은 바스티유 오페라에서 열흘을 보고, 브뤼셀에서 일주일 봤고 몽펠리에에서 3일을 봤습니다. 총 열흘에 걸쳐 세 군데에서 매일 20명씩을 뽑고 그러고 나서 통과된 사람은 메일로 인터뷰를 오라고 했어요. 20명씩 통과된 사람들이 통보를 받고 바스티유 오페라로 가서 시간에 맞춰서 오디션을 합니다. 즉, 즉흥, 솔로, 따라 하기가 끝난 후 집에 가서 기다리라고 했어요." 어쨌든 그는 그것을 하나씩 통과해갔다. 파이널 오디션은 한참 있다가 연락이 왔다. 파이널 오디션이 됐으니 이제 벨기에로 오라고 했다. "한 3개월 정도를 기다렸습니다. 3월에 첫 오디션이었고 6월에 파이널 오디션을 하러 갔습니다. 3일 동안 하는데 그곳에는 호텔과 요리사까지 다 준비되어 우리에게 제공되었어요. 벨기에 모인 인원 200명 중 18명이 됐습니다. 워낙 큰 무용단이니까 오디션 규모도 어마어마했던 것으로 기억됩니다. 바스티유 오페라에서 200명이 왔어요. 마지막에 벨기에 간 거는 6월에 가서 18명이 됐고 또다시 봐서 열 명을 떨어뜨렸어요. 마지막은 겐트(Ghent)지역이 파이널 오디션이었고 8명이 되었습니다. 3월에 시작된 오디션은 6월에 파이널 오디션을 보고 9월부터 일을 시작합니다. 기다리는 그 기간이 보통 일이 아니었습니다." 결국 그는 1984년 창립된 세계적인 세드라베 무용단에서 2005년 9월부터 일을 시작했다.

처음 그가 지낸 곳은 벨기에의 겐트(Ghent)이다. 이곳은 벨기에에서 두 번째로 예쁜 도시이다. 그는 첫 번째는 브뤼헤로 벨기에의 가장 멋진 관광지로 이름이 높다고 한다. 그 두 번째가 겐트라고 한다. 브뤼헤와 겐트는 가까워서 차로 30분이면 다녀올 만큼 가깝고 면적은 경상남북도 합쳐놓은 정도라고 한다. 여기는 플랑드르 지역으로 네덜란드어와 영어도 사용하지만 둘 다 못 해서 거의 전투적인 힘으로 버텼다고 한다.

이 무용단과는 2006년 〈저녁기도(VSPRS)〉, 2007년도에 〈동정!(Pitié!)〉, 2010년에 〈아웃 오브 콘텍스트―피나를 위하여(Out of Context―For Pina)〉, 총 세 작품을 했다. 평균 2년에 한 편 꼴로 무대에 올리는데, 160회에서 200회 사이로 공연을 하고 현재 아직도 투어 중인 작품도 있다고 한다.

"유럽은 나라들이 워낙 가깝고 해서 이 무용단의 단원들은 각국에서 모여들어 어디서든 살아도 상관없어요. 저희는 매니저가 항상 각자 지역의 티켓을 끊어줘요. 그래서 저는 한 번은 벨기에 겐트에서, 한 번은 프랑스 파리에서 각각 1년 넘게 살았고 후에 독일 쾰른에도 살았습니다. 이렇게 저는 여러 곳에서 살아봤어요." 그의 성격이 꽤 도전적이라고 느꼈다. 언어도 익숙지 않은데 자유로이 각 국가를 돌며 삶을 택한 자유로운 영혼이라고 느껴졌다.

그러나 그는 언어적인 것 때문에 작업 방식에서도 힘이 들었다. 유럽의 작업 방식은 자기 이해대로 춤이 나와야 되고 이해가 안 가면 이해가 될 때까지 이야기를 해야 하는 작업이 춤의 과정이라 한계를 많이 느꼈다고 했다. 그러다 보니까 안무자하고 따로 미팅을 한다든가 처음에는 따로 뭔가 나만의 생각을 정리해가서 내가 이해한 게 이런 것이냐 묻기도 했다. "말을 못 알아들어 다 뛰라고 하는데 저는 밑에서 구르고 있고 나는 이렇게 이해를 해서 이쪽에 와 있는데 다른 그룹은 반대쪽에 가 있고 이런 자질구레한 일들이 많았던 거 같아요."

〈Voice of Acts(보이스 오브 액츠)〉ⓒ 예효승 제공

　그래도 그곳에서 지낼 때 뉴질랜드에서 온 로스 맥코맥(Ross McCormack)과 친했는데 그는 2016년 1월 한국에서 한 달 동안 남북에 관한 이야기를 담으려 왔다 가기도 했다. 그리고 세드라베 예술감독인 알랭 플라텔(Alain Platel)은 LG아트센터 초청으로 무용단을 이끌고 한국을 두 번 방문했다. 2007년에 첫 번째로 방문했고 두 번째는 2010년도 국제다원예술축제 '페스티벌 봄' 참가를 위해 왔으며 이때 예효승도 함께였다. 당시 공연작은 〈아웃 오브 콘텍스트−피나를 위하여〉이며 아츠 센터 부루이트(Vooruit Arts Centre)와 협업한 것이다.

　겐트 사람인 알랭 플라텔은 유럽에서 처음에는 말도 못하고 외롭게 지내는 그를 많이 돌봐주었다. "한번은 제 생일날 자기가 음식을 다 준비해서 모든 무용수들을 불러서 자기 집에서 파티한 적도 있습니다. 그리고 2006년 세드

〈Voice of Acts(보이스 오브 액츠)〉 ⓒ 예효승 제공

세계를 누비는 춤예술가들

라베 무용단 25주년 때 세레모니를 벨기에서 정말 크게 했는데 성을 빌려서 벨기에의 유명인들 얀 파브르(Jan Fabre), 맥 스튜어트(Meg Stuart) 등이 다 오고 그때 너무 황홀했던 기억이에요." 한다. 그가 활동할 당시 세드라베의 알랭 플라텔은 더없이 유명했고 2005년부터 2011년까지 그는 유럽에서 활동하는 동양인 남성 무용수로 빛을 발했다.

"유럽에서 활동할 때 춤추는 사람들 사이에도 안 보이는 경쟁이 있습니다. 그것은 서로를 시기하는 것이 아니라 아이디어와 순발력으로 경쟁을 하는 겁니다. 안무가 중심으로 운영되는 이 무용단은 주제를 줬을 때 적합한 것을 내놓은 사람의 것이 채택이 되어 그 사람의 움직임을 모두 따라 하게 됩니다. 누군가의 것이 채택되면 그의 것을 잘 표현해야 하니 힘들기 때문에 더 긴장하고 집중되기 마련이죠. 그리고 나의 것이 채택되었을 때 다른 사람이 열심히 하는 것을 보면 일종의 쾌감도 느껴지고요."

이후 한국의 많은 사람들이 예효승을 주목했다. 그가 한국에 휴가 올 때면 수많은 대학에서 강의도 하고 워크숍을 진행했다. 그의 수업 방식은 학생들에게 많은 인기를 얻었다. 그가 2006년에 들어왔을 때부터 많은 학생들은 그의 수업 방식이 무척 자유롭고 독특하다고 이구동성 입을 모은다.

2011년 그는 한팩 솔로이스트 공연에서 알랭 플라텔의 안무로 무대에 섰다. 제목은 〈라이프〉다. 그러고 나니 그는 이제는 한국이 좀 그립다는 느낌도 들었고 뿐만 아니라 그는 유명한 무용단인 세드라베에서 한국을 두 번 방문하고 이미지가 완전히 바뀌어서 아, 저 사람은 세드라베에서 활동하는 춤 잘 추는 무용수라고 되는 순간 "저는 춤을 편하게 추고 싶다는 생각이었지만, 뭔가 더 제 나름대로는 춤출 때 신경이 쓰였던 거죠" 그는 원했던 외국으로 진출해서 작업도 해봤기 때문에 이제는 한국에서 내 작업도 하고 내가 무용단을 꾸려서 이런 경험들과 이런 작업 방식들을 토대로 한번 해보자 하고 들어왔다. 그가 춤을 진정으로 즐기고 사랑하는구나 하는 생각이 들었다.

그는 한국에서 2011년 월요일부터 금요일까지 수업이 꽉 차 있었고 국립현대무용단 트레이너도 했으며 수많은 워크숍을 진행했다. 그의 전매특허인 손가락 춤은 인기였다. 그러는 동안 틈틈이 작품을 만들었다. 2012년도에는 〈라이프〉를 예술의 전당 자유소극장에서 올렸고, 2013년도에는 창작지원금을 받아서 외국 무용수들을 모아 〈나우나우(N(own)ow)〉와 2013년 공연예술창작산실 우수작으로 선정된 〈나는 너무 피곤하다(I'm So Tired)〉를 공연했으며 2014년도에 춤작가 12인전에서 〈카오스모스; 혼돈 속의 질서〉를 무대 위에 올렸다. 2016~17년 서든리 댄스 시어터(Suddenly Dance Theatre, 캐나다), 키네시스 댄스 소마테아트로(Kinesis Dance Somatheatro, 캐나다)에서 안무와 무용수로 각각 활동했다. 2017년 필자가 만나본 서울문화재단 예술작품지원 선정작 〈Voice of Acts(보이스 오브 액츠)〉는 서강대 메리홀 소극장에 올렸다. 예효승이 추는 1시간 정도 솔로 작이다. 그는 상자 위에 몸을 늘어트려 걸치기도 하고 그것을 밀거나 올라서기도 한다. 이어 상자 위에서 두 손으로 자신의 몸을 감싸고 손을 위로 올렸다가 하늘을 쳐다본다. 그는 혼자서 움직임과 멈춤을 조율해 가며 작품 전체의 흐름을 주도해 갔고 그의 내공으로 관객들을 집중하게 했다.

또한 그의 작품 중 〈나우나우〉는 한국에 들어온 프랑스 에이전시인 미스터 번트의 눈에 띄어 계약하고 한국인 버전으로 해외로 진출한 작품이기도 하다. 첫 번째 팀(김보람, 장경민, 김호연, 박시한)은 파리와 브뤼헤를 돌았고 두 번째 팀(이재현, 임정하) 두 명이 바뀌어서 브라질의 포르탈레자, 아르헨티나의 부에노스아이레스, 네덜란드의 암스테르담 등 해외 투어를 하며 20회 이상

공연을 했다고 한다. 한국에서는 몇 회 안 되는 단발성으로 끝나기 쉽지만 공연은 한두 번 해서 완성도 높은 작품이 나오지 않는다. 외국의 경우 30회 또는 50회 공연을 이어 가는데 이렇게 하면 안 좋아질 수가 없다고 했다.

외국을 꿈꾸는 이들을 위한 조언을 부탁했다. 먼저 고민을 많이 하지 말 것, 그리고 둘째는 외국 나가는 것도 좋지만 그것을 목표로 삼는 것보다 본인이 즐거운가를 생각할 것, 그리고 모험심이나 추진력도 있으면 좋겠다고 했다. 이어 계기가 돼서 외국에서 활동하면 자기한테 잘 맞는지 보다 무용단에서 원하는 것을 적극적으로 그려내며 내가 잘 할 수 있는 것이 무언지 고민하라고 덧붙였다.

자신의 춤에 대해 말해달라고 했다. 그는 움직임이 먼저가 아니라 주제에 따른 아이디어에서 움직임이 나오는 것이라 한다. 그의 춤이 멋진 이유인 것

예효승   437

춤이 말하다 ⓒ 국립현대무용단제공

같다.

"몸이 먼저 훈련되어 있는 것이 아니라 생각이 먼저 훈련되어 있어야 합니다. 저는 외국에서 운이 좋게도 다양한 안무가들을 만나다 보니까 몸에 대한 움직임들을 다양하게 쓰는 것을 버릇으로 들여왔지요. 그래서 한국에 와서 수업을 진행하면서 생각을 가지고 추는 것을 많이 알려주려고 했습니다. 다시 말씀드리면 무용수들이 생각이 없으면 작품이 이루어지지가 않는 것으로 결론은 누구나 다 창작자이어야 된다는 겁니다."

한 일간지 문화부 J기자는 예효승 씨가 너무 잘해서 한국에 들어와서 무용계를 계속 깜짝 놀라게 할 줄 알았다고 했다. 그만큼 그에게 거는 기대가 크다는 뜻일 것이다. 그는 무용페스티벌에 한 편의 작품이 선정되면 자신은 작품만 신경 쓰면 되고 홍보도 연습실 확보도 알아서 해주지만 자신의 작업을 진행할 때는 연습과 창작은 기본이고 일일이 무용수와 뮤지션을 다 만나야 하고 의상 제작자도 연습실 대관과 극장 대관은 물론 유통도 관여해야 한다고 한다.

지금 1인 10역을 하고 있는 그에게 한국의 여건은 녹록치 않다. 외국에서 정당하게 대우받던 한국의 과학자들도 이구동성으로 작업 환경의 어려움을 토로하는 것처럼 좋은 예술가들을 잘 관리하는 것도 우리의 몫이라는 생각이 든다.㉙

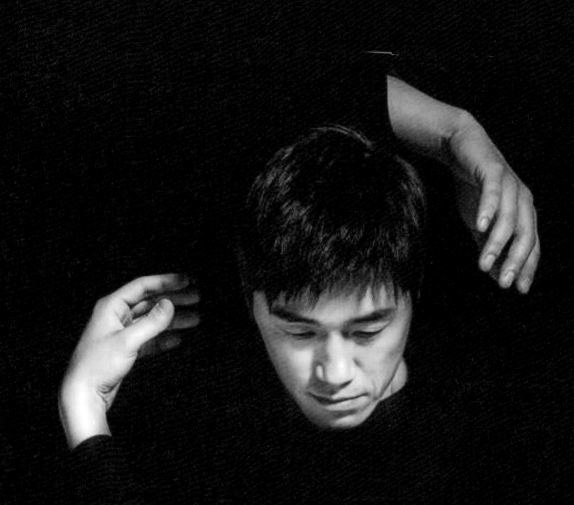

정현진

의지의 'Yes'를 말하는 현대무용가

미국 포스트모던 댄스를 대표하는 인물 중 하나인 트리샤 브라운이 2017년 3월 18일 80세의 나이로 텍사스 주 샌안토니오에서 숨졌다. 1936년 미국 워싱턴주 에버딘에서 태어난 그녀는 밀스 칼리지에서 무용을 전공하고, 뉴욕에 정착하여 활동했다. 저드슨 춤단체(Judson Dance Group)의 초기멤버로 1960년대 이후 미국 현대무용의 흐름을 주도해온 인물이다. 실험주의 사상을 바탕으로 춤의 본질을 탐구하였다. 그녀는 줄에 매달려 공간을 유영하는 동작을 춤꾼에게 시도하고,[33] 미술관·박물관은 물론 건물의 지붕도 무대로 삼았다. 특히 〈빌딩 옆을 걸어 내려가는 남자(Man Walking Down the Side of a Building)〉(1970)는 우리의 기억 속에 또렷이 남아 있다.

정현진은 2004년부터 2010년까지 트리샤 브라운 무용단(Trisha Brown Dance Company) 단원으로 활동했다. 2011년 귀국한 뒤에도 1년간 무용단 공연에 참여했으니 총 8년간을 트리샤 브라운 밑에서 지낸 것이다. 그런 그를 서강대 메리홀 공연장에서 만났다.

---

33) 이찬주 『춤교육과 포스트모더니즘』 한양대출판부 p47, 154

트리샤 브라운과 단원들 ⓒ 정현진 제공

　그는 1977년 2월 26일 부산에서 2남 1녀 중 둘째로 태어났다. 그곳에서 연포초등학교, 성동중학교를 거쳐 동천고등학교에 입학했다. 고등학교 2학년 아침 조회시간에 교장 선생님이 선배들의 춤 경연대회 수상에 관한 말씀에 감동 받고 무용에 입문하게 된다. 그 자신도 춤을 배워보고 싶다는 생각이 들었던 것이다. 그의 어머니(전분자)는 무용은 전문적 기술이며 남성 무용수가 많지 않아 희소성이 있다며 흔쾌히 허락해주셨다고 한다. 고등학교 2학년 말 그는 같은 아파트에 사는 지인의 소개로 부산 남천동 김남미 현대무용학원을 갔다. 그해 겨울부터 춤을 배우기 시작했다. 보통 초등학교에 무용을 시작하는 경우가 많은 것에 비하면 그는 무척 늦게 시작한 셈이지만 이듬해 대학입시를 치르고 부산 경성대에 진학한다.

　　　　　　　　　　　　　세계를 누비는 춤예술가들

1995년 대학에서 한 학기를 마친 시점에 돌연 자퇴를 한다. 이후 경성대에서 만났던 남정호 교수가 한국예술종합학교로 자리를 옮기고 그가 학생들에게 무용을 열심히 하라는 말을 남겨주었는데 정현진은 그 말을 기억하며 마음을 잡고 다시 무용을 시작해야겠다는 생각이 들었다. 그는 당시 대학생이던 김형남(현 세종대 교수)에게 주말마다 무용을 배웠다. 심야버스로 부산과 서울을 오가는 고된 나날을 보냈다. 그 결과 그는 한국종합예술학교 창작과에 입학했다. 한예종에 다닐 때 리옹 콘서바토리의 교환학생으로 프랑스로 갔다. 그곳은 한예종 무용원과 교류가 있는 곳이었다. 그는 석 달 정도 유럽으로 연수를 다녀왔고 그때 유럽의 춤 스타일이 자신과 맞는다는 생각을 하게 되었다. 당시 유럽 스타일이 한예종 학생들에게는 유행이기도 했다. 1998년 한

〈Set and Reset〉(세트 앤 리세트) ⓒ 정현진 제공

국종합예술학교에 입학해서 2003년 졸업할 때까지 안성수 픽업그룹에서 활동했다.

졸업한 뒤에는 오스트리아 빈으로 유학을 떠났다. 하지만 그 당시 겨울이라 날씨도 춥고 서양음식이 맞지 않아 무척 힘들었다. 5개월간 방황하고 우울증 비슷한 기분 속에 지냈다. 독어든 영어든 말이 통하지 않으니 현지 식당에 가는 것은 엄두도 낼 수 없고 한식을 먹자니 너무 비쌌다. 도리 없이 포테이토나 햄버거 같은 패스트푸드를 사 먹을 수밖에 없었다. 기본적인 생활이 안정되지 않으니 정신적으로도 침잠하는 나날이었다. 겨울, 방학기간에는 빈(Wien, Vienna)에서 매달 아파트 월세만 내고 춤과 관계된 것은 아무것도 하지 않은 채 무선 알씨 자동차를 타고 돌아다녔다. 친구도 없고 말도 못하고 돈만 쓰는 것 같아 자괴감이 들었다. 매일 힘들어 하면서 전화기만 붙잡고 살았고 춤도 못 추는 등 아무것도 아닌 생활의 연속으로 결국 그는 도리 없이 한국행 비행기에 오를 수밖에 없었다.

귀국한 지 일주일 만에 그는 미국으로 떠난다. 그는 왜 그렇게 서둘렀을까. 일주일이 넘으면 한국에 계속 머물고 싶고 다시는 외국에 못 나가게 될까봐 두려웠다고 했다. 그대로 눌러앉게 될까봐 서둘러 짐을 싼 것이다. 그나마 뉴욕은 영어도 배우고 무용할 수 있는 곳도 많고 당시 3월이라 날씨도 따뜻했다. 유럽에서 지낸 시절이 하필이면 가을과 겨울이었고 짧게나마 겪은 추위는 사람을 정신적으로도 춥게 만들었던 것이다. 지금 생각하면 빈(Wien)에서 보낸 겨울이 춥고 외로워서 마음에 스산함이 더 밀려들지 않았나 싶었다고 그가 겸연쩍게 웃으며 말했다. 지금은 웃을 수 있지만 그때가 인생 최대의 정신적 고비였다고 그는 회상했다.

미국 갈 때는 비자를 받으러 대사관에 꼭 가야 한다. 한국의 미국대사관에는 비자 인터뷰를 위한 줄이 길게 늘어서 있었다. 네 명의 영사가 앉아 있었는데 그중 금발머리 여성이 꽤 콧대 높고 나이도 있고 깐깐해 보였다. 긴장한 채 속으로 저 여성만 제발 안 걸렸으면 했는데, 그는 결국 노랑머리의 그녀 앞에 서게 되었다. "순간 나도 모르게 'Hi'라고 안 하고 한국말로 '안녕하세요.'라고 했어요. 아차 싶었죠. 그런데 그 여성도 안녕하세요, 하면서 한국말로 친절히 인터뷰를 진행했어요. 다행이었죠." 그가 한국어로 인터뷰하는 동안 그의 주위에서는 영어로 인터뷰하는 소리가 들렸다. 그는 안도의 한숨을 내쉬며 기분 좋게 인터뷰를 마치고 긴장도 풀리며 대사관을 돌아 나왔다. 며칠 뒤 그는 비행기를 타고 뉴욕 케네디공항에 내렸다.

미국 입국 심사에서는 은근히 겁이 났다. 6개월간 지내려고 큰 가방을 들고 온 게 걸렸다. 그냥 눌러앉으려는 인상을 줄까 봐서였다. 입국심사가 시작되었다. 심사관이 영어로 말하기 시작했다.

"왜, 뭐 하러 왔냐, 여기 춤 배우러 왔냐, 댄스?"

"그렇다.(Yes)"

"열심히 하라."

"그럴 거다.(Yes)"

입국심사관은 별다른 질문은 하지 않았고 정현진은 그가 묻는 말에 "yes" 라고 짧게 대답했다. 운이 좋았다. 심사가 끝난 뒤, 미국에서는 살 수 있겠구나 하는 기분이 들었다.

그는 뉴욕의 댄스 스페이스 스튜디오(현재 노트르담 아카데미)의 6개월의 비자를 발급받아서 그곳을 다녔다. 학원에 오디션 공고가 났다. 그는 "내가 트리샤 브라운 간다고 했더니 영주권 있냐고 누가 물어서 없다"고 했더니 그 사람이 영어로 비웃는 것 같았다.

뉴욕에서 처음 본 오디션이 트리샤 브라운 무용단이었다. 여섯 명씩 들어오라고 해서 들어가니 심사위원이 있었다. 들어가서 무용 '따라 하기'를 했는데 1차에 합격했다. 너무 빨라서 영어로 말해서 숫자를 못 알아들었다. 가슴 번호판 보이며 들어가냐? 나가냐?고 물었다. 그는 1차에서 "오케이", 2차에서 "오케이" 소리를 들었다. 3차에서 그를 포함해서 열 명이 남았다. 무용단은 일주일에 세 번씩 12회에 거쳐서 오디션을 봤다. 점점 자극이 됐다. 하루 지나면 한 명씩 떨어졌다. 서바이벌 오디션 같았다. 마지막에 네 명이 남았다. 4개월에 걸쳐 본 오디션에서 그는 떨어졌다. 이유가 미국의 트리샤 브라운 무용단은 작품마다 계약하는 레퍼토리 계약이 아니라 3년씩 계약하는 연봉제이며 해외투어도 많아서 비자 문제가 걸린 것이다.

그 후 그는 폴 테일러, 마크 모리스 등 많은 오디션에 참가했다. 열세 번쯤 낙방했다. 그리고 마침내 중국 안무가인 나이니 챈(Nai-Ni Chen)의 무용단에 합격했다. 월급도 꽤 괜찮았던 걸로 기억한다. 하지만 마음속에는 언제

세계를 누비는 춤예술가들

〈Set and Reset〉(세트 앤 리세트) ⓒ 정현진 제공

나 트리샤 브라운 무용단이 자리하고 있었다. 가고 싶다는 마음이 많았다. 그곳에 가서 꼭 무용을 배우게 해달라고 그가 말했고 트리샤 브라운 측이 스칼라십(장학금)을 제안했다. 그렇게 6개월 동안 무용단 수업을 들었고 마침 기회가 왔다. 남자 무용수 자리가 하나 비어서 오디션을 치렀고 드디어 트리샤 브라운 무용단에 들어가게 되었다.

정현진은 트리샤 브라운 무용단이 너무 좋았다. 재정도 탄탄해서 월급도 많이 나왔다. 경제적인 문제가 해결된 것이다. "안무가는 안무에 전념하고 무용수는 춤에 전념하면 되었어요. 그리고 하고 싶은 작품이 있으면 얼마든지 할 수 있었어요. 그래서 트리샤도 자기 작품을 자기만의 색깔로 만들 수 있었는지도 모르겠어요. 작품에 집중할 수 있는 시스템이었으니까요. 움직임에 대한 꾸준한 탐구와 천착은 놀라웠어요. 어쩌면 제 작품에도 그때 배웠던 것들이 녹아 있는지도 모르죠. 그런 것 같아요."34)

뉴욕에서 이미 몇 개월 지난 터라 영어로 어느 정도 소통이 되었을 것 같다고 그에게 물었다. 그는 고개를 절레절레 저었다. 트리샤 브라운 무용단에서 활동하기 시작한 무렵 그는 영어를 못 알아들어서 "예스맨"으로 지내야 했다. 누가 뭐라든 "예스(Yes)"였다. 그의 일화는 이미 알 만한 사람들은 알고 있을 것이다. "어느 날 퇴근하려는데 리허설 디렉터가 뭐라고 말하더라구요. 물론 저는 '예스(Yes)'라고 대답하고 퇴근했죠. 알고 보니 비디오를 보면서 연습하라는 말이었어요." 웃으며 대답하는 그에게 리허설 디렉터도 아무 말 못했을 듯싶다. 너무나 당당하게 "예스"라고 말하고 돌아서는 그의 모습이 떠올라35) 필자도 속으로 웃음이 나온다.

정현진은 트리샤 브라운 무용단에 있는 동안 미국은 물론 유럽, 아시아의 주요 극장에서 많은 레퍼토리에 출연했다. 그 가운데 〈Present Tense〉(현재 시제), 〈Astral Convertible〉(영적인 전환), 〈Set and Reset〉(세트 앤 리세트), 〈Groove and countermove〉(그루브 앤드 카운터무브), 〈Geometry of Quiet〉(침묵의 기하학), 〈Canto pianto〉(칸토 피안토), 〈I love my Robots〉(나는 내 로봇들을 사랑한다). 〈Foray Forêt〉(포레이 포레), 〈Early Works〉 등이었다.

2004년 10월에는 무용단이 서울국제공연예술제(SPAF)에 초청되어 〈Canto / Pianto〉, 〈Present Tense〉, 〈Groove and Countermove〉를 공연했고 이때 그도 무대에 올랐다.

트리샤 브라운은 작품도 훌륭했지만 그녀의 섬세함과 놀라운 관찰력에 대

---

34) 한국의 젊은 안무가 인터뷰 김희진 2015.9.20.
35) 앞의 글

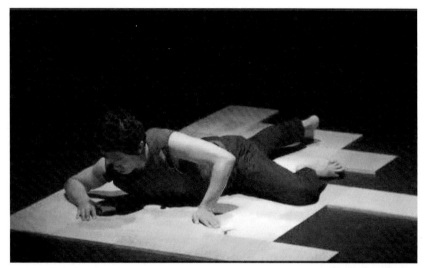

<파탈(Fatal)> ⓒ 정현진 제공

해서 정현진은 말한다. 춤을 연습하지 않는 시간에도 단원들의 모습을 놓치지 않고 지켜보았고 때로는 비디오로 촬영해 자료로도 남겼다. 차를 마시거나 식사를 하거나 할 때 편안한 표정이라든지 서로 이야기하는 모습이나 소소한 동작들을 보이지 않게 살폈던 것이다.

그가 미국 생활을 정리하고 한국으로 돌아오기 전 한국예술종합학교 전문사 과정을 응시하기 위해 트리샤에게 추천서를 부탁했다. 그녀는 추천서를 써주면서 "세상 어디든 너를 데려가고 너를 갖게 되는 곳은 정말 행운"이라는 말을 건넸다. 이 말을 듣고 뿌듯했었다고 그는 말했다.

"내가 본 그녀는 동등한 위치에서 안무를 하고 새 작품을 만들 때도 나이가 들었음에도 불구하고 직접 시범을 보이고 무용수들과 동작 하나하나에 의견을 나누는, 인간적으로 포용력 있는 사람이었어요."

그는 트리샤를 포스트모던 댄스의 개척자이며 예술적으로 뛰어난 사람이기

이전에 인간적으로도 훌륭한 사람이라고 말했다. 그도 사람을 바라볼 때 겉모습만이 아닌 내면을 바라보는 경향이 생겼다고 했다. 트리샤 브라운의 성품에 관한 또 다른 에피소드를 그가 들려주었다. 그 일은 그 자신이 프로 무용가로서 반성하는 계기가 되었다고 한다.

2006년 1월, 트리샤 브라운 무용단 40주년 기념공연으로 파리 오페라하우스에서 공연하기로 되어 있었다. 공연 이틀 전, 정현진은 세계적인 무대에 오른다는 설렘과 당시에 파리에 있던 동향인 친구들을 만나 너무나 기쁜 나머지 밤새 술을 마셨다. 다음 날 리허설 도중 중심을 잃고 몸이 흔들렸고 당황하여 순서까지 잊어버렸다. 프랑스 방송국에서 촬영을 하러 온 중요한 순간이었다. 트리샤 브라운은 오히려 그에게 몸에 문제가 있는 것은 아니냐 물으며 의사를 불러 진료와 물리치료를 해주며 충분한 휴식시간을 내줬다. 프로로서 그 자신에 대해 화도 났고 그녀에게 진심으로 미안한 마음이 들었단다.

트리샤 브라운으로부터 예술적으로도 인간적으로도 큰 배움을 얻은 그는 귀국길에 오른다. 정현진은 귀국 이후 매년 신작을 발표하는 등 그야말로 물 만난 물고기처럼 활발히 작업하고 있다.

한국예술종합학교 전문사 과정의 졸업 작품인 〈Mix & Match, 믹스 앤 매치〉(2011)는 사람들을 많이 알게 되는 자리였다. 이후 안무 공간은 넓어졌고, 이때의 기억으로 빚은 작품들과 무대는 절호의 찬스에 해당되는 야심작들이 되었다. 한편 정현진은 자기 이름을 건 무용단 〈Company J〉를 창단한다. 그는 본질적이고 근본적인 움직임에 집중한 작품들을 만들어낸다.

2013년 5월 초연된 〈뒤바뀐 새벽〉은 그의 작품으로서는 드물게 소설을 원작으로 했다. 2010년 제34회 이상문학상 수상작 박민규의 『아침의 문』인데 동반 자살로 목을 매려던 남자가 몰래 아이를 낳고 죽으려던 미혼모를 발견하고 생명을 구하는 내용이다. 그 일이 새벽에 이루어지며 남자가 작은 창문을 통해 떠오르는 아침 해를 바라보는 것으로 마무리되는 작품이다. 안무가이며 무용수인 정현진은 검은색, 김요섭은 흰색 옷을 입었다. 삶과 죽음의 대비를 시각적으로 보여준 것이다. 두 사람은 춤 실력을 겨루듯 앙상블을 이루었다.

2013년 10월에는 〈Carpe Diem〉(카르페 디엠)으로 스페인 국제무용제인 '마스단자(Masdanza)'에 참가했다. 젊은이들이 이미 지난 일과 다가올 일에 대한 불안과 걱정으로 정작 제일 중요한 현재를 즐기지 못하고 있다. 현재에 만족하고 '흐르듯이 멈추듯이' 열심히 살아가다 보면 저절로 멋진 삶이 만들어질 것이라는 낙천적인 사고를 표현한 작품이다.

2014년의 활동은 어느 해보다 두드러졌다. 3월에는 한국현대무용진흥회(이사장 육완순)로부터 댄스비전 베스트 무용수 상(2014)을 수상한 데 이어 4월에는 '카르페 디엠'이라는 제목 아래 〈다섯 가지의 법칙〉(2012년 초연), 〈뒤바뀐 새벽〉(2013년 5월 초연), 그리고 신작 〈카르페 디엠〉을 대학로 예술극장에서 공연했다. 6월에는 부산국제무용제 AK21국제안무가 육성공연에서 〈단순과 복잡〉으로 우수상을 수상했다. 9월에는 이탈리아 볼로냐에서 열린 단자 우르바나(Danza Urbana)에 초청되어 〈뒤바뀐 새벽(Turn of the Dawn)〉을 공연했다. 10월에는 창작산실 우수작품제작지원 선정작에 〈FATAL〉이 꼽혀 그해 12월 아르코예술극장 소극장에서 공연했고 2015년 재공연 지원까지 받았다. 사람의 매력이란 외부로 드러나는 것만이 아니라 보이지 않는 매력이 도리어 치명적(fatal)임을 표현하며 외모지상주의를 신중하게, 유쾌하게 비판한 작품이다. 무용수를 캐스팅할 때 특별히 신체적인 대조를 주안점으로 삼았다고 그는 말했다.

〈파탈(Fatal)〉 ⓒ 정현진 제공

세계를 누비는 춤예술가들

〈다섯 가지의 법칙〉(2012년 5월 초연)은 다섯 가지 움직임으로 보여주는 경우의 수 조합, 구성의 미학, 움직임 간의 유기적 구성을 보여준다. 론도처럼 반복적으로 순환하는 움직임이 주는 신비로움, 이 작품은 움직임 구성에 관한 작품이다. 다섯 명의 무용수들은 각자 개인의 특정한 움직임을 가지고 있다. 움직임 1에서 움직임 5로 명명한다. 이 다섯 가지 움직임을 '경우의 수'로 여겨 이 움직임을 여러 가지로 조합해 한 편의 작품을 구성하는 방식이다. 무용수들의 움직임을 분석, 재구성하여 보여준다. 음악은 피아노 라이브로 연주된다.

2015년 8월에는 〈360-도, 360-Degree〉를 국립극장 달오름극장에서 서울문화재단 후원 아래 올렸다. 2017년 서울국제공연예술제(SPAF)에서는 신작 〈Understand〉(언더스탠드)를 발표했다.

그에게 작업의 밑바탕이 되는 철학이랄까 하는 것을 물었다. "가장 본질적이고 근본적인 움직임에 집중하며 세련된 작품들을 만들어내려 노력하고 있어요. 늘 이야기하지만 예술은 돈으로 살 수 있는 게 아니잖아요. 열심히 하면 주위에서 도와주지 않을까 진실하게 살면 또 누군가 도와주지 않을까? 생각해요. 예술은 돈으로 살 수 있는 것이 아니라 사람과 사람이 만나서 하는 거라 진실한 마음을 가지고 하면 마음이 모여서 한 그룹이 되고 또 좋은 예술을 할 수 있게 될 거라고 믿어요."

무심하게 툭 던지는 듯한 말투, 경상도 사투리 억양이 남아 있는 목소리, 맑게 웃음 짓는 얼굴. 그가 우직하게 한 걸음 한 걸음 나아가고 있구나 하는 것이 느껴졌다.[27]

〈춤 그녀미치다3〉 ⓒ 최남웅

차진엽

오롯이 춤에 자신을 바친
컨템퍼러리 안무가

     2014년 말 '차진엽 개인전'이 열렸다. 제목은 '춤, 그녀…
미치다'. 춤 공연에 '개인전'이라는 말을 붙인 게 이채로웠다. 안무와 연출 등
그녀 자신의 모든 걸 쏟아부은 공연이었다. 그로부터 3년이 지난 2017년, 봄
그녀는 여전히 공연을 준비하고 있다. 서울무용센터(구 홍은예술창작센터)에서
그녀를 만났다.

    차진엽(1978년생), 그녀는 서울 청담동에서 4남매의 둘째로 태어났다. 일곱
살 무렵에는 피아노를 전공한 어머니를 따라 무용학원에 갔다. 차진엽을 눈
여겨본 원장이 어머니에게 전문적으로 시켜보는 것이 어떠냐고 권유했다. 초
등학교 2학년 때 그녀는 주변의 권유로 리듬체조를 시작한다. 그런데 리듬체
조는 발레가 필수라고 해서 체계적으로 배우려 무용학원을 소개받는다. "이
화숙 원장 선생님은 한국무용 전공이셨는데 제가 발레가 잘 맞다며 본격적으
로 배워보라고 했어요. 5학년 때 진수인 발레학원을 다니며 정식으로 발레를
배우게 되었죠" 이후 그녀는 전 국립발레단 최태지 예술감독에게 제대로 발

레교육을 받아 서울예고로 진학한다. "고1 때는 부전공으로 현대무용을 처음 배웠는데 이화여대를 나오시고 탐무용단에서 활동하시던 김정아 선생님이 출강을 했어요. 어느 날 선생님은 제게 현대무용이 잘 어울린다고 했지요. 사춘기 시절 클래식발레에 조금 지루함을 느낄 무렵 선생님의 말 한마디가 불씨가 되었어요. 그리고 나서 전공을 발레에서 현대무용으로 바꾸었지요."

그녀는 발레를 했을 때는 여성적이고 가냘픈 공주였는데 현대무용을 하면서 자기 자신을 적극적으로 열어 보이게 되더라고 말했다. "무용과가 50명 정도 되는데 여러 전공이 다 섞여 있었어요. 전공 수업에만 따로 들어서 발레에서 현대무용으로 가는 형태가 됐어요. 서울예고에는 전미숙 선생님이 전임으로 계셨는데 제가 한국예술종합학교 2학년 무렵 전미숙 교수님이 한국종합예술학교로 옮겨 오셨어요. 선생님과는 인연이 그렇게 다시 이어졌죠."(안무가 전미숙과는 2010년 〈아모레, 아모레 미오〉등의 작품에서 무용수로서 출연한다. 2017년 제20회 서울세계무용축제에서는 각자의 작품을 무대에 올리니 스승과 어깨를 나란히 한다는 말이 맞을 듯싶다.)

한국예술종합학교 무용원을 졸업한 그녀는 2004년에 런던의 대학원에 들어갔다. 런던 컨템퍼러리 댄스 스쿨(London Contemporary Dance School, LCDS)에서 석사학위(MA)를 취득했다. "처음 런던 현대무용학교에 갔을 때 실망했어요. 상상했던 것만큼 무용수들의 실력이 출중하지 않아 보였죠. 제가 클라스에서 돋보이기도 하고 선생님들께 칭찬도 많이 받으며 주목을 받았었는데, 시간이 지날수록 친구들의 다른 면들이 부각되었고 몸을 움직이는 것에 대한 사고가 제가 받은 교육과는 완전히 다르더라고요. 어쩌면 처음에 제가 자만을 한 거지요. 그리고 처음에는 학생들이 그렇게 뛰어나지 않다고 생각했는데 나중에는 이게 교육 방식이 다르구나 하는 걸 알게 됐지요. 한국 무용수

들은 획일화된 교육시스템을 통해 테크닉이 뛰어나고 습득력이 빨라 단연 돋보이기는 하지만 외국 친구들의 다른 사고와 다양성을 보며 생각이 전환되는 계기가 되었습니다. 각자의 장점이 다르고 선생님들은 그것을 인정해주죠. 컨템퍼러리 댄스의 개념 자체가 다르기 때문에 저도 생각이 나중에 바뀐 거죠." 각자의 '다름'을 깨달은 그녀는 스스로도 달라지려고 노력한다.

차진엽에게 안무 데뷔작을 물었다. 한예종을 졸업하면서 '2002 젊은 안무가 창작 공연'(현대무용협회 주최)에서 발표한 〈너에게 묻는다〉(2002)인데 안도

ⓒ 차진엽 제공

현의 동명의 시를 모티브로 만들었다. "연탄재 함부로 발로 차지 마라. // 너
는// 누구에게 한 번이라도 뜨거운 사람이었느냐."이것이 시의 전문이다. 삶
의 숨어 있는 폭력성으로 개인의 존엄성이 무시되고 상처 받게 되는 느낌에
영감을 받았다고 한다. 그 작품으로 그녀는 최우수상을 받았고 해외 연수 특
전이 주어졌다. 그리고 LDP 창단 멤버로 활동을 본격적으로 시작한다.

　　LDP(Laboratory Dance Project)는 한예종 졸업생 1기와 차진엽을 포함한 2기
졸업생이 의기투합해서 만든 춤 단체다. 신창호, 김영진 등 열 명이었는데
미나 유 교수님이 졸업생으로 구성된 단체를 만들어보라는 독려가 창단에 적
잖은 영향을 끼쳤고 도움이 됐었다고 말했다.

또한 한예종에는 외국인 초빙교수들의 수업이 있다. 초빙교수로 만난 미샤 푸루커(Micha Purucker, 1958~)와는 인연이 깊다. 그는 이상건과 함께 LDP 초대 예술감독을 맡았으며 차진엽이 독일에 갔을 때에도 함께 작업했고 LDP 공연을 재안무하기도 했다.

차진엽은 독일 와서 오디션에서 뽑혔다. 그때 프로젝트로 슬로베니아 안무가 이즈탁 코박(Iztok Kovac)과 2002년에 작업을 했다. 그 인연으로 이즈탁 코박은 국제현대무용제(MODAFE, 모다페)에서 LDP를 위한 안무를 하게 되었다. "제가 그분의 무용단에서 활동했었고 그게 계기가 돼서 LDP에서 그분을 초청했지요."

그리고 그녀는 슬로베니아에서 공연하고 독일에서도 공연하며 2년 동안 작업을 했다. "그게 계기가 돼서 이즈탁 코박과 독일, 슬로베니아, 스위스 공연, 그리고 미샤 푸루커의 작품에도 출연을 했지요. 어떻게 보면 미샤 푸루커와 학창 시절부터 작업을 하긴 했지만 '프로페셔널'하게 한 거는 졸업한 해가 처음이었어요."

해외에 나가게 된 계기도 어찌 보면 미샤 푸루커와의 인연 덕분이다. 독일에서 미샤 푸루커의 공연을 하러 갔다가 연습실에서 모르는 사람들하고 친구가 되고 얘기 나누던 중에 많은 정보를 얻게 되어서였다. 외국에서 첫 번째 오디션을 감행한다. 200명 정도에서 절반 자르고 점점 사람을 추려 나가는 식으로 하루 종일 오디션을 받았다. "그 당시만 해도 영어를 잘 못하니까 눈치로 하기는 했는데 결국에는 파이널에서 뽑혔지요. 현대무용은 발레와 달리 번호표는 없어요. 오디션 방식은 무용단마다 달라요. 1차를 비디오에서 보고 자르기도 하고, 따라 하기나 즉흥도 시키고 어떨 때는 세워놓고 고르기도 하죠. 보통은 안무가들이 '땡큐!' 그러면 집에 가라는 식이죠."

그녀는 당시를 떠올리며 말을 이어 갔다.

"현대무용 오디션은 안무를 시키기도 하죠. 안무가가 콘셉트를 주고 무용수들이 동작을 안무하는 방식으로 하는 안무가들도 많아요. 파이널에서는 솔로를 했어요. 공지사항이 적힌 종이를 받았지만 제대로 이해할 수는 없었어요. 다만 'Bird'라는 글자가 보여서 저 나름대로 떠오르는 걸 했어요. EN-KNAP도 잘 모르고 오디션도 처음이니까 분위기도 적응해보려고 하다가 처음에 됐으니 운도 좋았죠. 이때 인터뷰도 했어요. 그런데 안무가는 제가 영어를 못 하는지 몰랐던 거죠. 하지만 저에 대해 '노 프러블럼(No problem)'이라고 했지요."

학교에서 배운 게 도움이 되었냐고 물었다. "분명 그렇다"고 그녀가 대답했다. 한예종은 매학기 외국에서 초빙교수를 초청하는데 학생들은 다양한 수업들을 받으며 외국안무가와의 경험을 학교에서 쌓을 수가 있다. 또한 방학 때마다 유럽의 페스티벌 등을 다니며 보고 배웠기 때문에 해외 활동에 잘 적응되었다고 한다. 외국에 체류하는 동안 비자 때문에 사람들이 힘들어한다고 종종 들은 터라 그것은 어떻게 해결되었느냐고 물었다. "프로젝트여서 몇 달씩 들어와 작업도 하지만 이번 EN-KNAP 컴퍼니와의 계약은 미샤 푸루커가 이 단체와 같은 에이전시라서 그쪽에서 해결해주었어요. 월급도 에이전시가 미샤 푸루커 쪽을 통해서 지불하는 것으로 문제는 없었던 거 같아요."

차진엽은 영국에서는 호페쉬 쉑터 무용단에 들어가게 된다. "호페쉬 쉑터 (Hofesh Shechter)는 2004년에 오디션 없이 픽업이 돼서 들어갔어요. 저는 학교를 다니고 있어서 무용단과 학교를 병행했어요. 처음에는 호페쉬 쉑터가 여자 무용수 한 명을 구하고 있던 차에 학교에서 와서 보고 제가 뽑혔어요. 9월에 영국에 가자마자 그곳에서 처음 본 공연이 호페쉬 쉑터의 〈컬트(Cult)〉

〈Body to Body〉 ⓒ IRO

차진엽

였거든요. 그는 〈컬트〉를 통해서 굉장히 큰 안무가로 성장했지요. 공연 보고 충격을 받았어요. 정말 이런 컴퍼니에서 춤추고 싶다 그런 마음이 있었는데 몇 달 만에 현실로 다가왔어요. 여자 무용수 한 명이 임신을 해서 못 하게 된 거예요. 그때가 12월 다 되었을 때였어요. 운이 좋았죠. 영국에 온 지 3개월 만에 무대에 선 거니까. 그래서 바로 2005년 1월에 공연을 했지요. 영국 외곽 브라이튼에서 시작해서 영국을 다 돌았어요."

그녀로부터 본격적으로 런던 체류 시절의 이야기를 들었다. 학교생활과 공연이 주를 이루었다.

"영국의 대학원은 주로 1년 코스예요. 수료하고 그 이후에 논문 코스는 네덜란드와 영국을 오가며 준비해서 2007년에 MA로 졸업했어요.

갈릴리 무용단으로 가기 전에 영국 국립 오페라(English National Opera)의 〈마담 버터플라이〉 공연에서 나비부인 역을 맡았어요. 그것을 연출하신 분이 앤소니 밍겔라(Anthony Minghella 1954~2008)인데 영화 〈잉글리쉬 페이션트(The English Patient)〉 감독이세요. 그때 이슈가 돼서 찰스 황태자 등도 오고 했지요. 나비부인 역으로 동양 여자 무용수를 구하는 거였어요. 마침 학교에 게스트안무가로 오셨던 분이 마담 버터플라이 안무가에게 저를 추천했던 것 같아요. 학교에서 공연 리허설 중에 안무가가 리허설을 보러 왔어요. 리허설이 끝나고는 공연을 하자 제안을 했는데 앤서니 밍겔라가 저를 뽑은 거죠. 운이 좋은 거죠. 런던 콜리시움이라고 국립 오페라단 내 극장이 있거든요. 오래된 전용극장이에요. 그곳에서 〈마담 버터플라이〉를 올렸어요. 저는 두세 시즌 공연을 했어요."

그리고 그녀는 네덜란드 갈릴리 무용단(당시 Galili Dance. 현재 NND/Galili Dance)에 갔다. "호페쉬 쉑터와 작업 중에 누군가 오디션 공고를 알려줘서 호

세계를 누비는 춤예술가들

〈춤 그녀 미치다2〉 ⓒ 장대군

차진엽

〈리버런〉ⓒ IRO

세계를 누비는 춤예술가들

페쉬 섹터와 의논했지요. 호페쉬 섹터가 저에게 너랑 잘 맞을 것 같다고 해서 네덜란드까지 오디션을 보러 갔죠."

그녀 말을 들어보면 오디션은 주로 1월에서 3월 또는 4월까지 열린다. 말하자면 겨울철이 오디션 시즌인 셈이다. 보통 1, 2, 3월 오디션을 봐서 8~9월의 시즌을 시작한다. 외국에서는 한 시즌이 한 해 8월부터 이듬해 8월까지를 말한다. 2017년 시즌이면 2017년 8월부터 2018년 8월까지가 한 시즌이다.

"그때 오디션을 3~4일 했어요. 기억에 남는 게 굉장히 체력적으로 힘들었다는 거예요. 참여한 모든 무용수들이 생존하기 위해 엄청나게 에너지를 쏟아붓는데 정말 체력이 힘들었지만 오디션을 통과해서 올라가니깐 정신적으로는 좋았죠. 갈릴리 무용단이 흥미로운데 라는 것을 알고 있었기 때문이에요."

갈릴리 무용단에 입단한 후에는 신작 〈For Heaven's Sake〉(부디), 〈Heads or Tales〉(머리 혹은 꼬리) 등 여러 작품을 했다. 많은 레퍼토리를 보유하고 있는 컴퍼니이기도 했다. 그녀는 예술감독인 이칙 갈릴리(Itzik Galili)의 말을 기억했다. "너는 매너리즘에 빠져 있지 않아서 좋아. 뭔가 다른 게 있는 것 같다."라고 했는데 그런 이야기를 해줘서 고마웠다고 하면서 "자신감이 생겼고 매너리즘에 빠지지 않고 열심히 하려 했지요."라고 그녀는 말했다.

차진엽은 논문으로 영국과 네덜란드를 오가면서 쓰는 한편 2006년, 2007년에 두 번 안무작을 '더 플레이스'의 레볼루션 페스티벌에 올린다. 그리고 2008년에 국립발레단 〈왕자 호동〉 조안무로 잠시 귀국한다. "당시 최태지 예술감독님이 영국으로 연락을 주셔서 자연스럽게 오게 된 거죠. 최태지 예술감독님 그리고 국수호 선생님이 연출하시고, 문병남 선생님이 안무하시고 제가 몇 파트를 맡아서 했어요. 〈왕자 호동〉은 대한민국 국가브랜드를 위한 중요한 작업이었어요. 대본에 있는 흰 사슴이랑 파란 옷 입고 섹시하게 추는 위구르족 등 몇몇 부분의 안무를 했어요. 그다음 해까지 참여했어요."

그 당시 〈왕자호동〉에서 낙랑공주 역은 김지영, 김주원, 박세은 세 사람이 캐스팅되었다. "굉장히 의미 있는 작업이었죠. 최태지 예술감독님은 움직임에서 발레를 좀 더 다양하게 만들어보고 싶었던 게 아닌가 해요. 4월에 와서 미팅을 하고 일주일에 한 번씩 현대무용 수업도 했어요. 국립발레단 현대무용 트레이너도 맡았는데 발레단 무용수들이 안무에 들어가기 전에 익숙해지도록 한 거죠. 그리고 그다음 해에 초연을 올렸지요. 오랜 기간을 거친 데다 〈왕자호동〉은 여러 모로 흥미로운 작업이고 저에게는 영광스러운 일이었지요."

그녀는 그 일이 우연찮게 계기가 되어 완전히 귀국하게 된다. LDP 공연도 하고 그녀 자신의 공연도 한다.

"영국에서 돌아온 뒤 안무가로서 작품을 깊이 있게 한 것은 '2009 크리틱스 초이스'에서 평론가가 뽑은 〈see-through(시스루)〉라는 작품이에요. 제가 방향성이 명확해졌다고 할까요. 남자 무용수 두 명, 여자 무용수 다섯 명이 나왔지만 여자 무용수가 메인이에요. 제 작업이 여성이 중심이다 보니 페미니즘이라고 말하기 그렇지만 내가 여성이기 때문에 여성 작업에 초점이 모아지는 거 같아요."

2010년 4월에는 LDP 10주년 공연에서 〈Truly, Madly, Deeply〉를 발표하는 등 꾸준한 활동을 이어 간다. 처음 안무를 하고 운 좋게 상을 받았고 흥미가 생겼다고 차진엽은 말한다. 지금까지도 무대에 서는 게 좋은 사람인데 관심을 많이 가지게 되었다고 한다.

"한국의 현대무용계의 80~90%가 남성이고 활약이 두드러지죠. 그들이 잘한다는 의식이 강해서 여성인 나도 물론 잘 해야 된다는 생각이 강했었어요. 어떻게 보면 LDP에 있어서 그럴 수도 있지요. 남자 무용수들의 활약이 크다

보니 여자 무용수로서 활약을 보여주고 싶은 마음이 컸어요. 2009년 크리틱스 초이스에서 굉장히 기분이 좋았던 것은 우수상을 받았는데 특히 가장 기쁘고 감사했던 피드백이 여자무용수들이 부각되어 좋았고 존재감이 컸다는 거예요. 저는 무용수들의 에너지와 몸짓, 존재감으로 작품의 메시지를 담고 싶었어요. 그래서 캐스팅에 더 신경을 써 여자무용수들을 섭외하였고 힘든 과정을 견뎌 준 무용수들은 무대에서 큰 존재감들을 발휘해줬죠. 그때부터 더욱 본격적으로 여성에 초점이 맞춰져서 그런 작품들을 하게 되지요. 그런 맥락이 지금까지 이어지는 것 같아요."

차진엽은 이후 자신만의 컴퍼니인 'Collective A(콜렉티브 에이)'를 창단하면

〈춤말〉ⓒ 차진엽 제공

서 LDP를 나오고 본격적으로 자신만의 작업을 시작한다. 이제까지와는 다르게, 좀 더 스케일을 크게 확장시키는데, 몸을 통해서, 춤을 통해서 할 수 있는 춤이 여러 매체와 만나고 여러 매체와 확장되기를 바라서 나름대로 시도한 것이라고 한다.

"사실 저는 콜라보레이션이나 융·복합, 이런 단어를 모르고 작업했는데, 평론가 분들이 그런 이름을 붙여 주시더라구요. 내가 생각하는 아이디어를 어떻게 표현할까 하다가 다양한 퍼포머들과 아티스트들을 만나 확장된 작업을 한 것이죠. 그걸 융·복합이라고 보는 거예요. 춤에서부터 확장되어서 달

세계를 누비는 춤예술가들

라지는 거지 의도적인 건 없어요. 그런데 사람들이 제가 여러 작업을 하니까 그런 이미지로 보더라고요."

예술 작품을 창작할 때 장르와 장르가 뒤섞이고(융·복합) 작업자와 작업자가 함께 작품을 만들어 가는(콜라보레이션) 것이다. 차진엽은 자신의 춤을 가장 효과적으로 표현하기 위해서 결과적으로 콜라보레이션을 하게 된 것이다. 2015 서울국제공연예술제에서 같은 나이의 시각예술가 빠키(빠빠빠탐구소 대표)와 〈리버런 : 달리는 강의 현기증〉도 콜라보레이션의 한 예가 아닐까 싶다.

그녀만의 춤 단체인 '콜렉티브 A(Collective A)'(2012년 창단) 이야기로 넘어갔다. 이름이 좀 어렵기도 했다. "'댄스'라는 이름을 안 붙었어요. 무용장르로써만 제약을 두고 싶지 않아서요. A는 All Kind of Art, 단수 명사 앞에 붙는 A, 아트들이 모여서 단 하나뿐인 새로운 아트를 만들어내는 거잖아요. 그래서 'Collective A'가 된 거예요. 그런 방향성을 목표로 하는 거 같아요. 그리고 여성이라는 것에 본질적인 탐구하는 작업은 앞으로도 계속될 것 같아요."

2012년 '콜렉티브 A'라는 자신의 단체와 더불어 그녀 자신이 안무하고 연출한 작품 〈로튼 애플(Rotten Apple)〉은 그 특이함으로도 주목을 끌었다. 옛 서울역 '문화역 서울 284'에서 공연했는데 관객들이 가면을 쓴 채 자유로이 관람했던 것도 그렇고 사과를 통해 수많은 상징과 이야기적 가치를 모티브로 해 인간에게 내재된 초현실적인 상상과 잠재적 욕망을 공감각적인 언어로 표현한 것이다. 이 작품으로 그녀는 '2012 한국 춤 비평가상 베스트 작품상', '2012 춤 평론가상 춤 연기상'을 수상했으며 2013 서울국제공연예술제에 국내 초청작으로 초청되었다.

앞서도 차진엽은 여성의 존재감이 무대에서 드러나게 하고 싶었다고 말했다. 여성의 몸과 여성의 존재에 대한 천착을 그녀에게서 느낄 수 있었다. 그

서울무용센터 ⓒ 이찬주

세계를 누비는 춤예술가들

것은 안무가 차진엽에게서 볼 수 있는 일관된 흐름이라고도 말할 수 있겠다.

거기에 더해져 그녀는 이제 몸, 신체 자체에 관심을 가지고 있다. 이전에 억압되고 분출하고 싶은 감정을 작품을 통해서 표현했다면 이제는 움직임 몸, 그 자체를 보여주려 한다. 필자가 그녀를 만났을 당시 기획 중이던 작품은 2017년 가을에 공연하는 〈미인〉이었다. "사실은 지금 큰 타이틀이 '미인'이에요. 여성성에 관한 작품이에요. 영어로 미인 하면 뷰티풀 우먼(beautiful woman)인데 단지 아름다운 여성에 관한 작품은 아니에요. '미인'이라는 큰 타이틀 안에 두 개 작품이 있어요. 영국 아티스트와 저랑 한 편씩 만들어요." 이 공연은 '문화비축기지 개원기념'으로 2017년 10월 13~18일 공연되었으며 차진엽은 〈바디 투 바디(Body to Body)〉를, 영국의 다원예술가 대런 존스턴 ((Darren Johnston)이 〈Plasticity〉(적응성)를 올렸다.

숨 가쁘게 공연을 이어 오는 그녀에게 무용하면서 힘든 점은 뭐가 있을까 물었다. "힘든 과정들이 결국에는 지나면 다 경험인 거잖아요."라며 담담하게 말했다. "외국에 나갔을 때 홀로서기를 처음 했고 외로움과 고독을 처음 느꼈는데, 모든 힘든 과정들이 삶의 깨달음을 주고 조금 더 나은 나로 만들어 주기 때문에 힘들지만 견딜 수 있었던 것 같아요. 그렇지만 해외 생활이 얼마나 힘든지 알기에 지금 해외에 나간 후배들을 보면 정말 대단하단 생각이 들어요. 한번은 외국에 있었을 때 태어나서 처음으로 새해에 혼자 있었지요. 2004년이었는데 심리적으로 너무 우울하고 서글펐어요. 멍하니 혼자서 TV만 보고 있고 그런데 나중엔 익숙하게 되고 당연하게 되고 받아들이게 되면서 나와 마주하고 있는 시간동안 정말 나를 알아가게 된 것 같아요. 혼자서 있는 시간이 중요하다는 것을 알게 되었어요.

창작하는 사람들이 스스로 그런 감정을 겪어보면서 다른 감수성을 끄집어내는 게 되는 거죠. 창작이라는 것이 다 자기 안에 있는 것이 나오는 거니까. 그래서 해외에서 보냈던 시간들이 좋았어요. 사람들이랑 어울리는 것도 혼자 있는 것도 그러다 보니깐 다른 감각들이 살아난다고 해야 하나요."

그녀는 또 힘들었던 기억으로 모든 것을 혼자서 해야 하는 점을 꼽았다. 경제적인 면이 컸는데 외국에서 비행기로 두 시간이면 갈 걸 버스로 오래 걸려서 간다든지 하는 식이다. 갈릴리 무용단 오디션 보러 갈 때 사흘 동안 제일 싼 도미토리 숙소에 묵고 물과 오렌지로 버텼던 것들. 처량하다, 불쌍하다, 하는 생각이 들었다고도 말했다. 그걸 견디고서 자기 일을 했던 거고 그렇게 하면서 무용단에 입단하고 돈을 벌게 되고 안정적인 생활을 하게 되었다고 한다.

2015년 3월에는 〈페이크 다이아몬드(Fake Diamond)〉를 한국문화예술위원회 후원으로 아르코예술극장 대극장에서 올렸다. 2013년 초연된 이 작품은 현대무용, 설치미술, 사운드 등 이른바 '콜라보레이션'으로 올린 것으로 인간 심리의 이면을 잘 보여준 작업이었다.

2016년에는 색다른 작업으로 무용 다큐멘터리에 참여했다. 한국문화예술위원회와 KBS와 공동제작한 〈몸의 소리〉는 '우리 삶이 춤이 된다면'을 주제로 여러 소주제를 표현했는데 차진엽은 '생명'을 주제로 수중세트에서 몸의 소리로 탄생의 경이로운 순간을 이야기했다.

지금 당대에 가장 활발한 활약을 보여주고 있는 무용가로서 춤을 배우려고 하는, 이미 춤을 배우고 있는 학생들에게 해주고 싶은 말이 무엇인지 물었다. "학생들을 보면 춤을 잘 추는 것도 중요하지만 자신이 가지고 있는 가능성을 발견하고 자아를 단단하게 하며 매너리즘에 빠지지 않는 그런 길을 찾아야 되는 것 같아요. 예술적 재능도 중요하지만 그것을 하는 과정은 참으로 고된

수행이기에 견디고 버티고 해나려는 기질이 더 중요한 것 같아요. 자존감을 높일 수 있도록 끊임없이 자신을 개발하고 배우고 도전하고 경험하려는 자세가 중요해요. 그런 사람은 언젠가 빛이 나기 마련이죠. 춤을 잘 추는 것은 그때뿐이지만 빛이 나는 사람은 오래오래 감동을 줄 수 있어요."

그것은 고스란히 경험에서 우러나오는 말일 것이다.[28]

〈카쉬(Kaash)〉 ⓒ 아크람 칸 무용단 제공 / Jean-Louis Fernandez

김성훈

춤을 추고 춤을 만드는
코즈모폴리턴

　　혁신적인 안무로 세계 무용계에서 주목받은 영국의 안무가 아크람 칸의 무용단에서 무용수로 활약한 이가 있다. 알제리, 이집트, 그리스, 슬로바키아, 스페인, 대만 등 다국적 단원들 사이에서 당당히 무대에 올랐던 김성훈. 그가 한국으로 돌아왔다. 그를 만나보기로 했다.

　　김성훈은 대전에서 태어나 서울에서 자랐다. 그는 한국예술종합학교에 다니던 누나(김소윤)를 따라 무용을 보러 갔다. 한예종의 김형진, 차진엽의 춤을 보고 흠뻑 빠지고 만다. 춤을 추고 싶다는 열망을 가슴속에 품게 된다. 예술가의 피가 흐르는 그는 춤을 비껴갈 수 없었나 보다. 그는 포즈 댄스시어터(우현영)에서 재즈, 힙합, 현대무용을, 진수인 선생님께 발레를 배워 한예종에 진학한다. 전공은 현대무용이다.

　　가능성을 보고 그를 뽑은 거라 남들보다 더 많이 해야 한다고 선생님들로부터 들었고 그 자신도 수긍했다. 늦깎이로 무용에 입문한 그는 어떤 춤은 너무 새로워 보였고 거기서 조금만 응용되면 어려웠다. 그에게 춤은 멀기만

〈ITMOi(in the mind of igor)〉ⓒ 아크람 칸 무용단 제공 / Jean—Louis Fernandez

세계를 누비는 춤예술가들

했다. 일단 배우는 수밖에 달리 방법이 없었다.

한예종에서 초빙교수로 수업을 맡았던 크리스틴 줌머(Christine/Kristine Zimmer) 안무가로부터 탄츠테아터를, 독일에서 활동하는 안무가 미샤 푸루커(Micha Puruker)로부터 새로운 현대무용을 배워 갔다.

그가 입학한 2001년은 LDP가 만들어진 해이다. LDP는 한예종 무용원 출신 현대무용 전공자들로 이루어진 춤 단체다. 선배들이 안무하고 연출하고 무대의 모든 것을 만들어가는 현장을 보는 것만으로도 큰 공부가 되었다. 2003년에 LDP 정기공연 〈If you want〉(이프 유 원트, 김영진 안무)에 객원으로 출연했고 2004년 〈Shout Shout〉(샤우트 샤우트, 정지윤 안무)에 정식으로 출연했다. "2003년 2월인가 〈What's Going On〉이라는 전미숙 교수님 작품으로 미국 서부지역 투어를 갔어요. 그 작품은 지금도 레퍼토리로 공연을 많이 하는 작품이에요. 캘리포니아, 라스베이거스 등지를 갔는데 거기서 굉장히 많이 기립박수를 받았어요. 저한테 기립박수는 처음이었죠. 우리나라 실력이 이렇구나, 느꼈어요. 그때 발레도 한국무용도 좋은 호응을 받았어요. 우리나라가 굉장히 힘이 있구나 그런 걸 느꼈어요."

그는 한국예술종합학교에서 두 스승 미나유(본명 유정옥)와 전미숙을 만난다. 그들을 통해 철학적인 이야기를 듣고 그들의 무용 일화 등을 들으며 영향을 받았다.

김성훈은 한예종에 다니면서 4년간 약 9개의 안무를 한다. 교수님들께서 집중적으로 안무 기회를 많이 주셨던 것 같다고 그는 말한다.

안무는 그에게 재밌는 작업이었다. 많이 배우는 시기인지라 항상 보는 게 새로운 것이었고 어렸을 때니까 다른 사람의 것을 따라 해보기도 하고 영감도 받으며 많은 공부를 했다. 지금보다 실험적이었으며 힘들지도 않았던 것 같다고 덧붙였다. 필자는 그때는 즐거워서 하고 지금은 직업적으로 하니까 힘들지 않느냐고 물었다. 그가 웃는다.

그리고 학창 시절에 가장 행복했던 시간을 이야기했다. 2002년 월드컵이 한창일 때 그는 '임풀스탄츠 비엔나 페스티벌(ImPulsTanz-Vienna International Dance Festival)'에 갔다. 유명한 무용단체인 로사스, 랄랄라 휴먼스텝스, DV8 등의 공연도 봤다. "비디오에서 봤던 노랑머리의 루이스를 포함한 무용수들을 만나 그들이 저희를 직접 가르쳤던 거죠. 또 포사이드 컴퍼니(The Forsythe Company)에서 제가 가장 좋아하는 엘리자베스 코벳(Elizabeth Corbett)이 윌리엄 포사이드 레퍼토리를 알려주어 배웠죠."

"그전에 외국 사람하고 영어로 말은 해봐도 같이 춤을 춰보는 것은 제 인생에 처음이었지요. 비엔나 페스티벌은 전 세계적인 모임이라 나의 실력은 어느 정도일까 수준도 보게 되고 나랑 같은 나이로 지구 반대편 먼 나라에 있는 학생들은 과연 어떨지 보게 되었지요. 유럽에서 많은 아티스트를 한꺼번에 보고 영향도 받았어요."

임풀스탄츠 페스티벌에는 동기들과 후배들은 물론 나중에 신창호 교수와 미나 유 교수도 합류한다. "팀마다 숙소가 다 달라서 저는 비엔나의 로젠 호텔에 2주 동안 있었고 독일에서는 쉐어룸을 했어요. 지금은 쉐어룸이 일반화 됐지만 15년 전 내가 이쪽 방을 쓰는데 저쪽 방에 다른 나라 사람이 살고 있다는 것이 신기했어요." 문화적으로도 색다른 추억으로 남았다고 한다. 그 당시 무용수들과 더 활발하게 만남을 가졌다. "스마트폰도 없고 국제전화 부스에서 컬렉트콜로 통화하는 상황으로 더 가능했던 것 같아요. 요즘은 다 앉아서 스마트 폰으로 뭐든지 할 수 있잖아요. 그런 여건이 아니었기 때문에 뭔가 찾으러 가고 얘기해보고 했어요. 지금은 조금 힘들 수도 있어요. 시대가

〈카쉬(Kaash)〉 ⓒ 아크람 칸 무용단 제공 / Jean—Louis Fernandez

달라져 모든 게 편안하잖아요.” 그는 사람들끼리 뭔가 모색하고 직접 깨지고
부딪치고 하는 가운데 많은 경험이 축적된다고 말한다.

필자는 그래서 무용이 늘었냐고 물었다. 유럽 연수 이후 춤 실력이 늘었다
기보다 마음을 열고서 받아들이게 되면서 창의적으로 되어가는 것 같다고 그
는 말한다. “그때는 그걸 몰랐죠. 몸이 가는 대로 따라가다 보니까 언젠가 경
험했던 것이 생각났어요. 어딘가 나한테 묻어났겠지요. 테크닉적인 실력은
클래스를 꾸준히 하면 자동적으로 흡수된다고 생각해요. 춤 실력이 늘었던
건 제가 콩쿠르 나가면서인 거 같아요. 콩쿠르는 평가잖아요.”

그가 콩쿠르에서 여러 차례 떨어졌다고 한다.

아크람 칸 단원들과 함께 ⓒ 아크람 칸 무용단 제공 / Koone

"3학년 2학기 때 신인 콩쿠르에 나가서 본선만 진출하고 보기 좋게 떨어졌어요. 생전 처음 나가보는 콩쿠르이었어요. 무용도 늦게 해서 그런지 무대에서 긴장도 많이 했죠. 솔로로 춘다는 것이 쉽지 않았어요."

그는 2006년 신인콩쿠르 은상, 2007년 동아콩쿠르 은상 그리고 2008년 신인콩쿠르에서 특상을 받아 군대를 면제 받았다.

공연하면서 에피소드를 물었다. 2005년에 멕시코에서 공연할 때였다. 당시 한국 SIDance와 멕시코 세르반티노 축제 합작으로 한국과 멕시코의 현대무용계를 대표하는 전미숙과 루르데스 루나(Lourdes Luna)가 함께 안무한 작품을 유카탄 주립현대무용단이 공연했다. "그런데 그곳에서 공연 30분 전에 제가 쓰러졌어요. 탈수로 뭔가 음식 잘못 먹어서 바이러스 같은 거에 걸렸는데 계속 토하고 설사하고 응급실에 실려 가서 항생제를 맞았는데 팔이 떨어져 나갈 것 같은 거예요. 정말 그렇게 아픈 적은 처음이었거든요. 그곳은 굉장히 외지고 낙후된 곳이에요. 전미숙 교수님이 제가 나을 때까지 밤새워 기다려주셨어요. 제가 무슨 일 날까 봐요. 생명의 은인 같은 느낌이랄까, 감동 받았죠."

그는 2007년 4월 LDP 정기공연 안무를 했다. 작품은 〈Position of body〉(포지션 오브 바디)인데 한예종 대학원에 재학 중이던 그는 이 작품으로 그해 동아무용콩쿠르 현대무용 일반 남자부 은상을 받았으며 베니스 비엔날레 페스티벌에도 초청되었다. 그는 당시 최연소 안무가로 작품을 올렸다.

미나유, 전미숙 두 교수님이 긍정적으로 봐주신 것이 안무하는 힘을 내는 데 엄청난 도움이 됐다고 한다. 젊은 나이에 엄청난 큰 경력은 타이틀이 된다. 그리고 2004년부터 이대 작곡가 박은혜 교수님이 있는데 그분이 현대음악의 불규칙적 음악을 많이 만들었다. 2004년부터 지금까지 30~40편의 안무를 해봤다.

그밖에도 백남준아트센터의 갤러리에서도 공연을 했다. 그는 퍼포먼스 같은 공연을 굉장히 좋아했다고 한다. "저는 그런 공연을 선호하는 스타일이에요. 관객이 경험하는 공연 있잖아요. 무대는 공연을 눈으로만 보고 느끼잖아요. 그런데 퍼포먼스는 관객이 가까이 접촉할 수 있고 관객이 고정된 자리에서 보는 것이 아니라 돌아다니면서 보는 거여서 그것도 움직임이기 때문이

〈카쉬(Kaash)〉 ⓒ 아크람 칸 무용단 제공 / Jean—Louis Fernandez

죠. 많은 체험적인 공연을 하려고 노력했고 2007년 그 시기가 저한테는 그런
거 같아요."

아크람 칸 무용단은 어떻게 들어가게 됐는지 물었다.

2009년 3월, 아크람 칸(Akram Khan, 1974~)은 프랑스 여배우 줄리엣 비노
쉬와 함께 〈in-I〉(인 아이)를 공연하러 LG아트센터에 왔다. 아크람 칸은 방
글라데시계 영국인이며 인도 전통무용 '카탁'과 현대무용을 결합한 독특하고
혁신적인 무대로 명성을 쌓은 안무가이자 무용수다.

그곳 워크숍에서 김성훈을 본 후 아크람 칸 단원이던 한국인 김영진과 동문

　　　　　　　　　　　　세계를 누비는 춤예술가들

<Black Comedy> 김성훈 안무 ⓒ 김성훈 제공

이라고 해서 영국으로 돌아가자마자 연락했다고 한다. 그는 오디션 없이 입단했다. 사실 아크람 칸이 그를 처음 본 건, 2004년 서울세계무용축제(SIDance 예술감독 이종호) 개막작 공연을 위해 한국에 왔을 때였다. 그때 LDP에서 춤을 추었던 그를 눈여겨보았던 것이다. 그는 운이 좋았다고 한다.

　필자는 그들이 운이 좋은 것이 아니냐고 했다. 맘에 드는 사람을 만나서 다시 워크숍에서 실력도 재확인하고 뽑을 수 있었던 게 아니었냐고 물었다. 그러자 그는 워크숍에 잘 하는 사람들이 많았다며 다만 자신들 작품의 성향에 맞아 뽑힌 게 아닌가 하며 겸손하게 말했다.

신체적인 조건을 물었다. 그는 자신이 키가 큰지도 몰랐으나 유럽 사람들이 보기에 한국 사람들이 크더라고 한다. 필자가 우리나라 사람들이 체격이 좋군요, 라고 되묻자 체격이 좋은 건 아니지만 키는 한국 무용수들이 좀 큰 것 같다고 한다. 아크람 칸 무용하는 사람들 사이에서 180센티미터라는 신장은 큰 편이라고 한다. "아크람(무용단)은 움직임이 빠르기 때문에 동작이 키가 크면 클수록 힘들어요."

아크람 칸 무용단에서 보낸 시간과 그때의 작업들은 그의 춤 인생에서 빼놓을 수 없는 부분일 것이다. 안무가로서 아크람 칸은 어떤지 간략하게 설명해 달라고 물었다.

"아크람 칸은 무용수 한 사람 한 사람이 할 수 있는 것, 그 사람이 아니면 안 되는 것 그런 것들, 즉 '춤추는 이한테 제일 잘 맞는 옷을 입고 나왔으면 좋겠다고 해요.' 그게 옷이 아무래도 움직임인 거 같아요. 아크람 경우에는 개별 존재로서의 무용수를 굉장히 중요하게 여겨요. 군무에서도 그 사람이 돋보이게끔 안무하는 방식이죠. 그가 무용수 출신이기 때문에 그런 것 같아요. 새로운 움직임 개발도 중요하지만 가장 기본적인 건 무용수에 대한 존재감이라는 거죠."

아크람 칸에서 활동 중 김성훈은 〈바혹(Bahok)〉, 〈버티컬 로드(Vertical Road)〉, 〈ITMOi(in the mind of igor)〉, 〈카쉬(Kaash)〉 무대에 이어 2012 런던 올림픽 개막 행사에도 참여했다. 그리고 2013년 임풀스탄츠−비엔나 페스티벌 무대에 섰다. 그곳에서 미나 유 교수와 학교 후배들이 그의 공연을 보고 있었다. 만감이 교차했다. 어렸을 땐 배우러 왔는데 지금 공연하고 이곳에서 워크숍으로 가르치고 있었다. 사람들이 자신을 보고 신기해 한 것만큼 자기 자신도 신기했다고 한다.

어느덧 아크람 칸 무용단에서 자기 자리를 확고히 한 김성훈은 어쩔 수 없

김성훈

이 공연에 빠지는 때가 있었고 그를 대신할 무용수가 필요했다. 많은 무용수들이 왔지만 아쉽고 못 뽑기도 했다. "제가 아크람 칸 나갈 때 제자리를 누군가 넣어야 하잖아요. 저희는 2년 전쯤 스케줄이 나와요. 그 전에 저 대신 투어를 해야 할 사람을 뽑아야 해서 갑작스런 오디션이어서 무용수를 찾기가 힘들었어요."

그 무렵 그는 2014년 록펠러재단의 아시아문화예술위원회(ACC) 후원을 받아서 아트 프로젝트에 참가하면서 뉴욕에 머물렀다. 록펠러재단은 미국의 자선 단체이며, 민간 재단으로 ACC는 1963년 아시아와 미국의 시각 공연예술 분야 문화교류를 지원하기 위해 만든 단체이다. 무용, 음악, 미술 등 모든 예술 영역에 후원하는데 백남준도 후원을 받았다. 김성훈은 뉴욕 맨해튼에서 3개월간 체류하는 동안 무용을 가르치기도 하고 브로드웨이 댄스센터에서 힙합, 발레, 재즈 수업도 들었다. 갤러리가 많은 뉴욕에서 전시회도 보고 거기서 만난 홍콩, 대만, 일본, 중국 각국에서 온 사람들과 교류도 하며 지냈다. ACC는 환원을 기대하기보다 장학금을 받은 예술가들이 더 많은 문화를 체험하고 본인의 영역을 넓혀가는 것을 자랑스럽게 생각하는 것에 자부심을 갖고 있다고 한다. 김성훈은 비용 걱정 없이 작업할 수 있어 좋았다. 아티스트를 위해서 필요한 지원을 해주고, 숙소도 렌트해준다. 록펠러센터 근처 유엔 사무실 옆에 아주 좋은 아파트였다고 한다. 보통 6개월이다. 그는 아크람 칸의 배려로 보내게 된 3개월도 다행이었다고 말한다.

그들은 영어가 완벽하진 않은 그에게도 많은 관심과 굉장히 친절하게 잘해줬다. "그들은 내가 잘 되기를 간절히 원하더라고요. 내가 잘 돼야지 자기네들도 잘 된다고 하면서." 진심 어린 말에 기분이 좋았다고 한다.

세계 투어를 하면서 일어난 에피소드를 물었다. 브라질 상파울로 〈버티컬

〈노코멘트〉ⓒ 김성훈 제공

로드〉 공연이야기를 들었다. "거기는 천장이 콘크리트가 아니었어요. 비가 내리면 비 소리가 들릴 정도이죠. 그날따라 비가 많이 내리면서 정전이 되었어요. 모든 게 다 꺼진 거예요. 정전이 되면 켜지는 비상등 불빛 아래 무용수들의 실루엣만 희미하게 보였죠. 〈버티컬 로드〉는 막판으로 갈수록 허리가 끊어질 것만큼 힘들어요. 음악 없이 조명도 없고 무용수들의 숨소리만이 거칠게 들렸지요. 아크람 칸도 못 보겠나 봐요. 그때 관객들이 막 박수를 치는 거예요. 엄청 많이. 그래서 저희가 인사하고는 끝이 났어요. 티켓도 비싸고 매진됐고 관객들도 엄청 많았죠. 그런데 가려고 짐을 싸는데 다시 불이 들어온 거예요. 저희는 멈췄던 데부터 다시 시작해서 공연을 마쳤어요. 사람들도 나가지 않았기 때문이죠. 그런 기억이 남아 있어요."

그는 아크람 칸 무용단에서 프로와 아마추어라는 차이를 많이 느꼈다고 했다. 특히 해외 투어를 하면서 몸이 아파도 해야 한다는 것, 무용수가 겪어야 할 상황에 대처하는 방법 그리고 어떻게 사람을 대해야 하고 공연을 어떻게 준비하는지 하는 과정을 배웠다.

그리고 아크람 칸 무용단은 여느 무용단과 달리 다른 컴퍼니들이 안 가는 지역도 투어를 한다. 칸 자체가 영국인이지만 방글라데시 출신이고 아시아인이며 현대무용을 하지만 근간은 '카탁'이라는 인도의 민속무용이기 때문에 중동에서도 그를 좋아한다고 한다. "남미의 칠레에서도 아크람 칸이라는 안무가의 영향력은 대단했어요."

김성훈은 해외 투어를 하는 틈틈이 한국에 들어오기도 했다. 그는 2011년 3월 '한팩 라이징스타'에서 〈우리는 영웅을 믿지 않는다〉로 아르코예술극장 대극장에 올랐다. 이문열의 단편 〈우리들의 일그러진 영웅〉에서 모티프를 얻은 작품으로 권력을 추종하는 현대인들의 일상을 강렬한 색채로 보여줬다.

2012년에는 국립현대무용단의 초청안무가 전미숙 교수의 작품 〈토크 투 이고르(Talk to Igor); 결혼, 그에게 말하다〉에 출연했다. 이고르 스트라빈스키의 음악과 니진스카 안무의 1923년작 〈결혼〉을 재해석한 작품이다.

그가 한국에서 머무는 것을 아크람 칸은 이해해주었다. 칸이 "네가 우리 무용단에서 20대를 보낸 것도 고맙다."고 말해주었다고 한다. 런던의 집값도 비싼데 무용단 측에서 거처를 마련해주고 비행기 표도 주고 했다. 무용단에 오래 있었기에 대우를 해주는 거라고 말한다.

2016년 9월, 〈카쉬(Kaash)〉 재안무 공연을 끝으로 김성훈은 아크림 칸을 떠난다. "독일 드레스덴 공연으로 기억되는데 아이러니컬하게도 2009년 아크람 칸에 처음 들어갔을 때도 독일 드레스덴의 무대에 〈바울〉로 올랐어요." 그가 드레스덴 무대를 여느 무대보다 더 오래 기억하리라 여겨진다. 무용단을 그만둘 때 프로듀서 파룩 초드리(Farooq Chaudhry)가 행운을 빌어주었다고 한다.

2017년 8월, 그는 작품 〈GREEN EYE〉(그린 아이)를 서강대 메리홀에 올렸고 2018년 1월에는 〈No Film〉을 CKL스테이지에 올릴 예정이다. 김성훈은 2009년부터 2016년까지 그동안 머물렀던 아크람 칸 무용단을 떠나 개인 작업에 더 매진하고 있다.[29]

※ 인터뷰 기록

① 이상만 2014. 12. 07. / 2014년 ≪몸≫ 2월호 / 2014년 ≪춤과 사람들≫ 2월호
② 김영순 2016. 10. 22. / 2016년 ≪춤과 사람들≫ 12월호
③ 최유희 2016. 09. 22. / 2016년 ≪춤과 사람들≫ 11월호
④ 박세은 2017. 10. 17. / 2015. 8. 28. / 2015년 ≪춤과 사람들≫ 10월호
⑤ 박화경 2017. 10. 20. / 2014. 9. 12.
⑥ 김판선 2014. 09. 11.
⑦ 이선아 2017. 10. 17. / 2015. 8. 15. / 2015년 ≪춤과 사람들≫ 12월호
⑧ 권령은 2017. 10. 25. / 2014. 9. 10. / 2014년 ≪춤웹진≫ 10월호
⑨ 김설진 2017. 06. 05.
⑩ 허성임 2016. 09. 21.
⑪ 이은원 2016. 10. 20. / 2017년 ≪몸≫ 5월호
⑫ 전준혁 2016. 09. 26.
⑬ 최영규 2017. 09. 21. / 2017년 ≪몸≫ 11월호
⑭ 하은지 2017. 09. 09.
⑮ 홍지민 2017. 09. 05.
⑯ 정한솔 2017. 07. 25. / 2017년 ≪몸≫ 9월호
⑰ 김세연 2017. 09. 12.
⑱ 오영훈 2016. 10. 18.
⑲ 안재용 2017. 09. 14.
⑳ 제임스전 2017. 10. 20. / 2017년 ≪몸≫ 12월호
㉑ 김용걸 2017. 07. 27.
㉒ 전은선 2017. 10. 13.
㉓ 김지영 2017. 10. 18.
㉔ 한상이 2017. 10. 14.
㉕ 김성한 2017. 06. 02.
㉖ 예효승 2015. 12. 18.
㉗ 정현진 2017. 04. 14.
㉘ 차진엽 2017. 04. 17.
㉙ 김성훈 2017. 09. 22.

이찬주

한양대에서 발레를 전공했다. 1990년대 초 동대학원에 개설된 한 춤비평코스를 통해 흥미를 가지게 되어 '한국에서 공연된 평론을 중심'으로 석사학위를 마쳤다. 이어 그곳에서 「한국 범부춤의 심층구조와 의미에 관한 화쟁기호학 연구」(2005)로 한국무용학 박사를 받았다. 우연찮게 2013년 한상근 한국무용가와 이상만 발레리노의 마지막 인터뷰어로서 그들의 안타까운 타계 후 저자는 <이찬주춤자료관>을 통한 무용인들에 대한 자료수집과 공연에 대한 기록을 보다 확대하게 되었다. 춤기록은 춤예술의 존재성과 그 문화적 중요성을 알리는 실제적 도구이다. 현재 저자는 춤자료와 인물들이 정리되지 않은 지역으로 시선을 돌리고 있다. 이번 책은 해외로 진출한 무용인들의 춤 인생을 간략하게 정리한 글이다.

세계를 누비는 춤예술가들

초판 1쇄 인쇄 2017년 12월 11일
초판 1쇄 발행 2017년 12월 17일

지 은 이 이찬주
펴 낸 이 최종숙
펴 낸 곳 글누림출판사
책임편집 문선희
편   집 이태곤 권분옥 홍혜정 박윤정 추다영
디 자 인 안혜진 홍성권
마 케 팅 박태훈 안현진 이승혜

주 소 서울시 서초구 동광로46길 6-6(반포4동 577-25) 문창빌딩 2층(우 06589)
전 화 02-3409-2055(대표), 2058(영업), 2060(편집)
팩 스 02-3409-2059
전자메일 nurim3888@hanmail.net
홈페이지 www.geulnurim.co.kr
블 로 그 http://blog.naver.com/geulnurim
북트레블러 http://post.naver.com/geulnurim
등록번호 제303-2005-000038호(2005.10.5)

정가는 뒤표지에 있습니다.
ISBN 978-89-6327-468-3 03680

* 이 도서의 국립중앙도서관 출판예정도서목록(CIP)은 서지정보유통지원시스템 홈페이지(http://seoji.nl.go.kr)와
  국가자료공동목록시스템(http://www.nl.go.kr/kolisnet)에서 이용하실 수 있습니다.(CIP제어번호: CIP2017030980)

※ 이 책은 충청북도, 충북문화재단의 사업비 일부를 지원받았습니다.